认知语言学视角下的日语教学探究

侯占彩／著

知识产权出版社
全国百佳图书出版单位
——北京——

图书在版编目（CIP）数据

认知语言学视角下的日语教学探究 / 侯占彩著 . —北京：知识产权出版社，2021.12
ISBN 978-7-5130-7866-5

Ⅰ . ①认… Ⅱ . ①侯… Ⅲ . ①认知语言学—应用—日语—教学研究 Ⅳ . ① H369.3

中国版本图书馆 CIP 数据核字（2021）第 234242 号

责任编辑：冯　彤　　　　　　　　　责任校对：潘凤越
封面设计：杨杨工作室・张冀　　　　责任印制：孙婷婷

认知语言学视角下的日语教学探究

侯占彩　著

出版发行：知识产权出版社 有限责任公司	网　　址：http://www.ipph.cn
社　　址：北京市海淀区气象路 50 号院	邮　　编：100081
责编电话：010-82000860 转 8386	责编邮箱：fengtong23@163.com
发行电话：010-82000860 转 8101/8102	发行传真：010-82000893/82005070/82000270
印　　刷：北京建宏印刷有限公司	经　　销：各大网上书店、新华书店及相关专业书店
开　　本：720mm×1000mm　1/16	印　　张：15
版　　次：2021 年 12 月第 1 版	印　　次：2021 年 12 月第 1 次印刷
字　　数：260 千字	定　　价：79.00 元
ISBN 978-7-5130-7866-5	

出版权专有　侵权必究
如有印装质量问题，本社负责调换。

前　言

认知语言学是一门研究语言的普遍原则和人的认知规律之间关系的语言学流派。其核心原则为：现实—认知—语言，语言运用和理解的过程也是认知处理的过程。它从理论走向应用三十多年了，大致经历了三个阶段：启发探索阶段（1988—2000）、理论构建与实证阶段（2001—2008）、教学实践结合阶段（2009—）。国内外学者对此进行了不同语种、不同层面、不同程度的相关论述与研究。

笔者自 2010 年以来，一直担任大学的日语精读和日语听力两门专业课程。2011 年开始阅读国内外认知语言学相关的书籍，学习认知语言学的理论和方法，重新思考日语教学中的重点、难点问题。在过去的十年里，笔者尝试运用认知语言学的理论与方法进行教学实践，在吸取和借鉴这些研究成果的基础上撰写了相关论文。笔者在教学实践与撰写论文的过程中，自 2013 年多次参加学术会议并进行宣读与交流。经多位专家学者的指教以及与同行的探讨，进一步深化了认识，完善了研究内容。从 4 篇相关的论文（2016—2021）发表的结果来看，这种尝试得到了各刊物主编和匿名审稿专家的认可。在修改稿件的过程中，承蒙得到主编和审稿专家的宝贵意见，受益良多。为此，笔者把近十年相关的研究成果整合为《认知语言学视角下的日语教学探究》一书。

全书运用认知语言学多种理论与语料库法和内省法对日语语音教学、词汇教学、语法教学、语用教学和语篇教学进行探讨，对认知语言学视角下的日语教学模式进行构建与展望。本书分析的相关教学内容都是基于笔者多年教学使用的教材、阅读的书目和浏览的语料库，其中大部分章节源于笔者已经正式发表的论文以及学术会议宣读的论文。全书共分为七章，探讨了日语

学习和教学中的很多重点和难点问题。引论部分介绍了本书运用的认知语言学理论、研究方法以及本书的研究内容。语音教学探讨了极其复杂的日语动词"V～"声调教学。词汇教学探讨了日语形容词和惯用语教学。语法教学探讨了"Vて＋補助動詞"和日语被动句教学。语用教学探讨了日语敬语教学。语篇教学探讨了日语阅读和日语听力教学。构建了以"认知语言学"理论和方法为指导，以"认知主体学习者"为中心，以"提高语言文化认知能力和综合人文素养"为目标的高校日语教学模式。展望了与"微课、翻转课堂"等信息技术相结合的日语教学模式。这一日语教学模式能够不断推进认知语言学方法和理论与信息技术教学的进一步融合，具有美好的前景和广阔的空间，为深化高校日语教学改革、实现教学模式创新提供借鉴。

  由于学识和能力有限，全书中如有不妥之处，敬请各位读者批评指正。感谢本书责任编辑冯彤女士给予大力支持和帮助，保证了本书如期顺利出版。

侯占彩
2021 年 5 月

目 录

前 言 1

第一章 引论 1
    1 本研究的背景 / 1
    2 本研究的方法 / 5
    3 本研究的理论 / 6
    4 本研究的主要内容 / 10

第二章 认知语言学视角下的日语语音教学 15
    第一节 认知语言学与日语语音教学 / 15
    第二节 认知语言学视角下的日语动词"V～"声调教学 / 16
        1 引言 / 16
        2 研究现状 / 16
        3 《综合日语》中动词"V～"声调的特点 / 19
        4 日语动词"V～"声调的教学分析 / 23
        5 结语 / 28

第三章 认知语言学视角下的日语词汇教学 29
    第一节 认知语言学与日语词汇教学 / 29
    第二节 认知语言学视角下的日语形容词教学 / 31
        1 引言 / 31
        2 研究现状 / 32
        3 《综合日语》中形容词的特点 / 34

    4 日语形容词的教学分析 / 38

    5 日语形容词的教学设计模式 / 53

    6 结语 / 54

  第三节 认知语言学视角下的日语惯用语教学 / 54

    1 引言 / 54

    2 研究现状 / 55

    3 日语惯用语的特点 / 56

    4 日语惯用语的教学分析 / 57

    5 结语 / 66

第四章　认知语言学视角下的日语语法教学　　68

  第一节 认知语言学与日语语法教学 / 68

  第二节 认知语言学视角下的日语"Ｖて＋補助動詞"教学 / 70

    1 引言 / 70

    2 研究现状 / 70

    3 《综合日语》中"Ｖて＋補助動詞"的特点 / 72

    4 日语"Ｖて＋補助動詞"的教学分析 / 76

    5 结语 / 92

  第三节 认知语言学视角下的日语被动句教学 / 92

    1 引言 / 92

    2 研究现状 / 93

    3 《综合日语》中被动句的特点 / 98

    4 日语被动句的教学分析 / 100

    5 结语 / 116

第五章　认知语言学视角下的日语语用教学　　117

第一节　认知语言学与日语语用教学 / 117

第二节　认知语言学视角下的日语敬语教学 / 118

　　1　引言 / 118

　　2　研究现状 / 119

　　3　《综合日语》中敬语的特点 / 121

　　4　日语敬语的教学分析 / 123

　　5　结语 / 148

第六章　认知语言学视角下的日语语篇教学　　149

第一节　认知语言学与日语语篇教学 / 149

第二节　认知语言学视角下的日语阅读教学 / 151

　　1　引言 / 151

　　2　研究现状 / 152

　　3　日语能力测试 N2 阅读理解的特点 / 153

　　4　日语阅读的教学分析 / 155

　　5　结论与对策 / 166

第三节　认知语言学视角下的日语听力教学 / 167

　　1　引言 / 167

　　2　研究现状 / 167

　　3　日语听力的教学分析 / 169

　　4　结论与对策 / 181

第七章　认知语言学视角下的日语教学模式的构建与展望　　182

第一节　认知语言学视角下的日语教学模式的构建 / 182

第二节　认知语言学视角下的日语教学模式的展望 / 184

    1　引言 / 184

    2　研究现状 / 185

    3　认知语言学与翻转课堂 / 187

    4　认知语言学视角下的日语敬语翻转课堂教学设计 / 189

    5　认知语言学视角下的日语翻转课堂教学设计模式 / 194

    6　结语 / 195

附　录　　　　　　　　　　　　　　　　　　　　　　　　196

    附录1　部分章节与论文之间的关系 / 196

    附录2　《综合日语》第一、二册中的形容词 / 197

    附录3　BCCWJ中"明るい"的例句 / 200

    附录4　BCCWJ中"りっぱ"的例句 / 206

参考文献　　　　　　　　　　　　　　　　　　　　　　　213

后　记　　　　　　　　　　　　　　　　　　　　　　　　229

第一章 引　论

1　本研究的背景

传统的外语教学存在很多问题，已是很多学者公认的事实。教学方法呆板，课堂教学乏味，极少关注学习者的不同社会背景和个人认知特点，导致大部分学习者视外语学习如劳役，事倍功半，造成巨大浪费（束定芳、庄智象，2008）。传统教学注重分析语言的形式和意义，没有从深层解答语言为什么会这样（即语言的动因），因而分析形式线索显得尤其心力不足，虚词的习得、压缩的表达方式等因抽象而难以教授的语言现象又恰恰是学生最期盼解决的问题（朱立霞，2010）。传统的外语教学主要是以教师为中心，由教师讲解一些所谓"约定俗成"的词汇和语法规则，学生去死记硬背，结果便是教学方法枯燥，教学效果和学习效果均不佳（文旭，2012）。

如何改变这一传统的外语教学现状，提高教学效果和学习效果呢？如何更好地理解教师讲解的所谓"约定俗成"的表达并探究深层原因？国内外众多学者对此进行了深入的探讨，并给予了实质性的指导。外语学习不仅是语言规则的死记硬背，更是学习者的一种认知活动，需要主动学习、创造性地学习。不仅知其然，还要知其所以然，了解所学语言背后的认知机制，才能更为有效地学习。另外，语言研究越来越细化和体系化，从教学角度来看，越是纷繁的规则越需要简化，以减轻学习者的负担。同时，对难以体系化的语言现象则要找出其内在规律，以提高外语教学的效果和效率（翟

东娜，2006）。认知心理学认为，接受新的信息一般要经过四个阶段：①选择，选择环境中感兴趣的特定信息，将此贮入大脑（短时记忆）；②习得，学习者积极地将短时记忆中的信息转为长期的记忆；③建构，学习者努力在贮存于短时记忆中的信息间建立起一种联系，此时大脑长期记忆中的有关信息可以被用来帮助理解和巩固新获得的信息，并提供组织新信息的框架；④综合，学习者在长期记忆中寻找信息，将此转化为短时记忆。选择和习得决定学习的数量，而建构和综合决定学习的内容和组织方式。学习者选择、习得、建构和综合新的语言知识的过程实际上就是一个运用认知学习策略的过程。根据语言的本质特征以及外语教学的特点，在任何形式的外语教学中都应遵循这样几个原则：①系统原则；②交际原则；③文化原则；④认知原则；⑤情感原则（束定芳、庄智象，2008）。语义是语言结构的基础，只有弄清楚语言的语义结构，把握其背后的认知机制和认知原则，在外语教学中才能有理有据（文旭，2012）。而认知语言学是一门关于语言、交际和认知的科学，三者相互关联且密不可分。认知和语言彼此创造，语言的研究和教学离不开人类认知。与其他方法相比，仅从语言学的角度来看，认知语言学对语言结构的解释更全面、更透彻，对语言的描述也更加充分（文旭，2014）。同时认知语言学坚持体验认知观，特别强调人在语言使用过程中的认知主体作用，这为重视和发挥学习者主体能动性、改善外语教学方法和提高教学效率提供了坚实的理论基础[1]。人同此心，心同此理，人的认知心理不仅古今相同，而且中外相通（赵艳芳，2001）。也就是说，作为认知主体的人，不分民族具备同样的认知心理。不仅如此，认知语言学更厚爱中国学习者。因为"认知语言学"讲综合，符合中国人的思维方式，对比不同语言之间的差异，较贴近于外语教学实际。认知语言学重视解释与整合，通过对语言认知规律的研究，可以使学生加深理解，产生兴趣，甚至取得举一反三、事半功倍的效果。至少在现阶段，认知语言学可成为研究和教学的一种辅助手段[2]。认知语言学与外语教学有效结合的基础在于教师对学习者认知主体能动作用的调动和合理利用。唯有如此，才能真正做到培养学生的学习兴趣，教给学生学习外语的良好习惯和策略，同时解决学生在外语实践过程中遇到的困难和问

---

[1] 孙崇飞，张辉.再论体验认知教学模式［J］.外语教学，2015（2）：45.
[2] 池上嘉彦，潘钧.认知语言学入门［M］.北京：外语教学与研究出版社，2008：285.

题（束定芳、王惠东，2004）。外语课堂教学的关键在于"教什么和怎么教"（束定芳，2010）。外语教育过程是以外语为中介师生双方积极主动、和谐合作的教育过程。外语教育成功与否，主要取决于学生能否以主人翁的态度积极主动地获取外语素养——知识、技能和能力。而教师的主要任务是引导、激励、指导、组织、推动学生的学习。教师的"教"是为了学生的"学"，"教"最终的目标是让学生能学会并掌握学习的能力，也就是学生如何在教师指导下积极、主动、有效地掌握学习外语这种认知活动的规律（章兼中，2016）。

综合上述分析，我们一要基于迫切改变传统的外语教学现状，以实现有效的外语教学目的；二要利用认知语言学本身具有的学科特性，并有效地解决这一问题。认知语言学诞生已经有30多年了，大致经历了三个阶段：启发探索阶段（1988—2000）、理论构建与实证阶段（2001—2008）、教学实践结合阶段（2009—）。应用认知语言学没有提出革命性的新的教学理论和方法，而是尽可能地完善和发展先前的语言习得和教学理论。对一些基本问题提出了新的认识，尤其强调授人以渔、整体性教学和跨文化交际能力培养，重新重视对比分析法和语言形式的教学（刘正光，2016）。以前人们集中在认知语言学理论对语言与认知的研究上，而现在开始将目光转向对语言习得与语言教学的启示与影响方面了。国内外的研究以及不同语种的研究都体现了这一特征。

针对认知语言学发展的第三个阶段即教学实践结合阶段，国内外学者对此进行了不同语种、不同层面、不同程度的相关论述。

国内研究大多处于理论启示和评介阶段（熊学亮，2002；刘正光，2010；文旭，2012、2014；等等），只有少数研究进行了理论构想和对认知语言学各假设与英语知识点的结合（文秋芳，2013；孙崇飞，2014；等等）。文秋芳（2013）在其理论篇阐述认知语言学视角下的语言观、教学观与学习观，以及与二语教学相关的认知语言学中的主要概念与理论；其教学篇选用认知语言学领域比较成熟的理论，探讨应用到中国英语教学实践的可能性；其教学研究篇包括国内外将认知语言学理论应用到教学实践中的研究综述、研究方法介绍以及对未来研究的展望。此外，在此基础上进一步详细讨论了主体能动性、语言和非语言知识及其认知功能，结合认知语言学理论假设和神经语言学相关实证研究结果提出体验认知教学模式的综合实践操作流程，使其更具系统性和可操作性（孙崇飞、张辉，2015）。

和英语界一样，日语界对认知语言学的研究也在不断发展，也有不少学者在尝试与研究。认知语言学的范畴化、原型、意象认知模式等相关理论是我们认识日语的本质，为我们正确地理解、分析、运用日语提供了全新的手段与视角。认知语言学重视语言的人文因素，将语言与文化融为一体，不仅为我们在语言上实现人文合一提供了理论依据，而且可以使我们的日语表达更准确、更严谨（李远喜，2004）。在长期的日语学习和教学过程中，我们自觉不自觉地运用认知科学的观点和方法，形成了教师的教学经验和学习者的语感。认知语言学的理论方法为这些朴素的经验和语感提供了理论解释和实验验证的一个新平台。如果我们把理论与教学实践结合起来开展教学研究，一定能开发出更有效、更符合学习者认知规律的日语教学模式（翟东娜，2006）。运用认知语言学知识指导日语教学也是大有可为的。在基础日语教学中导入认知语言学知识是一种新的教学思路，剖析语言形式下的认知模式、认知规律，从思维的深度寻找规律指导语言学习，这不仅对日语教学，对其他任何外语的教学都是有益的启示（朱立霞，2010）。在日语教育的过程中，日语教师和日语学习者都需要思考日语母语说话者的认知方式是如何与日语的语言形式相关联的，而这一认知方式又是如何涉及文化层面的。也就是说，日语学习或教育，就是学习者以自己已经习惯了的母语认知方式和与其不同的认知方式进行碰撞，并通过认识这两种不同认知方式的共性与个性，将自身的认知方式提高到一个更高层次的过程。日语教育不仅要教授学习者如何理解日语语言结构的问题，还要教授学习者如何理解存在于语言背后的日语母语说话者的认知方式和文化背景的问题（赵蓉，2015）。潘钧（2016、2020）概述了国内日语界有关认知语言学及与教学相结合研究的概貌，并辅以若干案例，提出了在外语教学中适当引入认知语言学及"应用认知语言学"的可行性与前景，特别指出外语教学如若从语言使用的动因出发，则可获得认识上的普遍性，从而易于指导教学。为此可尝试通过运用识解、视点等理论方法辅助教学，这样不仅有助于提高日语教学的效率，而且还能提升学生学习的积极性和思考的主动性，为将来进一步的专业深造打下良好的基础。文中又进一步提出在一定理论指导下的语言教学仍是我们提倡的发展方向，更是语言学作为一门科学性较强学科的基本保证和重要基石。

  日本学者也是由关注认知语言学对外语教学的启示（二枝，2006，等）

向认知语言学应用于外语教学转变（荒川、森山新，2009，等）。其中荒川、森山论述了如何将认知语言学应用于日语教学，涉及了认知视角、隐喻、多义现象、认知语法、语言习得、对比研究和语言类型学、教授法与教材开发。

通过考察国内外相关研究，不难发现认知语言学和外语教学的结合尚处于起步阶段，虽然还不够成熟，但是在不断地发展。基于此研究现状，结合本人的具体教学实践，本书尝试着实现认知语言学与日语教学的有益结合，运用认知语言学的理论与方法对日语语音、词汇、语法、语用、语篇等日语教学中的重点和难点问题进行分析，构建认知语言学视角下的日语教学模式。这将给把握语言现象中的认知规律，提高学习者的语言文化认知能力，优化日语教学方法和提高日语教学质量带来有益的启示。

2 本研究的方法

认知语言学有内省法、语料库法、多模态研究法、心理实验法和脑神经实验法（束定芳，2013）。在研究现状中，众多学者论述了认知语言学对外语教学的启示，其中刘正光（2009）讨论了认知语言学对外语教学的9点启示，其中，作为最后一点提到语料库法对语言教学具有重要的方法论意义。而本研究主要采用语料库法和内省法对日语教学进行分析考察，下面对两种研究方法进行阐述。

2.1 语料库法

随着语料库语言学的发展，语料库法以其自身具有的特殊优势，成为认知语言学研究的重要研究工具之一。语料库法是用来记录自然发生的言语的一种方法。它主要是对书写文本中的片段进行记录。因此，语料库的优势在于它可以给研究人员提供大量的文本信息。从本质上看，语料库是研究者对某一语言现象内省的验证，它能利用计算机存储量大和检索迅速的优势。近年来，该方法在认知隐喻理论、构式理论及词义理论等方面获得了广泛应用。语料库研究法侧重于定量研究，包括语料中词语的出现频率、词语的搭配、每种搭配的出现频率等（束定芳，2013）。

语料库相关研究给语言教学带来了很多积极变化，语料库可以提供更丰

富的例句，特别是适合所教学生实际水平的例句。语料库对于真实语言、短语、语体差异、量化分析的关注以及搭配、类联接、语义倾向、语义韵等不同分析思路都可以运用到外语教学中去，如词汇讲解、写作讲评、练习和试题的编制❶。语料库法是一种"自下而上"的经验方法，主要研究语言行为，而非语言能力。也就是说它以真实的语言数据为研究对象，对大量的语言事实进行系统分析，通过考察语言的实际运用寻找语言使用的规律。因此，该方法反映了基于用途的语言观，为语言研究与教学提供了一种全新的方法和思路❷。

本研究在认知语言学与日语词汇、日语语法与日语语用教学的结合中，将采用语料库法辅助教学，更注重日语教学过程的分析，以实现更为有效的日语教学目标。

2.2 内省法

内省法就是将语言内省的结果用于语言学研究。这包括两层含义：①语言研究者或本族语受试者根据自己的语言知识、社会文化知识以及百科知识对语言的某个方面进行思考或判断；②语言研究者根据自己或本族语受试者对于语言的某个方面所进行的思考或判断，提出问题、分析问题并最终解决问题（束定芳，2013）。

本研究所采用的内省法，符合第一层含义，在认知语言学与日语语音和日语语篇的结合中，将采用此方法辅助教学，更注重对日语"V〜"声调、日语阅读以及日语听力方面进行思考与分析，以实现更为有效的日语教学目标。

3 本研究的理论

认知语言学的基本语言观是用法基础模式。对此山梨正明介绍说"認知言語学は、用法基盤モデルの言語観に基づいて、言語現象の体系的な記

---

❶ 梁茂成，李文中，许家金. 语料库应用教程［M］. 北京：外语教学与研究出版社，2010：117.

❷ 束定芳. 认知语言学研究方法［M］. 上海：上海外语教育出版社，2013：64.

述と説明を試みる。このアプローチでは、言語を閉じた規則の体系として規定していくのではなく、音韻、形態から構文にいたる言語単位（ないしは言語ユニット）を、実際の言語使用の文脈における定着度、慣用度の視点から相対的に規定していく。用法基盤のアプローチでは、認知主体の言語使用や言葉の習得過程にかかわるボトムアップ的アプローチを重視する"[1]。认知语言学用法基础模式的运作涉及隐喻·转喻、范畴化、原型、图式和语法化等几个基本理论。下面仅就本书中用到的相关认知语言学理论进行论述。

3.1 隐喻·转喻

认知语言学认为比喻中的隐喻、转喻等已不是单纯的修辞手法，而是日常言语生活中普遍存在的语义现象，是人的基本认知能力的表现。认知语言学把隐喻看成人类组织概念系统的认知和思维方式，认为隐喻在范畴化、概念结构和思维推理中发挥了重要作用。隐喻（Metaphor、メタファー、隐喻）是将某种概念通过另一种概念来认识的机制。我们借助隐喻的认知过程，以日常的具体经验为基础理解抽象、主观的对象。也就是我们的概念体系中会形成某一具体概念与另外一个抽象概念之间的对应关系。莱考夫和约翰逊提出了概念隐喻的观点，即这种概念体系中形成的概念与概念之间的对应关系。莱考夫（1987）进一步发展了隐喻理论，将隐喻定义为由源域（Source domain、ソース、根源領域、起点領域）向目标域（Target domain、ターゲット、目標領域）的映射。转喻也称换喻，是根据两个事物在外部世界的邻接性，以及两个事物在思维、概念上的关联性，采用一个事物，以概念的形式来表述另一事物、概念的比喻。邻接性又分为空间邻接性、时间邻接性和因果邻接性等。比喻还是范畴扩展的重要手段，语义扩展是在其基本意义的基础上派生出新的意义，同时支配多义关系的原则是意象图式的隐喻映射（翟东娜，2006）。

3.2 范畴化

认知语言学将按照范畴对事物进行判断、分类的心理过程称作范畴化，将这种心理过程的产物称为范畴。范畴大致分为三个等级：上位范畴、基本

---

[1] 山梨正明. 認知構文論［M］. 東京：大修館書店，2009：135.

范畴和下属范畴。也就是说，范畴化是人类对世界万物进行分类的高级认知活动，在此基础上人类才具有了形成概念的能力，才有了语言符号的意义（赵艳芳，2001）。范畴化实质上是人类的一种基本认知能力。莱考夫（1987）认为范畴化普遍存在于语言范畴中，对范畴认识的变化必将带来语言研究的转向。认知语言学认为，判断某种实际使用的语言表达是否符合该语言共同体认定的语言系统，来自范畴化能力。这种能力包括3点：基于图式的事例化、基于原型的扩展、基于具体事例的图式化（曹大峰、林洪，2014）。扩展（拡張）是人的一种范畴认知能力，将那些与范畴原型事例相似而又不同的事例求同舍异纳入范畴，从而扩展该范畴（翟东娜，2006）。

3.3 原型理论

认知语言学认为，任何范畴都具有由典型事例到边缘事例的连续性特征。其中的典型事例称作原型。其中最具有稳定性、最重要、习惯化程度和认知程度最高、习得最快、在中立语境中最易激活等特征的意义被认定为原型意义（翟东娜，2006）。原型的认定是一个重要的认知过程。各种范畴的事物都有原型。认知语言学的原型理论有着深厚的哲学、人类学和认知心理学的基础，对外语教学具有一定的理论指导意义与实践价值。而同一范畴内由典型事例向边缘事例的认知主要是通过扩展。扩展是人的一种范畴认知能力，将那些与范畴原型事例相似而又不同的事例求同舍异纳入范畴，从而扩展该范畴。原型理论可以应用在以下五个方面：①语音学中的原型效应。原型效应在音位、音节、语调等语音现象中普遍存在。②形态学中的原型效应。形态学领域中的后缀多义现象也可用原型理论解释；原型理论也可用于解释汉语多义和新词构筑现象。③语法学中的原型效应。词类的原型，在此基础上通过隐喻和转喻扩展形成语言中的各种此类范畴。还可用于解释时态、语态等语法现象。④所属关系构式的原型效应。通过隐喻、转喻等所属关系可以进一步扩展到一些边缘用法。⑤原型效应还体现在许多语法构式、句法结构以及句子种类等语言层面中（李福印，2008）。

3.4 意象图式理论

认知语义学认为，支配多义关系的原则是意象图式（イメージ・スキーマ）的隐喻（メタファー）映射。研究多义现象的主要方法是使用意象图

式以及隐喻、换喻解释多个义项之间的关系。意象是人与外部世界相互作用的一个重要认知特点。包括感知、动觉等在内的具体经验被抽象化、规范化、模型化，形成一种复合的知识结构——图式（スキーマ）。图式不是用语言而是用头脑中的意象来表达，故称为意象图式（イメージ・スキーマ）。图式（スキーマ）是适合该范畴所有成员或部分成员的一种抽象的意义。所有意义共同构成家族相似性的意义网络（意味ネットワーク）（翟东娜，2006）。意象图式具有原型性的结构特征和高度的抽象性，是人们对个例反复体验和感知、不断概括抽象出来的结构。同时，意象图式可以建构心智空间和认知模型，从而揭示语义概念，因此意象图式是理解意义和推理分析的基础（王寅，2011）。

3.5 图式理论

赵艳芳（2001）认为图式（schema，スキーマ）是大脑为了便于信息储存和处理，而将新事物与已有的知识、经历有机地组织起来的一种知识表征形式，是相互关联的知识构成的完整信息系统。人们对新事物的理解和认知在一定程度上依赖大脑中已经形成的图式。认知语言学把图式分为四类：内容图式、形式图式、语言图式和文化图式。内容图式是关于世界的基本知识；形式图式是指不同文体的修辞结构的知识；语言图式是指语言语音、词汇和语法方面的知识；文化图式是指不同文化背景的知识，它在理解语言和文本的过程中起着非常重要的作用。在学习和理解的过程中，一个人的大脑会经历一系列图式的活动，包括激活、同化和异化等。

3.6 语法化

语法化（文法化）是一种改变语法范畴的过程。表现为实词的意义和功能逐渐向虚词扩展以及随之而来的图式化。概念隐喻是语法化的重要机制。名词、动词等词汇要素在某些特定的用法上变为助词、接续词等语法要素，或语法要素变得更为语法化。这种实词所表示的事物和行为等词汇意义逐渐淡化或者丧失的现象，称为语义的淡化（意味の漂白化）。从动词范畴变为补助动词范畴，称为脱范畴化（脱カテゴリー化）（翟东娜，2006）。语法化一般指动词、名词等具有实际意义的词语，意义逐渐虚化，转化为助词、词缀等语法功能词的语言演变现象。在日语中这种现象非常突出，日语中表示

"时、体"的标记多为实词虚化而来，同时日语中的基本动词通过实词虚化构成了大量的词语，语法化是日语构词的一种极其重要的手段。将该理论应用于日语教学，可以在很多语法习得项目中指导学生[1]。

4 本研究的主要内容

在吸取和借鉴国内外学者研究成果的基础上，本研究主要把认知语言学理论应用于日语教学实践，同时适时地结合语料库法进行辅助教学。教学实践层次是研究探索如何学习外语语音、词汇、句型、语法等语言知识，训练听、说、读、写技能，培养交际运用外语的能力以及利用多媒体教学手段创设特定情境进行教学评价等的具体方式方法和学生学习的个性心理特征，旨在优化教学过程，提高外语课堂实践教学的效率（章兼中，2016）。也就是说，本研究主要运用认知语言学理论与方法对日语语音、日语词汇、日语语法、日语语用、日语语篇等方面进行研究，探讨的主要问题还是以语义、认知规律为主。本书共分为七章。

第一章，引论。本章主要阐述研究背景、研究方法、研究理论，概括主要研究内容。

第二章，认知语言学视角下的日语语音教学。第一节认知语言学与日语语音教学，阐述日语语音教学存在的问题以及重要性，认知语言学对日语语音教学的指导作用。第二节认知语言学视角下的日语"V～"声调教学，引言阐述声调的复杂化以及重要性，研究现状从五个方面归纳概括国内外近20年的主要研究成果以及本节的研究内容和研究意义，对《综合日语》（彭广陆、守屋，2007，修订版）中的动词"V～"声调规律进行概括总结，运用认知语言学的范畴化与原型理论对动词"V～"声调进行教学分析以及文本认知。范畴化的分析可以提高学习者对其声调归类的认知；原型化的分析可以提高学习者对其声调之间联系的认知。通过《综合日语》中的典型文本进一步体验和认知动词"V～"声调规律的同时，也在不断反复的练习和学习的过程中逐渐慢慢地习得准确而又自然的动词"V～"声调。基于认知语言学视角下的日语动词"V～"声调教学无论对把握日语语言现象中的认知规

---

[1] 朱立霞. 认知语言学理论在日语教学中的应用[J]. 三峡大学学报，2010（1）：111.

律，还是提高学习者的认知能力，都是有益的启示。

  第三章，认知语言学视角下的日语词汇教学。第一节认知语言学与日语词汇教学，阐述日语词汇教学存在的问题以及重要性，认知语言学在日语词汇教学中的应用研究。第二节认知语言学视角下的日语形容词教学，引言阐述日语形容词的复杂化、重要性以及认知语言学对日语词汇教学的指导作用。研究现状从五个方面归纳概括国内外近 15 年日语形容词语言和教学两方面的主要研究成果以及本节的研究内容和研究意义。对《综合日语》中形容词的内容分布、词性、词源和语义分类以及所占比率分布特点进行概括总结，运用认知语言学原型和意象图式理论对形容词"明るい"和"りっぱ"的词典语义、BCCWJ 语料库语义❶以及 Yahoo（知惠袋）语义进行认知和教学分析，提出"词典—语料库—真实文本"的日语形容词教学模式。这一教学设计模式是将认知语言学与日语教学相结合的有益尝试，词典提供典型用法和典型意义，同时适时地结合语料库法进行辅助教学，在某种程度上可以很好地提供更丰富的例句，结合语言形式与语用，以便帮助学习者更好地理解和掌握各项语义、各义项之间的关系以及构建完整的语义网络。第三节认知语言学视角下的日语惯用语教学，引言论述词汇与文化的关系以及日语中表达"羞耻感"的惯用语形式与语义的重要性。研究现状根据研究的视角主要从三个方面归纳概括国内外近 20 年日语惯用语的主要研究成果以及本节的研究内容和研究意义。对日语惯用语的特点进行概括总结，运用认知语言学隐喻理论对表达日本人"羞耻感"惯用语进行教学分析，从词汇特征和比喻形式特征对惯用语认知以及表达日本人"羞耻感"的文化心理认知，以青空文库中的太宰治和夏目漱石的小说为文本进一步体验和认知惯用语的语义和日本人的羞耻心理。在学习日语语言的过程中，必须正确认知理解日语语言所体现的日本文化。认知语言学和文化语言学为理解和掌握表达日本人"羞耻感"惯用语的语义以及构建表达日本人羞耻感文化心理的词汇网络，搭建了语言—认知—文化的桥梁。

  第四章，认知语言学视角下的日语语法教学。第一节认知语言学与日语语法教学，阐述日语语法教学存在的问题、重要性以及认知语言学对日语语

---

  ❶ 源自《現代日本語書き言葉均衡コーパス 2009 年版》（现代日语书面语均衡语料库），简称 BCCWJ 语料库。

法教学的指导作用。第二节认知语言学视角下的日语"Ⅴて+補助動詞"教学，引言阐述日语"Ⅴて+補助動詞"这一语法现象的复杂化以及认知对于掌握这类语法的重要性。研究现状根据研究的内容主要从五个方面归纳概括了国内外近30年日语"Ⅴて+補助動詞"的主要研究成果以及本节的研究内容和研究意义。对《综合日语》中"Ⅴて+補助動詞"的特点进行概括总结，运用认知语言学语法化与范畴扩展理论对"Ⅴて+補助動詞"进行教学分析，以青空文库中夏目漱石的小说《こころ》和《日语口语词典》中的会话例句为文本进一步体验和认知"Ⅴて+補助動詞"的语义以及构建其完整的语义网络。语法化的分析可以提高学习者对其由实义动词到补助动词变化的认知；范畴扩展的分析可以提高学习者对其语义的认知。这是在传统的日语教学模式以及语法解说中注入新的理据，更易于学习者理解某一认知域的语言表达，更易于系统地阐释某一认知领域的语言现象。第三节认知语言学视角下的日语被动句教学，引言阐述日语被动态这一语法现象的复杂化以及重要性。研究现状根据研究的内容主要从两个方面归纳概括国内外近10年日语被动句有关语言与语义特征和有关习得与教学的主要研究成果以及本节的研究内容和研究意义。对《综合日语》中被动句的特点进行概括总结，运用认知语言学的原型与范畴化理论对《综合日语》中被动句的分类与语义的扩展机制进行分析以及文本语义认知。通过《日语口语词典》中的部分会话例句文本进一步构建日语被动句的语言形式与语义网络；通过中日对译语料库中的中日被动句互译进一步探讨中日两种语言被动句的形式、语义、语用以及特点，以便再现与形成完整的用法与语义网络。日语被动句分类与语义扩展机制的分析，可以提高学习者对日语被动句的口语、书面语表达以及中日互译对应和不对应关系的认知，构建与再现完整的用法与语义网络。这为日语被动句的教学提供有益的尝试与启迪。

  第五章，认知语言学视角下的日语语用教学。第一节认知语言学与日语语用教学，阐述日语敬语教学存在的问题，认知语言学与语用学相结合对日语教学的指导作用。第二节认知语言学视角下的日语敬语教学，引言阐述日语敬语这一语言文化现象的复杂化以及重要性。研究现状根据研究的内容主要从三个方面归纳概括国内外近20年日语敬语习得与教学的主要研究成果以及本节的研究内容和研究意义。对《综合日语》中的敬语特点进行概括总结。运用认知语言学的认知教学法与图式理论对《综合日语》中的敬语进行

教学分析，引导学习者对敬语和《综合日语》中的敬语素材认知，通过商务日语文本、《日语口语词典》中的会话文本和青空文库中夏目漱石的小说《こころ》文学文本进一步体验和认知日语敬语的用法和语义，对中日敬语的语言特征和文化特征的异同以及中日礼仪文化进行认知对比分析。两种语言都有词汇、句型方面的表达以及相关的交际表达，但是中日敬语体系具有非对称性。在表敬方式上，汉语敬语主要运用词汇手段表敬，而日语敬语主要运用词汇和语法手段表敬；在使用频率上，汉语敬语的使用频率比日语敬语低。由于语言体系自身的不同，形成了在语法表达上日语敬语的多样化以及汉语敬谦辞的相对单一化。中日敬语文化特征方面的共同点主要体现在三个方面：使用的场合及反映的人际关系、儒家思想的传播与传承、在经济贸易等合作交际中的功能，而差异主要产生在地理环境与社会结构的不同。在敬语教学的过程中，不仅要引导学习者认知复杂的敬语语言知识，还要引导学习者进行社会性认知。也就是要引导和帮助学习者激活和构建敬语语言图式，同时也要激活和构建敬语所承载的文化图式。既要注重显性知识和隐性知识的关联，又要引导学习者在认知新信息的时候，要和已获得的信息相比较、相整合，对新信息进行推理、判断、理解，注重培养和提高学习者的语言文化认知能力和跨文化交际能力。

第六章，认知语言学视角下的日语语篇教学。第一节认知语言学与日语语篇教学，阐述日语语篇教学尤其是日语阅读和日语听力存在的问题，认知语言学对日语语篇教学的指导作用。第二节认知语言学视角下的日语阅读教学，引言阐述从2010年起日语能力测试的题型与基准点分数的变化以及阅读理解既是认知对象又体现认知过程的特点。研究现状根据研究的内容和视角主要从三个方面归纳概括国内外近20年日语阅读的主要研究成果以及本节的研究内容和研究意义。对2000—2012年的日语能力测试N2阅读理解题型和文章选材的特点进行统计和概括总结。运用认知语言学隐喻·转喻与图式理论对2000—2012年的日语能力测试N2阅读理解试题文本以及相关的阅读文本进行教学分析，进一步体验和认知日语阅读的特点。在阅读教学的过程中，运用认知语言学中的隐喻·转喻和图式理论进行分析，可以更好地把握文章的信息并理解文章的内容。通过核心词汇的原型意义到边缘意义的扩展，运用事态认知模式掌握表达相同语义的不同表达方式的语法，更快更有效地进行记忆与理解以便提高语言能力；平时的日语学习不仅限于语

言、文学与文化领域，还要阅读有关社会、教育、生活、科学、心理、人生和商务等领域的文章，以便提高文化背景知识；提高自己的注意力、感知能力、记忆能力以及判断推理等认知能力。第三节认知语言学视角下的日语听力教学，引言阐述从2010年起日语能力测试的试题顺序与基准点分数的变化以及听力理解存在的问题。研究现状根据研究的内容主要从七个方面归纳概括国内外近20年日语听力的主要研究成果以及本节的研究内容和研究意义。运用认知语言学隐喻·转喻与图式理论对《日本语听力》的听力素材进行教学分析，以《新经典日本语听力教程》中的听力素材为文本进一步体验和认知日语听力的特点。在日语听力教学的过程中，教师引导学习者根据已知的信息激活已有的语言文化图式，构建新的语言文化图式理解未知的信息。同时也要运用隐喻与转喻两种认知机制理解其字面意义与比喻意义。要通过互联网收听广播、歌曲，观看优秀影片，同时精听历年真题与教材，泛听各种素材，培养语感，增强记忆、推理和判断能力，以便提高学习者的语言文化和认知能力。

  第七章，认知语言学视角下的日语教学模式的构建与展望。第一节认知语言学视角下的日语教学模式的构建，构建以"认知语言学"理论和方法为指导，以"认知主体学习者"为中心，以"提高语言文化认知能力和综合人文素养"为目标的高校日语教学模式。希望该模式的构建能够不断推进认知语言学方法、理论与高校日语教学改革的进一步融合，为深化高校日语教学改革、实现教学模式创新提供借鉴。第二节认知语言学视角下的日语教学模式的展望，展望认知语言学结合信息技术与微课、翻转课堂等载体的进一步结合。引言阐述翻转课堂是顺应教育改革和理念的新型教学模式。研究现状根据研究的内容和视角归纳概括国内外近10年日语翻转课堂的主要研究成果以及本节的研究内容和研究意义。阐述认知语言学的认知教学法与图式理论、翻转课堂、认知语言学与翻转课堂的融合点。以《综合日语》中的第20课敬语为例，基于认知语言学的认知教学法与图式理论对日语敬语翻转课堂教学进行课前、课堂和课后三个环节进行设计与分析，提出以"认知语言学"理论为指导，以"翻转课堂"为载体，以"认知主体学习者"为中心，以"提高语言文化认知能力与综合人文素养"为目标的高校日语教学模式。该教学模式是认知语言学与翻转课堂信息化教学相融合的有益尝试，为深化高校日语教学改革、实现教学模式创新提供借鉴。

第二章 认知语言学视角下的日语语音教学

第一节 认知语言学与日语语音教学

外语教学的目标是交际运用而掌握听、说、读、写的语言能力。因此，语音教学的目标在于掌握正确、流利的发音能力，以达到确切地听懂和说话来表达思想情感以及促进读写能力的发展[1]。而当前日语专业本科的基础教材中对日语语音的编排过于零散和机械，只是在举例的基础上简单注明。随着语音学习的逐渐丰富，对大量的规律特点区分束手无策。机械、零散、含糊的被动散点式记忆，势必导致记忆困难。

日语的语音教学也极其复杂，尤其是日语的声调。日语的声调有声调调域、复合名词声调、形容词声调、助动词声调、动词声调等。尤其是用言中的形容词和动词的声调根据其活用的变化，其声调也往往发生变化。形容词基本形声调、形容词声调交替以及与形容词有关的词的声调规律；动词基本形声调，其活用形的声调极其复杂。尽管如此，形容词和动词的各种声调变化背后也遵循一定的认知规律。比如，有的动词无论基本形为何种声调，其活用形一律读同一种声调，如–2型、–3型或者–5型等；有的要分情况，

---

[1] 章兼中.外语教育心理学[M].福州：福建教育出版社，2016：286.

因动词的声调不同，其活用形的声调也不同。

就语言技能来说，语音学习主要涉及说、写、听三方面的技能。所以，教学中要注重对语音的认知或知觉、在知识结构内的联系形成和语音技能自动化三个方面能力的培养，这也是运动技能学习的三个阶段[1]。认知语言学可以帮助学习者将散乱在大脑不同部位的知识汇聚在一起，并按照一定的逻辑关系组织起来，有利于对知识的正确理解，也有利于减轻记忆负担，提高记忆效率，提高学习者的语言认知能力。如果利用认知语言学的原型理论从学习者认知的角度进行分析，网络联想记忆，会大大提高效率和准确性。基于认知语言学理论对日语语音教学的指导作用，本章仅对日语动词"V～"声调教学进行探讨，希望能起到抛砖引玉的作用。

第二节　认知语言学视角下的日语动词"V～"声调教学

1　引言

与汉语相比，日语的语音也有其自身的特点。日语声调的高低变化是在音拍之间实现的，每个音拍的内部并无可辨识的音高变化。日语的声调除了区别意义之外，还有更重要的语词分界功能。因此，日语单词的声调在词组和短语、句子中经常发生有规则的变化。单词的声调根据声调核的有无分为起伏型和平板型。起伏型和平板型的对立在用言的声调变化规则中十分重要[2]。由此可见，在日语语音教学中，声调是极其重要的教学内容。

2　研究现状

国内外众多学者主要对日语语音、声调调域、复合名词声调、形容词声

---

[1] 王琪.日语教学理论及策略［M］.北京：外语教学与研究出版社，2017：221.
[2] 曹大峰，林洪.日语语言学与日语教育［M］.北京：高等教育出版社，2014：119.

调、助动词声调、动词声调等方面展开了不同的研究。根据研究的内容进行文献梳理，近 20 年的主要研究成果可以归纳概括为以下五个方面。

（1）日语语音、日语声调调域的代表性研究（蔡全胜，2009；根本、石锋，2010；侯锐，2011；权海顺，2011；吴宣熙，2014；刘佳琦，2017、2018；张林，2018；凌蓉，2019；钟勇、李莹、赵寅秋，2020；梁辰，2020；等等）。蔡全胜（2009）以大连外国语学院 2005 级学生为研究对象，再次对中国人的日语声调现状进行了实际调查，并将调查结果与其 1983 年所做的中国人日语声调倾向进行比较，发现中国学生的日语声调倾向发生了新变化，即呈现出"平板型"倾向。根本、石锋（2010）对 4 位日语发音人的陈述句语料进行分析，考察了日语声调核对日语语调所起到的作用。侯锐（2011）以单词为单位理清日语声调的调域调值及其结构机制，拟就一个合理而又有助于理解和掌握的参照性表述。权海顺（2011）对日语音拍与声调的辩证关系进行了探讨。吴宣熙（2014）以地方高校日语专业低年级学生为对象，在对其日语声调习得测试及分析的基础上，从系统论的角度提出"一统领、三方法、三保障"，即"一三三"日语专业低年级阶段声调教学模式。刘佳琦（2017、2018）以最近出版的《NHK 日本語発音アクセント新辞典》（2016 年 5 月出版）为依据，详细整理和分析该词典修订内容，讨论现代日语发音和声调的变化趋势并提出了以下 4 点建议：一是语音教学中需应用新声调符号，使单词声调和句中语调更为自然；二是日语教学和教材编写时，要充分体现新辞典中的声调增减与顺序替换的最新成果；三是在教学中适当应用简略化的声调规则；四是对鼻浊音的教学要根据现代日语语音变化的新趋势做灵活处理。又进一步从教学理论、方法与成果三个方面入手，阐述了日语语音教学的实践历程以及未来展望。张林（2018）通过中国日语学习者历时语料库提取了 4 名日语零起点学习者在 2 年间不同阶段的尾高型名词、"ナ"形容词的发音样本，进行听辨并分析了学习者的实际发音结果，发现学习者有把尾高型声调发成平板型的倾向，同时尾高型声调的正确率也受到尾高型词的词性、附属词以及学习者个人差异的影响。凌蓉（2019）通过朗读录音调查、问卷调查和访谈，对基于 OJAD（在线日语声调词典）的声调自主学习进行了实证研究。结果发现，使用 OJAD 后学生的日语声调自主学习效果有显著提升；OJAD 所显示的正确声调与学生的错误声调之间发音差距越大，学生越容易发现，改善的可能性也越大；学生能否自觉使用 OJAD

进行声调自主学习主要取决于是否在思想上对声调问题加以重视；教师在学生的自主学习中应发挥引领者、推动者和监督者的作用。钟勇、李莹、赵寅秋（2020）采用纵向与横向相结合的方法分析考察了中国日语专业学习者的日语语音意识发展模式，结果发现，学习者的日语元音意识发展最快，刚学完发音就可以达到很高水平，且一直保持稳定；学习者的日语辅音意识在学完发音后可以达到很高水平，但之后经历一个U形发展过程；学习者的日语音拍意识在学完发音后仍然处于中等水平，随后有所上升，但一直不够理想；学习者的日语声调意识发展最为困难，始终停滞在不高的水平。该结果给日语语音教学带来了不少启示。梁辰（2020）以由学习者发音的540句日语短句为对象，考察了36名日语母语者对6类声调偏误的自然度评价。结果发现，尽管头高型与平板型、尾高型之间的偏误对学习者的发音自然度产生了更为显著的负面影响，但平板型与尾高型之间的偏误亦会明显降低母语者对学习者日语发音的评价。在日语教育实践中，需要针对此类声调偏误开展外显性指导。

（2）日语复合名词声调的研究。赵占良（2000）对单词或该词的活用形与其他词所构成的复合词、词组或活用连语等进行了研究。山下（2005）考察了复合词声调的规则。

（3）日语形容词声调的研究。靳学军、王小霞（1996）考察了形容词原形声调、形容词声调交替以及与形容词有关联的词的声调规律，这对于学习掌握、运用日语形容词的声调有一定帮助。

（4）助动词声调的研究。郊晚青（2002）对附属词助动词的声调进行了考察。

（5）日语动词声调的研究。张典（2009）对日语成对动词的声调进行了探讨。权海顺（2011）从屈折形态学的角度揭示日语动词谓语的声调变化规律，主要探讨了日语动词谓语发生形态变化时所引发的声调核移位现象及其主要特征。刘佳琦（2011）在中间语言理论的框架下以中国人日语学习者为对象进行了语音实验研究，通过对实验数据的统计分析，发现了日语动词活用形"テ形"声调的习得特征，并多角度探讨了其相关原因。

上述研究内容广泛，角度多样，其中调查、实验、实证研究的结果为日语语音与声调的教学带来了不少有益的启示。基于上述研究现状，笔者发现缺乏从认知语言学的角度对中国日语教材中动词"V～"声调的考

察。因此，本节拟对《综合日语》中的动词"V～"声调特点进行归纳概括，运用认知语言学的范畴化与原型理论考察其网络特征。这将对培养和提高学生的认知能力，对改进日语教学方法、提高教学质量具有一定的启发意义。

3 《综合日语》中动词"V～"声调的特点

在教授《综合日语》一、二册的过程中，发现本套教材特色之一是有"语音解说"部分，其总结出了相应的规律，非常详细。但是涉及的课数非常多，不容易记忆。因此，按照教材已经总结出来的规律做进一步分类，可以概括归纳为以下几种情况，本章采用比较直观、排版印刷上也较易处理的黑体式标调方式，即把高读音拍用黑体字标出。

（1）无论动词为何种声调，一律读 –2 型。
「Vます」「Vません」：
行く→い**き**ます　　　　　書く→か**き**ます
行く→い**き**ません　　　　書く→か**き**ません　　　（第一册P126）
「V（よ）う」：
行く→い**こ**う　　　　　　書く→か**こ**う　　　　　（第一册P308）
「Vやすい」：
する→し**やす**い　　　　　取る→とり**やす**い　　　（第二册P231）
「Vにくい」：
する→し**に**くい　　　　　取る→とり**に**くい　　　（第二册P231）
「Vなさい」：
する→し**な**さい　　　　　取る→とり**な**さい　　　（第二册P274）
「V始める」：
する→し**はじ**める　　　　取る→とり**はじ**める　　（第二册P346）
「V終わる」：
する→し**お**わる　　　　　取る→とり**お**わる　　　（第二册P346）
「V合う」：
する→し**あ**う　　　　　　話す→はな**し あ**う　　（第二册P355）

（2）动词为平板型时，读成平板型；动词为起伏型时，读成 –3 型。如：

「V ない」：

行く→い**か**ない・**いか**ない（或 –2 型）書く→**か**かない（第一册 PP.144–145）

「V た」：

行く→い**つ**た　　　　　書く→**か**いた　　　　　　　　（第一册 P167）

「V て」：

行く→い**つ**て　　　　　書く→**か**いて　　　　　　　　（第一册 P212）

「V ながら」：

する→し**なが**ら　　　　読む→よみ**なが**ら　　　　　　（第二册 P239）

（3）动词为平板型时，读成 –2 型；动词为起伏型时，其声调与"V て"相同，读成 –3 型。

「V ても」：

行く→い**つ**ても　　　　書く→**か**いても　　　　　　　（第一册 P227）

「V ては」：

行く→い**つ**ては　　　　書く→**か**いては　　　　　　　（第一册 P256）

（4）动词为平板型时，读成 –2 型；动词为起伏型时，低读。

「V たり」：

行く→い**つ**たり　　　　書く→**か**いたり　　　　　　　（第二册 P4）

「V たら」：

行く→い**つ**たら　　　　書く→**か**いたら　　　　　　　（第二册 P13）

「V ていく」：动词为平板型时，读成平板型；动词为起伏型时，到"V て"为止声调与动词第二连用形（"V て"）的声调规则相同，"V て"之后的部分低读。

する→し**ていく**、　　　　　　し**ていっ**て、し**ていっ**た

書く→**か**いていく、**か**いていって、**か**いていった　　（第二册 P32）

「V てくる」：动词为平板型时，"V てくる"及其各活用形均为 –2 型；动词为起伏型时，到"V て"为止声调与动词第二连用形（"V て"）的声调规则相同，"V て"之后的部分低读。

する→し**て**くる、　　　　　　し**て**きて、し**て**きた

書く→**か**いてくる、**か**いてきて、**か**いてきた　　　　（第二册 P32）

「Vてみる」：
行く→い**てみ**る　　　　書く→**か**いてみる　　　　　（第二册P163）
「Vてある」：
やる→や**てあ**る　　　　書く→**か**いてある　　　　　（第二册P163）
「Vてほしい」：
する→し**てほ**しい　　　書く→**か**いてほしい　　　　（第二册P163）
（5）动词为平板型时，仍为平板型；动词为起伏型时，低读。
「Vてしまう」：
行く→い**つ**てしまう、い**つ**てしまって、い**つ**てしまった
書く→**か**いてしまう、**か**いてしまって、**か**いてしまった　（第二册P122）
「Vておく」：
やる→や**つてお**く　　　書く→**か**いておく　　　　　（第二册P190）
「Vてやる」：
買う→か**つてや**る　　　書く→**か**いてやる　　　　　（第二册P295）
（6）动词为平板型时，读成平板型；动词为起伏型时，读成 –2 型。
「Vたい」：
行く→い**きた**い、い**き**たい（或 –2 型）書く→**か**きたい　（第一册P226）
动词第一连用形：
行く→い**き**　　　　　　書く→**か**き　　　　　　　　（第一册P250）
「Vれる・られる」：
使う→つ**かわれ**る　　　読む→よ**まれ**る　　　　　　（第二册P209）
「Vせる・させる」：
使う→つ**かわせ**る　　　食べる→食べ**させ**る　　　　（第二册P209）
「Vせられる・させられる」：
使う→つ**かわされ**る　　食べる→食べ**させられ**る　　（第二册P262）
（7）动词为平板型时，读成 –4 型；动词为起伏型时，词干后面低读。
「Vなかった」：动词为平板型时，读成 –4 型；动词为起伏型时，"なかった"低读。
　　　行く→い**か**なかった　　書く→**か**かなかった　　（第一册P167）
「Vなくても」：动词为平板型时，读成 –4 型；动词为起伏型时，"なくても"低读。

行く→い**か**なくても　　　書く→か**か**なくても　　　　（第一册P265）

「Vなくては」：动词为平板型时，读成 –4 型；动词为起伏型时，"なくては"低读。

行く→い**か**なくては　　　書く→か**か**なくては　　　　（第一册P265）

「Vなければ」：动词为平板型时，读成 –4 型；动词为起伏型时，"なければ"低读。

行く→い**か**なければ　　　書く→か**か**なければ　　　　（第一册P266）

（8）其他特殊的情况。

「Vないで」：动词为平板型时，读成 –3 型；动词为起伏型时，"Vないで"的声调规则与"Vない"相同。

行く→い**か**ないで　　　書く→か**か**ないで　　　　（第二册P53）

动词能动态：其声调与该动词词典形的声调相同。

行く→い**ける**　　　書く→か**ける**　　　　（第一册P228）

「Vました」：无论动词为何种声调，一律读 –3 型。

行く→い**き**ました　　　書く→か**き**ました　　　　（第一册P151）

「Vませんでした」：无论动词为何种声调，一律读 –5 型。

行く→い**き**ませんでした　書く→か**き**ませんでした　（第一册P151）

「Vてから」：动词为平板型时，读成 –3 型；动词为起伏型时，低读。

行く→い**つ**てから　　　書く→**か**いてから　　　　（第二册P4）

综上所述，有的动词"V～"声调无论动词为何种声调，一律读同一种声调，如 –2 型、–3 型或者 –5 型等；有的动词"V～"声调要分情况，因动词的声调而异。以上概括为八大类，可见其复杂性和难度。笔者认为教师在教学的过程中，主要把握两点：一是我们逐个掌握其规律，多读多模仿；二是我们根据认知语言学的理论从学习者认知的角度进行分析，网络联想记忆会大大提高效率和准确性。

4 日语动词 "V～" 声调的教学分析

4.1 日语动词 "V～" 声调的范畴化分析

```
                            「V～」
       ┌──────┬──────┬──────┬──────┬──────┐
   「Vます」  「Vない」  「Vたり/たら」  「Vても  「Vてしまう
   「Vません」 「Vた/て」 「Vていく/くる   /ては」  /おく
   「V(よ)う」 「Vながら」  /みる」              /やる」
   「Vやすい/           「Vてほしい」
    にくい」
   「Vなさい」
   「V始める/
    終わる/合う」

         「Vたい」         「Vなかった/なくても
         「Vれる・られる/    /なくては/なければ」
          せる・させる/
          せられる・させられる」
                    ┌──────┬──────┬──────┐
              「Vなかった」「Vなくても」「Vなくては」「Vなければ」
```

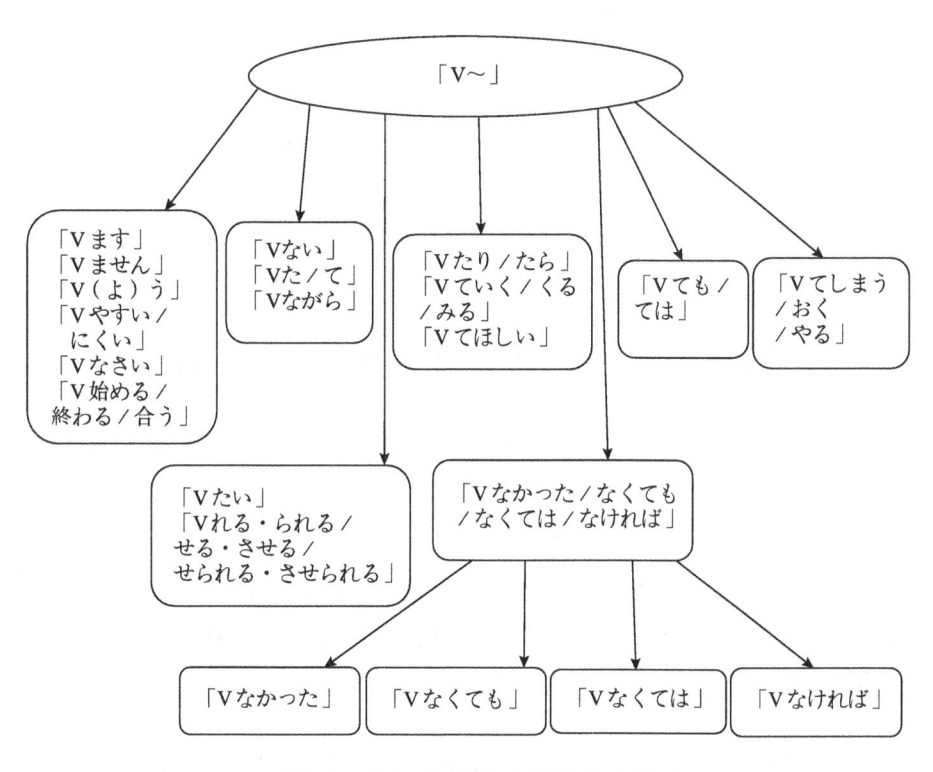

图2.1 "V～" 声调的范畴化分析

根据认知语言学范畴与范畴化理论，对 "V～" 声调这类语言现象进行判断、分类的心理过程，实际上就是范畴化。这类语言现象都属于 "V～" 这一范畴，"V～" 是上位范畴，"Vます" "Vません" "V（よ）う" "Vやすい/にくい" "Vなさい" "V始める/終わる/合う" "Vない" "Vた/て" "Vながら" 等是基本范畴，"Vなかった" "Vなくても" "Vなくては" 和 "Vなければ" 是下属范畴。

4.2 日语动词"V～"声调的原型化分析

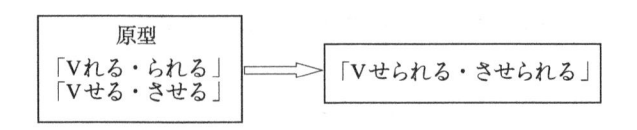

```
     原型
「Vれる・られる」  ⟹  「Vせられる・させられる」
「Vせる・させる」
```

图2.2 "V～"使役・被动声调的原型化分析

```
「Vなくては」  ⟸   原型   ⟹  「Vなかった」
                「Vない」
「Vなくても」  ⟸          ⟹  「Vなければ」
```

图2.3 "V～"否定以及其相关语义表达的原型化分析

图 2.2 中的"Vせられる・させられる"是以"Vれる・られる"和"Vせる・させる"为原型，具有共同的声调规律。图 2.3 中除基本声调"Vない"之外，还有"Vなかった""Vなくても""Vなくては"和"Vなければ"等否定以及相关语义表达中的边缘声调。其他事例的声调是从原型而来的扩展，都具有原型声调属性的一部分，形成属性连锁，共同构成家族相似性的声调规律网络。

4.3 《综合日语》中的日语动词"V～"声调文本认知

在基于认知语言学视角下对动词"V～"声调规律分析的基础上，下面以《综合日语》中有代表性的文本进一步体验和认知其规律。下面的文本都附带录音，可以检验是否准确。

文本 1

では、魚や果物を食べたとき、骨や皮はどこに置くか。中国では、テーブルの上に置いてもいい。しかし、日本ではしてはいけない。日本では、自分の皿の隅か、専用の皿に置く。ごちそうになったとき、中国では料理を少し残す。それが、「おなかがいっぱいになった」の意味になるからである。しかし日本で

は、これは「この料理はまずい」「この料理は好きではない」の意味になる。このように、中国と日本とでは、食事のマナーや習慣にいろいろな違いがあるから、食事をするときはお互いに気をつけなければならない。(《综合日语》第一册　第13课　P273)

文本2

今年も残り少なくなりました。その後、皆様お元気ですか。おばあちゃんのひざの具合はいかがですか。わたしはおかげさまで、とても元気にしています。

私は北京に来て4か月になりました。最初はわからないことばかりで大変でしたが、今はすっかり北京の生活に慣れました。中国語はまだあまり上手になっていませんが、毎日楽しいです。最近、自分のホームページを作りました。京劇も見に行きました。

中国人の友達もおおぜいできました。春節には王さんのうちへ遊びに行きます。来年、大学に入れるかどうかわかりませんが、これから中国語の勉強をもっと頑張ろうと思います。毎日、あの電子辞書を使って勉強しています。(《综合日语》第一册　第15课　P325)

文本3

去年の9月から北京に語学留学しています。こちらの生活にもだいぶ慣れました。きょうは、北京から私の黄砂体験を報告します。

ある朝、窓を開けると、晴れているはずなのに太陽が見えませんでした。はじめはスモッグかなと思いましたが、あとで、中国内陸部から飛んで来た砂漠の砂だとわかりました。日本でも話題になっている黄砂です。

こちらでは、最近ときどき空が黄色くなり、強い風が吹くと、ひどい砂嵐になります。北京では毎日の天気予報に「きょうの黄砂予報」があります。日本の花粉情報に似ています。例えば、けさの天気予報は「曇りのち晴れ、黄砂」でした。その予報どおり黄砂が大量に降りました。きょうは自転車で授業に行きましたが、風が強くなると目を開けていられなくて、自転車を降りて押して行きました。

私の住んでいる寮では、部屋の窓やドアが閉まっていても、どこからか砂が入って来ます。街では、洗濯物や車が汚れたりする被害があります。健康への影響を心配する人も少なくありません。

黄砂の原因はまだはっきりわかっていませんが、地球の温暖化によって砂漠

化が深刻になったからだと言う人もいて、北京では市民のボランティアの植樹がブームになっています。日本などの外国も協力しています。このごろは黄砂の被害が韓国や日本、アメリカにも及んでいるという話を聞きます。この問題は、私たちみんなの問題として考えることが必要だと思います。（《综合日语》第二册　第19课　P106）

文本4

　　最近、新聞などでも、日本の若者は敬語が正しく使えないのではないかということについてよく議論されています。敬語の使われ方について、みなさまはどうお考えになりますか。みなさまのご意見をお待ちしております。

　　もう15年間新入社員の面接を担当していますが、きちんと敬語を使って話せない若者は年々増えていると思います。面接の始めと終わりの挨拶の部分では、けっこう正しく敬語が使えても、途中で急に若者言葉に変わったりすることがあります。若者の皆さん、マニュアル本に書かれていることを暗記するのはやめて、基本的な敬語を身につけましょう。

　　わたしは先月からファーストフード店でアルバイトを始めました。敬語の使い方を間違えて、いつも店長に注意されています。きのうも、お客様に「あちらでお待ちしてください」と言ってしまって、あとで怒られました。もうすこし敬語が正しく使えるように気をつけたいと思います。でも、「敬語、敬語」とうるさく言われるのはいやです。大切なのは、正しい敬語を使うことよりも、お客様のことを考えて話しているかどうかだと思います。

　　日本語の勉強を始めてそろそろ4年になりますが、日本語の勉強で何が難しいかと聞かれたら、「敬語」と答えます。頭では理解しているのですが、うまく使えません。実際に使うときには、尊敬語と謙譲語を逆に言ってしまい、変な顔をされることがあります。もし、日本語には敬語がなかったら、わたしの勉強はもっと楽になるかもしれません。でも、敬語はあったほうがいいです。相手が先生か友達かによってことばを使い分けることはすてきなことだと思います。

（《综合日语》第二册　第24课　P225）

文本5

　　わたしは今年、K大学に合格して上京しました。入学してから1か月経ちましたが、まだ大学での勉強に慣れません。つらい受験時代のあとには楽しい大学生活が待っていると思っていました。でも、大学の勉強はそんなに楽ではありま

せん。受験勉強では頑張って暗記すれば何とかなりましたが、今はそうではありません。それに、周りの人がみんな頭がよさそうで、ついていけないような気がします。

　僕は去年の今ごろ、A. N. さんと同じようなことを感じて、いろいろ考えた結果、1年で休学しました。今から考えてみると、受験のときは、よく考えずに、親に行けと言われた大学を目指して頑張っていました。でも、自分で何かを深く考えるには、本当に興味があることじゃないと難しいです。それで思い切って休学して、アルバイトをしながら自分探しをすることにしたんです。まだ答えは見つかっていませんが、自分とは何かを考えることから哲学に興味を持つようになり、哲学科に編入しました。興味のあることが勉強できて今は楽しいです。A. N. さんも、まず、自分を見つめることから始めたらどうですか。

　A. N. さんも、プラトンさんもとてもまじめに考えていて、すごいですね。わたしも1年生の時は A. N. さんと同じように悩みました。でも、今は、大学生活を思いっきりエンジョイしています。勉強はほどほどにして、サークル活動（テニス）を頑張っています。父には「お前を遊ばせるために、学費を払ってやっているんじゃない。もうテニスなんかするな！」と怒られますが、そう言われたら、「サークルで人間関係を勉強しているのよ！」と言い返しています。こんな生活をしていて、もし卒業できなかったらどうしようと思うときもあります。

（《综合日语》第二册　第27课　P294）

文本6

「日本語の勉強はどうですか」知り合ったばかりの日本人に、よく聞かれる質問の一つである。日本語を学び始めたころは、「難しくて大変だ」と答えていた。しかし、今は、こう聞かれたら、「なかなか難しいが、日本語を使ってコミュニケーションをすることができて楽しいと答える。それは、日本人や中国人の友達と一緒に様々な経験をしているうちに、互いに心を通じ合えることのすばらしさを知ったからだ。

　育った国や文化が違えば、考え方や感じ方も違う。以前は、わたしの心のどこかに、そのような先入観があった。けれども、日本人の友達とコンサートに行って、会場の熱気と興奮について話し合ったり、試験前に励まし合ったりしているうちに、わたしの先入観はいつの間にか消えていた。そして、考え方の違いは個人の違いであることも多いのではないかと思うようになった。日本人と中

国人の友達と一緒に行動し、話していると、ときどき意見が合わないこともある。中国人同士でも、または、日本人同士でも、いつも考え方が同じとは限らない。大学に入ってから、何回かこのようなことを経験したが、そんな時は、相手がなぜ自分とは異なる意見を持っているのか、日本語という共通の言葉で、理解し合えるまで話し合った。それはわたしにとって本当に貴重な経験であった。

　来月から1年間、日本に留学する。新しい環境の中で、ちゃんと生活していけるだろうかという不安もある。しかし、失敗を恐れていたら何もできない。せっかく日本へ行くのだから、積極的に交流の輪を広げ、大いに話し合い、視野の広い人間になれるように努力したい。

(《综合日语》第二册　第 30 课　P360)

　　上面的六个文本中画线部分的动词"V～"声调非常具有典型性，教师引导学习者进一步体验和认知《综合日语》中动词"V～"声调规律的同时，学习者也在不断反复地练习和学习的过程中逐渐习得准确而又自然的动词"V～"声调。

5　结语

　　本章运用认知语言学范畴化与原型理论，对《综合日语》中的动词"V～"声调规律进行了总结和认知分析。范畴化的分析可以提高学习者对其声调归类的认知，原型化的分析可以提高学习者对其声调之间联系的认知，并使其掌握动词"V～"声调规律的网络特征。总之，基于认知语言学视角下的动词"V～"声调教学无论对把握日语语言现象中的认知规律，还是提高学习者的认知能力，都具有有益的启示。

第三章　认知语言学视角下的日语词汇教学

第一节　认知语言学与日语词汇教学

词汇是语言交际工具的一种要素，它也是构成语言的三大要素之一。学生不掌握一定的词汇量，就难以掌握听、说、读、写言语实践交际能力。学习和掌握词汇的过程，是一个复杂的心理认知过程。如何帮助学生记忆词汇、准确理解词汇意义、把握词汇概念等是词汇教学的关键，也是词汇教学中的难点和重点[1]。在语言知识的教学过程中，学生和教师抱怨得最多的是词汇记不牢、遗忘率大（章兼中，2016）。同时，当前日语专业本科的基础教材对单词的编排过于零散和机械。对单词的讲解往往被忽略，只是将单词以单词表的方式罗列并简单地注明中文释义。在学习单词时，只能通过简短的中文释义模糊地了解单词的意义。随着词汇量的逐渐丰富，对大量的近义词和多义词的区分束手无策。机械、零散、含糊的被动散点式记忆，势必导致记忆困难，理解障碍。久而久之，还会失去积极主动思考的习惯和能力。在教材编写和教学实践中应用认知语言学的原型范畴理论，可以很

---

[1] 王琪.日语教学理论及策略［M］.北京：外语教学与研究出版社，2017：225.

好地解决上述问题。[1]传统的词汇教学方法可简称为"词典义项法",即将一个单词的多个意义看成词典上出现的不同义项。教师根据课文中义项出现的顺序逐个教授。教材编写者会考虑义项使用的频次。一般先教授高频义项,再教授低频义项。但无论教材内容怎样安排,一个单词的多个义项往往不会作为一个互相关联的网络呈现,因此学生只能逐个学,挨个记。因此教师展现给学生的语言知识往往显得零散、孤立,不成系统,不便于学生记忆和提取。认知语言学为解释语言现象提供了理论依据,这为我们改变传统教学内容提供了可能性。提供理论依据对外语教学至少有两个作用:一是帮助学习者将散乱在大脑不同位置的知识汇聚在一起,并按照一定的逻辑关系组织起来,有利于对知识的正确理解,也有利于减轻记忆负担,提高记忆效率;二是当学习者使用这些知识时,便于从组织有序的体系中提取(文秋芳,2013)。

  关于认知语言学在日语词汇教学中的应用方面的研究方兴未艾(赵焉如,2011;兰卉,2011;脱小杰,2013;等等)。赵焉如(2011)认为认知语言学原型范畴理论对日语学习有很好的方法论的指导作用,除了作用于词汇结构,更重要的是作用于词汇意义的记忆。通过理清词汇各义项之间的关系,日语学习者可以更好地记忆词汇意义,扩大词汇量。兰卉(2011)提出在进行日语词汇讲解时,教师可以采用与学生互动会话的方式加强学生对隐喻功能的了解。而这对于日语教师而言也是一个极大的挑战,需要教师在备课的时候将词汇的隐喻功能与其本意结合起来。如果方法得当,不但可以减轻学生背单词的负担,还可以提高学生对日语会话的理解能力。脱小杰(2013)运用认知语言学中的范畴化、基本层次范畴、原型理论、图式、比喻等核心观点进行了探讨,主张让老师和学生都尝试运用认知的方法记忆日语词汇,提高学习效率。不难发现上述的研究成果表明:运用认知语言学理论进行日语词汇教学,有助于词汇学习与记忆,有助于理解词汇各义项之间的关系。

  对于上述的研究成果,笔者认为可以从以下几个方面做进一步解释。①认知活动与记忆。词汇学习这一认知活动的基础是记忆,记忆效果取决于词汇知识习得的广度、深度以及运用的精确度和自动化程度(米丽萍,2016)。

---

[1] 翟东娜.认知语言学与日语习得研究[J].日语学习与研究,2006(1):1.

②词汇与语义。根据词汇、语义之间存在的联系，建立思维网络，让学生理解语言学习是一个动态联系的知识系统（王寅，2004：1）。③隐喻与一词多义。隐喻性映射可以用来解释一词多义现象，可以说明词汇的具体义项与抽象义项之间的联系，可以使学生了解词汇的演变机制，更好地理解、记忆词汇（孙厌舒，2004）。④语义扩展与记忆。学习者在语言学习过程中思考意义与意义之间、形式与意义之间的联系在语言习得研究中被认为是一个"扩展"（Elaboration）的过程。扩展分为语义扩展和结构扩展。语义扩展指关于词汇或构式的意义的心理活动（Operation），结构扩展指关于词汇或构式的型式的心理活动。由于扩展是在比较深的层次处理信息，因而能增加信息在记忆中保留的可能性，促进学习（刘正光，2010）。⑤图式与义项间的理据理解。孙崇飞、张辉（2015）认为引导学习者基于自身已有直接或间接具身经验和百科知识析清义项间存在的理据关系对其更好地记忆和掌握词汇用法具有事半功倍的效果。

基于认知语言学理论对日语词汇教学的指导作用，本章对日语形容词和日语惯用语教学进行分析探讨，希望能起到抛砖引玉的作用。

第二节 认知语言学视角下的日语形容词教学

1 引言

日语形容词作为日语用言的重要组成部分，其词汇数量之多，语义之丰富，活用形变化之复杂，已成为日语教学和学习的难点和重点之一。语言的研究和教学离不开人类的认知。翟东娜（2006）认为在长期的日语学习和教学过程中，我们会自觉不自觉地运用认知科学的观点和方法，形成了教师的教学经验和学习者的语感。认知语言学的理论方法为这些朴素的经验和语感提供了理论解释和实验验证的一个新平台。如果我们把理论与教学实践结合起来开展教学研究，一定能开发出更为有效、更符合学习者认知规律的日语教学模式。池上、潘钧（2008）主张认知语言学在外语教学方面也大有用武之地。因为"认知语言学"讲综合，符合中国人的思维方式，重视解释与整合，通过对语言认知规律的研究，可以使学生加深理解，产生兴趣，甚至取

得举一反三、事半功倍的效果。朱立霞（2010）提出在基础日语教学中导入认知语言学知识是一种新的教学思路，剖析语言形式下的认知模式、认知规律，从思维的深度寻找规律指导语言学习，这不仅对于日语教学，对其他任何外语的教学都是有益的启示。认知语言学对词汇教学有直接的引导作用。潘钧（2016）概述了国内日语界有关认知语言学及与教学相结合研究的概貌，并辅以若干案例，提出了在外语教学中适当引入认知语言学及"应用认知语言学"的可行性与前景。

2　研究现状

国内外日语学界日益关注日语形容词的研究，中日众多学者主要从汉日对比、类型学、语料库语言学、认知语义学等不同视角对日语形容词以及其教学展开了不同的研究。根据研究的视角和内容进行文献梳理，近15年的主要研究成果可以归纳为两大类：语言学相关的研究和教学相关的研究。

有关日语形容词语言学的研究可以归纳概括为以下五个方面：①对日语感情形容词的研究居多（段银萍，2005；王艳玲，2006；朱鹏霄，2007；关薇，2007；村上，2015；等等）。朱鹏霄（2007）对情意形容词作谓语的日汉双重主语进行了对比分析研究。村上（2015）的博士论文对现代日语中感情形容词的句法和语义进行了实证研究。②基于类型学视角下的研究（盛文忠，2014，等）。盛文忠（2014）从类型学的角度对汉日多项形容词定语语序进行了对比研究。③基于语料库语言学的研究（姜红，2012；朱鹏霄，2012；苏鹰、韩小丽，2017；周彤，2018；等等）。姜红（2012）从语料库词语搭配和语义认知的角度对形容词"甘い"进行了考察。朱鹏霄（2012）从语料库的角度对日语多寡形容词语法特性差异进行了实证研究。苏鹰、韩小丽（2017）运用语料库语言学研究方法，选取日语二字汉字"ナ"形容词词频最高的50个词语作为研究对象，通过分析名词、"ナ"形容词、第三形容词的典型特征，具体地制定了三个分类标准。周彤（2018）对日语形容词的范围界定、形容词与其他词类的连续性、形容词的三种句法功能、跨语言的形容词研究等方面的研究成果进行了梳理分析，认为日语形容词研究将随着各种语料库的开发与完善而进一步深化。④基于认知语言学视角的代表性

研究（徐曙，2009；李爱华，2010；周彤，2012；李庆祥、李国磊，2012；姜红，2013；张兴，2015；许慈惠，2016；周彤，2017；等等）。徐曙（2009）从认知语法的角度对日语"形容动词"进行了新构想。姜红（2013）对日语多义感觉形容词的语义分析模型构建进行了研究。张兴（2015）运用意象图式、原型理论和隐喻理论对汉日表示空间维度的反义形容词"深浅"的语义进行了分析对比。许慈惠（2016）对多义形容词"明るい"的义项实现进行了个案研究。周彤（2017）将日语形容词连体修饰的语义功能分为分类与描写两种类型，分别体现了对事物性状的客观性识解与主观性识解，二者在句法层面对应不同的语言形式。⑤对形容词"りっぱ"进行的研究（梶原，2012；赵圣花、刘玉琴，2014；等等）。梶原（2012）分析了"りっぱ"和"偉い"的词典语义，考察了两者的异同点。赵圣花、刘玉琴（2014）利用《NLB》语料库探讨了近义词"素敵""立派""素晴らしい"的异同。这些研究侧重于运用不同语言学的理论、语料库法对日语形容词进行语义功能、词法与句法功能等语言特征方面的分析与考察，但并未涉及日语形容词教学。

有关日语形容词教学的研究也有不少（福原，2009；陈菁晶，2009；金凌卉，2010；曹红荃，2013；曹捷平，2017；钟勇，2017；等等）。福原（2009）从词汇教育的角度对《初级日本语》中的形容词进行了较为全面的分析；金凌卉（2010）对《综合日语》中感情形容词的表述问题进行了探讨。陈菁晶（2009）采取了问卷调查的形式分析学生对日语的感情形容词"嬉しい""楽しい"及动词"喜ぶ"的用法使用错误，发现在教授过程中需要说明三者在表达感情时的内在含义的不同点，让学生掌握三者的使用语境以及中日两国在表达与感情相关的用词时语言表述习惯的差异；曹捷平（2017）认为对照汉语对应词，并运用语义圆锥体理论提取日语多义形容词的核心语义，是中国日语学习者行之有效的日语多义形容词习得策略；曹红荃（2013）以日语中形容词和名词的搭配为主要研究对象，探讨了日语学习者特别是中国日语学习者的词汇习得与教学问题；钟勇（2017）基于大规模语料库详细对比了触觉形容词"硬"和"かたい"的认知语义结构，并探讨了对日语教学的三点启示。一是可以使用通俗易懂的语言对各义项间的认知理据进行阐释，让学习者明白多义词各义项间具有明显的关联性和系统性，从而促进其对义项的理解、记忆和习得。二是在教学当中我们首先要重点讲解多义词的原

型义，对其特点进行详细分析。在学习者完全掌握了原型义之后再对相关扩展义进行讲解，以此促进扩展义的理解和学习。三是要注意对相关基本身体经验、世界认知过程及其概念特征进行一定的解说，并引导学习者积极对比汉日多义词的相同义项和不同义项，努力探索相关义项背后隐藏的中日文化现象，最终促进日语多义词的教学效果。这些启示还处于理论探讨阶段，并未展开详细案例研究。上述研究虽然对日语教材、词汇教育与习得过程中的形容词进行了分析，对表述问题以及语义差异方面进行了探讨，但是并没有运用认知语言学的原型和意象图式理论、语料库法进行日语形容词教学。

通过以上梳理，笔者发现从认知语言学的角度对日语形容词的语言特征考察及研究很多，但是缺乏运用认知语言学的理论与方法进行日语形容词教学的探讨，对形容词分类的描述也不同。因此，本章拟就运用认知语言学的原型和意象图式理论，结合词典语义、BCCWJ 语料库和 Yahoo（知惠袋），对"明るい"和"りっぱ"的语义教学进行认知分析，并尝试提出日语形容词教学设计模式。这对培养和提高学生的语言文化认知能力，对改进日语教学方法并提高教学效果具有一定的启发意义。需要说明的是，不同的教材对形容词的分类也不同。"りっぱ"在《新编日语》（周平、陈小芬，2009，修订版）教材中被归属为形容动词，而在《综合日语》（彭广陆、守屋，2007，修订版）教材中被归属为二类形容词，本文采用《综合日语》教材中的分类。

3 《综合日语》中形容词的特点

彭广陆、守屋（2007，修订版）主编的普通高等教育"十一五"国家规划教材《综合日语》一、二册中对形容词的特点总结概括如下。

3.1 内容分布概况

表 3.1 《综合日语》一、二册中形容词内容分布概况

课别及单元	具体内容
6-1	形容词
6-1	形容词的连体形
7-1	形容词谓语句

续表

课别及单元	具体内容
7-1	形容词的敬体非过去时
7-1	あまり［AⅠ］くないです／［AⅡ］ではありません"程度不高"
7-1	そんなに［AⅡ］くないです／［AⅡ］ではありません"程度不高"
7-2	形容词的敬体过去时
7-2	Nと同じ
7-2	［N1］は［N2］が［A］です"主谓谓语句"
7-3	形容词的简体非过去时、过去时
7-3	形容词的第二连用形（AⅠくて／AⅡで）
10-2	［AⅠ］くなる／［AⅡ］になる"变化的结果"
12-1	Nがほしい
13-2	［AⅠ］くする／［AⅡ］にする"使之发生变化"
14-1	感情形容词
14-3	形容词的第一、第二连用形用于句子中顿
16-1	AⅠく～／AⅡに～（形容词做连用修饰语）
16-3	AⅠく（并列）
18-1	感觉形容词
18-2	AⅠくて／AⅡで（原因、理由）
18-3	形容词词干+さ
19-2	形容词的条件形
27-2	～がる（形容词的动词化）

上表涵盖了形容词的基本用法，可以概括为：①词法分类以及词性转换。按照功能分为AⅠ(一类形容词)和AⅡ(二类形容词)；感性形容词按照语义分为感情形容词和感觉形容词；"形容词词干+さ"的形式转换为名词，"～がる"的形式转换为动词。②句法功能。按照活用有连体形、连用形、假定形等用法；按照句子的分类有形容词谓语句、"［N1］は［N2］が

[A]です"（主谓谓语句）；时态分为过去时和非过去时。③文体分类。有简体和敬体之分，既是难点，其变化形式又较为复杂。

3.2 词性分类与所占比率分布概况

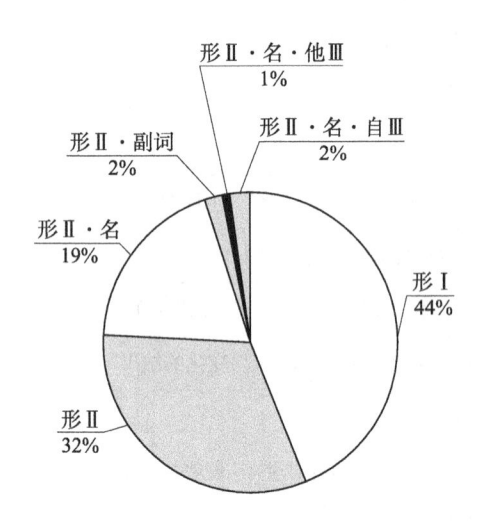

图3.1 《综合日语》一、二册中形容词的词性分类及其所占比率

如图3.1所示，《综合日语》一、二册中的形容词按照词性分类，其所占比率统计的结果如下。形Ⅰ：第一册65个、第二册25个，共计90个，占44%；形Ⅱ：第一册36个、第二册29个，共计65个，占32%；形Ⅱ·名：第一册10个、第二册29个，共计39个，占19%；形Ⅱ·副词：第一册2个、第二册1个，共计3个，占1%；形Ⅱ·名·他Ⅲ：第二册1个，共计1个，占1%；形Ⅱ·名·自Ⅲ：第二册5个，共计5个，占2%。其中有两点值得关注：一是一类形容词（形容词）最多，几乎占一半的比例，二类形容词（形容动词）达到1/3以上的比例，两者共计155个，占总数的77%。二是同时兼有两种词性，既可以作为二类形容词又可以作为名词的共计39个，几乎达到1/5的比例。

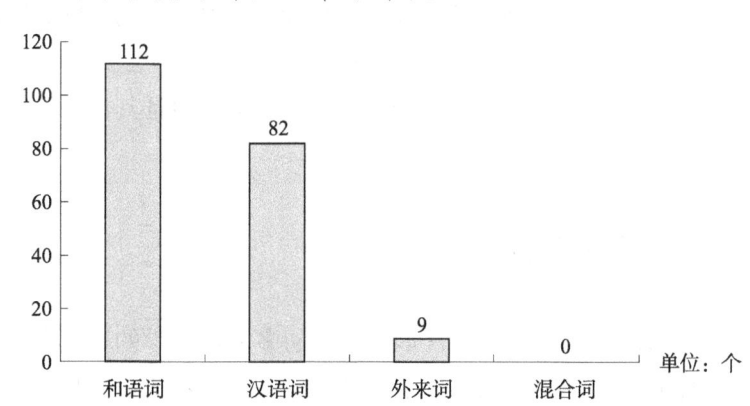

3.3 词源分类与所占比率分布概况

图3.2 《综合日语》一、二册中形容词的词源分类及其所占比率

如图 3.2 所示,《综合日语》一、二册中的形容词按照词源分类,其所占比率统计的结果如下。和语词,共计 112 个;汉语词,共计 82 个;外来词,共计 9 个;混合词,共计 0 个。其中和语词最多,汉语词其次。最大的特点是形容词中外来词比较多,如"ショック・デラックス・ワイルド・ロマンチック・ユーモラス・グローバル・ラッキー・スタンダード"等。

3.4 语义分类与所占比率分布概况

根据西尾(1972)、国立国语研究所(2004)的研究,形容词按照语义可以分类如下。

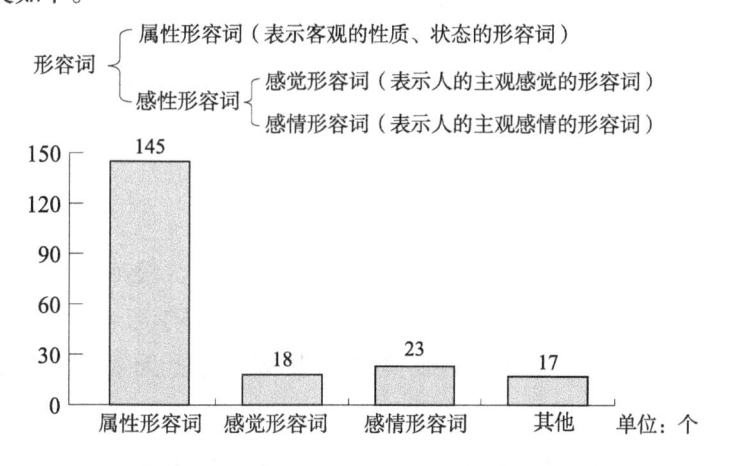

形容词 { 属性形容词(表示客观的性质、状态的形容词)
感性形容词 { 感觉形容词(表示人的主观感觉的形容词)
感情形容词(表示人的主观感情的形容词)

图3.3 《综合日语》一、二册中语义分类及其所占比率

如图 3.3 所示,《综合日语》一、二册中的形容词按照语义分类,其所占比率统计的结果如下。属性形容词,共计 145 个;感性形容词中感觉形容词 18 个,感情形容词 23 个,共计 41 个;其他的形容词像"ひさしぶり"等,共计 17 个。其中属性形容词是其他三类形容词的 2.5 倍,而且其他三类的数量几乎相当。

4　日语形容词的教学分析

文秋芳(2013)认为认知语言学视角下的多义词教学的重点在于分析其义项背后的理据性。将原型范畴理论及多义词词义扩展的认知机制(包括隐喻、转喻等)运用于多义词课堂教学,可以采用以下三个步骤:①引导学习者分析原型意义的基本属性;②以原型意义为基础根据语境推测引申意义,实现初步语义化;③运用隐喻、转喻分析引申意义的构建过程,实现深层次语义加工❶。这种多义词教学主要体现在其词典语义中的原型意义与其延伸意义的认知与构建,但是不能实现对其更多的搭配、语义倾向与语义韵的认知与构建。梁茂成等(2010)认为语料库对于真实语言、短语、语体差异、量化分析的关注和搭配、类联接、语义倾向以及语义韵等不同分析思路都可以运用在外语教学中,如词汇讲解、写作讲评、练习和试题的编制。基于这一观点,多义词教学需要进一步借助语料库,才能更完整地认知与构建其语义网络。不仅如此,多义词教学还需要进一步在真实文本中认知与构建其语义网络,在语境中理解和运用各个义项的语义。因此,下面主要从《大辞林》(第 3 版,2006)词典语义、BCCWJ 语料库语义和 Yahoo(知恵袋)文本语义三个方面,引导学习者对形容词"明るい""りっぱ"进行认知分析。

4.1　形容词"明るい"的教学分析

4.1.1　"明るい"的词典语义认知

曹大峰、林洪(2014)主张在多义词的教学中,教师先导入词的原型意义,让学习者了解比喻这种机制,在此基础上指导学习者尝试解释词典中各意义之间的内在联系,从而将词典中罗列的略显杂乱无章的各意义条理化,

---

❶ 文秋芳.认知语言学与二语教学[M].北京:外语教学与研究出版社,2013:63.

使学习者加深对该多义词的理解，并掌握其用法。促使学习者改变在学习时不加分析，只靠死记硬背的学习方法。进而达到加强记忆，正确理解并使用多义词的效果❶。日语形容词"明るい"在《大辞林》（第3版，2006）中有6种意义，如下。

①意味1（プロトタイプ的意味）：光が十分にある状態である。また，そのように感じられる状態である。

（例）「明るい照明」「明るい部屋」「月が明るい」「明るいうちに帰る」

②意味2：色が澄んでいる。黒や灰色などがまじらず鮮やかである。彩度が高い。

（例）「明るい色」「明るい紺」

③意味3：人の性格や表情，またかもし出す雰囲気などが，かたわらにいる人に楽しく，朗らかな感じを与える。晴れやかだ。楽しそうだ。

（例）「気持ちが明るい」「明るい家庭」「明るい人柄」「明るい雰囲気」

④意味4：物事の行われ方に，不正や後ろ暗いところがない。公正だ。公明だ。

（例）「明るい選挙」「明るい政治」

⑤意味5：未来のことに対して，希望をもつことができる状態である。

（例）「前途が明るくなった」「明るい見通し」

⑥意味6（「…にあかるい」の形で）：その物事についてよく知っている。精通している。くわしい。

（例）「法律に明るい人」「数字に明るい」

除基本意义"明るい照明"之外，还有"明るい色""明るい雰囲気""明るい選挙"等用法中的边缘意义，其共同意义是"晴れやかに感じられる状態"，也就是图式意义。其具体化的事例之一"明るい照明"中的"明るい"为原型意义，其他事例的用法是从原型意义而来的语义扩展。如果说原型意义的"明るい"是光线明亮，"明るい色"的"明るい"是以颜色亮丽取代光线明亮，而

---

❶ 曹大峰，林洪．日语语言学与日语教育［M］．北京：高等教育出版社，2014：223．

"明るい雰囲気"的"明るい"是感觉（心理）的愉快。总之都具有原型意义属性的一部分，形成属性连锁，共同构成家族相似性的意义网络。

```
                    图式意义（x）
                    ↙    ↓    ↘
边缘意义1  ⇐                      ⇒  边缘意义2
边缘意义3  ⇐         原型意义         ⇒  边缘意义4
边缘意义5  ⇐                      
                    （ —→ 为事例化、  ⇒ 表示扩展）
```

图式意义（x）：　「明るい」＝晴れやかに感じられる状態
原型意义：　　　「明るい照明」

边缘意义1：「明るい色」
边缘意义2：「明るい雰囲気」
边缘意义3：「明るい選挙」
边缘意义4：「明るい見通し」
边缘意义5：「法律に明るい人」

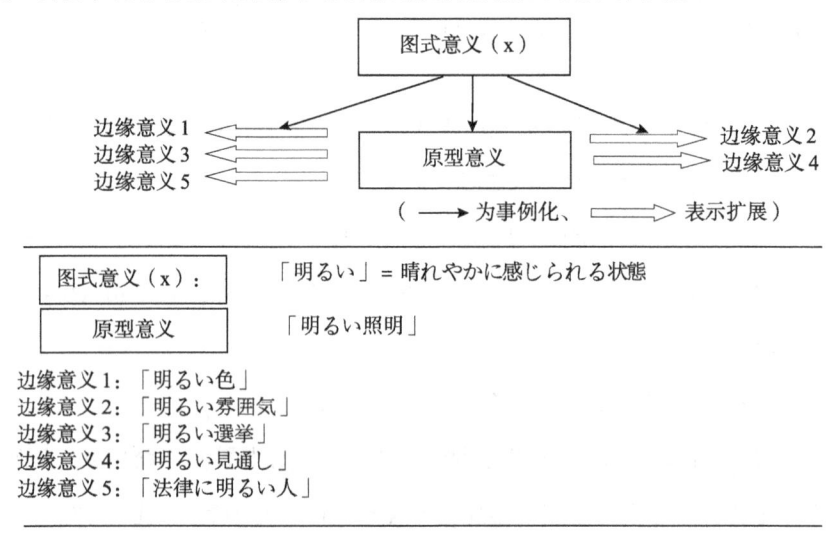

图3.4 "明るい"的语义扩展

词典语义教学活动可以分为以下三个步骤。首先，教师引导学习者分析"明るい"的原型意义"光が十分にある状態である。また、そのように感じられる状態である"。其次，教师引导学习者以其原型意义"光が十分にある状態である。また、そのように感じられる状態である"为基础，依据语境推测引申意义"色が澄んでいる。黒や灰色などがまじらず鮮やかである。彩度が高い。""人の性格や表情、またかもし出す雰囲気などが、かたわらにいる人に楽しく、朗らかな感じを与える。晴れやかだ。楽しそうだ。""物事の行われ方に、不正や後ろ暗いところがない。公正だ。公明だ。""未来のことに対して、希望をもつことができる状態である。""「…にあかるい」の形でその物事についてよく知っている。精通している。くわしい。"即向学习者呈现含有相应比喻意义的例句"明るい色""明るい人柄""明るい選挙""明るい見通し""数字に明るい"等，实现初步语义化。最后，教师引导学习者以原型意义为源域、各引申义为目标域分析引申义扩展的认知理据，即借助隐喻、转喻两种认知机制分析引申意义的构建过程，实现深层次语义加工，认知"明るい"的图式意义"晴れやかに感じられる状態"，构建其意义网络（如图3.5所示）。

源域

「光が十分にある状態である。また、そのように感じられる状態である」

↓ 转喻

「色が澄んでいる。黒や灰色などがまじらず鮮やかである。彩度が高い。」

→ 引喻 →

目标域

「人の性格や表情、またかもし出す雰囲気などが、かたわらにいる人に楽しく、朗らかな感じを与える。晴れやかだ。楽しそうだ。」「物事の行われ方に、不正や後ろ暗いところがない。公正だ。公明だ。」「未来のことに対して、希望をもつことができる状態である。」「「…にあかるい」の形でその物事についてよく知っている。精通している。くわしい。」

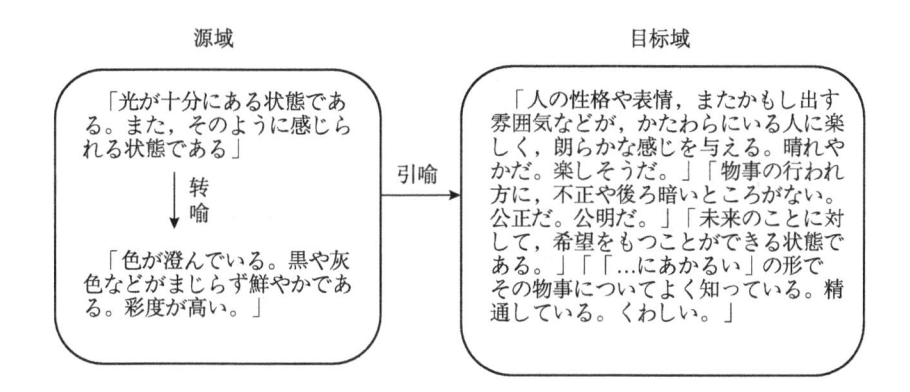

图3.5 "明るい"的语义投射图

4.1.2 "明るい"的语料库语义认知

语料库相关研究给语言教学带来了诸多积极变化，语料库可以提供更丰富的例句，特别是适合所教学生实际水平的例句（梁茂成等，2010）。因此，本研究仅以"明るい+名词"这一搭配模式为教学分析对象，使用的语料库源自BCCWJ语料库。运用BCCWJ语料库的提取方法如下：分别输入检索词"明るい"，在《少納言》中检索，取其前100个例句。通过对BCCWJ语料库中检索出的语料进行统计，将形容词"明るい"与其他词语的搭配模式进行分类，并从词语搭配的视角分析"明るい"的多个义项。根据《大辞林》（第3版，2006）中"明るい"的语义，引导学习者对BCCWJ语料库检索到的其修饰名词进行分类，对词语搭配加以概括从而获得类联接关系，并在此基础上确立"明るい"的多个义项之间的关系，同时探究"明るい"的语义倾向和语义韵。

表3.2 "明るい+名詞"组合中"明るい"的义项及搭配的名词

语义领域	义项	后项名词
视觉领域	①光が十分にある状態である。また、そのように感じられる状態である。	光・ガラス窓・陽射し・窓辺・日陰・光の輪・望遠レンズ・ライト・初夏の日光・蠟燭の光・とき・夜・時間・土地・富士宮・草原・空模様・野原・部分・樹林帯・もの・グレイのコントラスト・スペース・ファインダー・「死に支度」のメニュー
	②色が澄んでいる。黒や灰色などがまじらず鮮やかである。彩度が高い。	色彩・色・空色・クリーム色・藍色・オレンジ色・茶色

续表

语义领域	义项	后项名词
人的精神活动及行为领域	③人の性格や表情，またかもし出す雰囲気などが，かたわらにいる人に楽しく，朗らかな感じを与える。晴れやかだ。楽しそうだ。	イメージ・雰囲気・曲・話・声・表情・声音・笑い・建設的な態度・性格・ところ・方面・側面・人柄・肌・顔・祖父・子・方・娘・少年
	④物事の行われ方に，不正や後ろ暗いところがない。公正だ。公明だ。	革新都政・選挙・社会・ラテン民族
	⑤未来のことに対して，希望をもつことができる状態である。	未来・動き・領域

表3.2统计结果表明，"明るい"可以修饰很多类别的名词，在与"明るい"构成形名组合的名词中，与光线和颜色相关的名词居多。这类名词在被"明るい"修饰时，其表示的语义为光线非常强以及所能感受的这种状态。在认知的过程中，这一局域被激活并得到彰显，此时"明るい"的语义为表示视觉的基本义。除此之外，还进一步隐喻为表示人开朗的性格、高兴的表情、愉快的氛围；政治方面的透明与公正；未来前途光明等。其语义扩展过程反映了人类的联想认知过程，即由基于身体性的感官体验感受向精神活动、行为领域体验感受发展的认知过程。同时"明るい"所蕴含的主观情态是正面的、积极的。

在BCCWJ语料库语义教学活动中，教师需要引导学习者以图式为基础，激活源域视觉领域层面的语义"光が十分にある状態である。また，そのように感じられる状態である。"和"色が澄んでいる。黒や灰色などがまじらず鮮やかである。彩度が高い。"借助隐喻机制进一步抽象化并扩展到目标域精神活动及行为领域层面的语义"人の性格や表情，またかもし出す雰囲気などが，かたわらにいる人に楽しく，朗らかな感じを与える。晴れやかだ。楽しそうだ。""物事の行われ方に，不正や後ろ暗いところがない。公正だ。公明だ。""未来のことに対して，希望をもつことができる状態である。"（如图3.6所示）。

视觉领域 →「光が十分にある状態である。また、そのように感じられる状態である。」「色が澄んでいる。黒や灰色などがまじらず鮮やかである。彩度が高い。」

↓

精神活动及行为领域 →「人の性格や表情、またかもし出す雰囲気などが、かたわらにいる人に楽しく、朗らかな感じを与える。晴れやかだ。楽しそうだ。」「物事の行われ方に、不正や後ろ暗いところがない。公正だ。公明だ。」「未来のことに対して、希望をもつことができる状態である。」

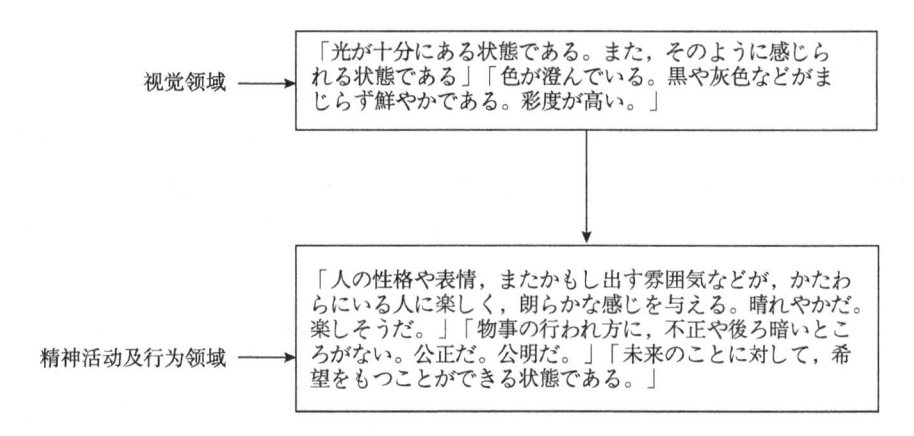

图3.6 "明るい"语义的图式扩展

4.1.3 "明るい"的 Yahoo（知恵袋）文本语义认知

意象图式是一种抽象结构。它来源于人体在外部空间世界中的活动，具有体验性；它产生于人类的具体经验，但由于人类可以把它映射到抽象概念中去，因此它可以被用来组织人类的抽象概念❶。下面以 Yahoo（知恵袋）相关例句为文本，输入"明るい"进行搜索例句，让学习者理解"明るい"的原型意义，结合语境体验各个义项之间的关系，进一步认知"明るい"的语义。这里所说的语境，是指认知语言学中的认知语境。所谓认知语境，既包括上下文这种语言意义上的语境（Linguistic context，有时又叫 Co-text），又包括了即时情境（Situation）这种物质语境，还有个人特定的记忆、经历和对未来的期望所构成的心理语境以及社群知识、百科知识这些在不同程度上共有的知识语境❷。

（1）明るい部屋で寝ると金縛りのような症状が出ます。息が出来ず首から上が動かなくなり、何かで胸をグッと強く押さえつけられるような感じです。

（Yahoo! 知恵袋 2020/10/20）

（2）明るい髪色から黒染めすると次ブリーチする時色が上がりづらいのと同じで、明るい色に茶色入れても次染めるときに色が上がりづらいとかってあるん

---

❶ 李福印. 意象图式理论 [J]. 四川外语学院学报，2007（1）：81.

❷ 丹·斯珀波，迪埃钰·威尔逊. 关联：交际与认知 [M]. 蒋严，译. 北京：中国社会科学出版社，2008：11.

ですか？市販の茶色でやろうと思ってるんですけど。

（Yahoo! 知恵袋 2021/3/12）

（3）<u>明るい</u>ところでないと眠れません… 私は中学生なのですが、寝室が歴代の家族（？）の写真が並べられていて、神棚があり大きな押し入れがある古い和室です。二階建ての家で私だけ一階で眠っています。部屋からは庭が見えます。

（Yahoo! 知恵袋 2020/8/21）

（4）<u>明るい</u>場所で目薬をさすと光が気になるので、電気を消して目薬をさすのですが、何か問題ありますか？電気をつけた状態で目薬をさした方が良いでしょうか。

（Yahoo! 知恵袋 2020/12/24）

（5）<u>明るい</u>お仕事って何ですか？ 人生を明るくしたいと思いました。

（Yahoo! 知恵袋 2020/11/15）

（6）<u>明るい</u>バイトが出来ない自分が嫌です。 大学1年生女子です。 私は今アルバイトを何をしようか迷っています。

（Yahoo! 知恵袋 2021/2/10）

（7）<u>明るい</u>リズムの曲が悲しく聞こえることがあります。 例えば、アーティストの嵐の「Trouble maker」という曲がアップテンポで明るい曲だと分かるのですがどこか悲しというか、寂しさを感じます。

（Yahoo! 知恵袋 2021/1/27）

（8）<u>明るい</u>日本のラブコメドラマを教えてください。 韓国っぽい日本のラブコメドラマありますか？ 最近初めて韓国ドラマを見ました。 ハマらないと思っていたのにすごい面白くて我ながらびっくりしました。

（Yahoo! 知恵袋 2021/1/10）

（9）<u>明るい</u>話をすると、それだけで、心が暖かくなりますよね。 だから、<u>明るい</u>話しようと、思いますか？

（Yahoo! 知恵袋 2020/12/24）

（10）<u>明るい</u>離婚式ってテレビでやってますが、本人たちの自己満足で家族や巻き込まれた方は悲しみとかあると思うのに本人たちだけスッキリしてるみたいでふざけてないですか？

（Yahoo! 知恵袋 2021/1/6）

（11）明るい性格で過ごす →ふと今まで築いてきた人間関係を全部壊したくなる →急に大人しくなる→友達が居なくなる →寂しくなり、進学のタイミングでまた明るい性格に直す。

(Yahoo! 知恵袋 2020/10/17)

（12）明るい笑いをふりまいてお料理かたてにお洗濯タラちゃんちょっとそれとって母さんこの味 どうかしらときにはしくじることもあり ちょっぴり悲しいときもあるだけど ウーンだけど 明るい私はなんですか？

(Yahoo! 知恵袋 2020/2/15)

（13）明るい感じの韓ドラを教えてください！「追跡者～チェイサー～」と「シグナル」のような暗めのドラマを見たのでちょっと明るめのドラマが見たいです。

(Yahoo! 知恵袋 2019/6/12)

（14）明るいマイナス思考の人っていますか？ 私は、自分に自信がなく、何事も悪く捉えてしまう、超マイナス思考です。 しかし、人と話していると楽しくなって明るい気持ちになるため、人からはいつも元気だと言われます。

(Yahoo! 知恵袋 2019/9/19)

（15）明るい陰キャと暗い陽キャの違いを教えてください。 陽キャだけど、話がつまらなかったりする人もいれば、陰キャだけど、めっちゃ明るい人もいますよね？

(Yahoo! 知恵袋 2020/1/5)

（16）明るい人になりたいです。 はじめまして、高1の女子です！ 自分の性格を明るくしたいです。 自分の元々の性格は暗い方で、いつも人と比べては落ち込んで、それを親に八つ当たりしてしまいます。

(Yahoo! 知恵袋 2020/10/8)

（17）明るい人間と、暗い人間、差別みたいな風に決めつける風習どう思いますか？（あの人は明るくカッコイイ、あの人は影が薄いなど）

(Yahoo! 知恵袋 2020/5/1)

（18）明るい未来が想像できない 幼少期に毒親 学生時代にいじめ、引きこもり社会人になって能力不足で解雇そして無職こんな自分が、明るい未来を作れるなんて想像できない辛い苦しいそんなことばかり考えてしまう。

(Yahoo! 知恵袋 2020/6/21)

（19）子供達に明るい未来を、若者に明るい希望を、中高年にカッコイイ大人の模範を、人生大勝利の高齢者の模範を、人間の幸せのあり方全てを教えてくれるのは創価学会だけですか。

(Yahoo! 知恵袋 2019/10/8)

（20）現在こんな社会ですが未来に明るい希望を持って毎日前向きに頑張っていますか？それとも未来に絶望してもういいやと投げやりになってますか？

(Yahoo! 知恵袋 2020/11/1)

从以上的例句可以看出：（1）～（4）例句中的"明るい"所表示的是其原型意义"光が十分にある状態である。また、そのように感じられる状態である"；（5）～（6）例句中的"明るい"所表示的是其引申义"いい"的含义；（7）～（17）例句所表示的是其引申义"人の性格や表情、またかもし出す雰囲気などが、かたわらにいる人に楽しく、朗らかな感じを与える。晴れやかだ。楽しそうだ"；（18）～（20）例句所表示的是其引申义"未来のことに対して、希望をもつことができる状態である"。通过以词项为中心的语言描写方法，同时能够兼顾上下文语境，并关注词项的常用搭配、类联接等典型型式的延伸结构。此外，也要关注词项的语体变异以及更宽泛意义上的社会文化语境。

也就是在教学过程中，让学习者在认知语境中理解和运用词汇，体现为词汇与图式、词汇与原型等认知域之间的关联，有助于学习者在词汇运用中构建意义，复归日语词汇理解与运用的语言环境，丰富学习者的词汇语义网络。同时注重提高学习者对语言的组块意识，并培养学习者组块成语的能力以及整体把握语言结构和功能的能力。

4.2 形容词"りっぱ"的教学分析

4.2.1 "りっぱ"的词典语义认知

曹大峰、林洪（2014）主张在多义词的教学中，教师先导入词的原型意义，让学习者了解比喻这种机制，在此基础上指导学习者尝试解释词典中各意义之间的内在联系，从而将词典中罗列的略显杂乱无章的各意义条理化，使学习者加深对该多义词的理解，并掌握其用法。促使学习者改变在学习时不加分析只靠死记硬背的学习方法，进而达到加强记忆，正确理解并使用多义词的效果。日语形容词"りっぱ"在《大辞林》（第3版，2006）中有8种

意义，如下。

意味1：美しい。

（例）「りっぱな邸宅」「りっぱな服装」

意味2：規模や会などが非常に素晴らしいさま。

（例）「りっぱな建物」「りっぱな儀式」「りっぱなごちそう」

意味3：優れているさま。

（例）「りっぱな成果」「りっぱな人物」「りっぱなもの」

意味4：態度が堂々としているさま。

（例）「りっぱな風采」

意味5：気高い。

（例）「動機はりっぱなものだ」

意味6：公明正大であるさま。

（例）「りっぱな処置」「りっぱな勝負」

意味7：十分であるさま。

（例）「りっぱに理由が立つ」「りっぱな証拠」「それはりっぱな詐欺だ」

意味8：偉大であるさま。尊敬すべきさま。

（例）「りっぱな学者」「りっぱな行い」

「彼が自分の過ちを認めたのはりっぱなことだ」

除了基本意义"りっぱな品物"之外，还有"りっぱな成果""りっぱな処置"等用法中的边缘意义。其共同意义是"見事なこと"，也就是图式意义。其具体化的事例之一"りっぱな服装"中的"りっぱ"为原型意义。其他事例的用法是从原型意义而来的语义扩展。如果说原型意义的"りっぱ"是美丽的、漂亮的，"りっぱな風采"中的"りっぱ"是形容仪表非凡，而"りっぱな学者"中的"りっぱ"是描写人物（心理感觉）的伟大。总之都具有原型意义属性的一部分，形成属性连锁，共同构成家族相似性的意义网络。日语形容词"りっぱ"的语义网络构建如图 3.7 所示。

```
                    图式意义（x）
                         │
   ┌────────────────┬────┴────┬────────────────┐
边缘意义1 ⇐         ↓          ↓         ⇒ 边缘意义2
边缘意义3 ⇐                              ⇒ 边缘意义4
边缘意义5 ⇐      原型意义                 ⇐ 边缘意义6
边缘意义7 ⇐                              ⇐ 边缘意义8
```

（──→ 为事例化、⇒ 表示扩展）

| 图式意义（x）: | 「りっぱ」＝見事であるさま |
| 原型意义: | 「りっぱな服装」 |

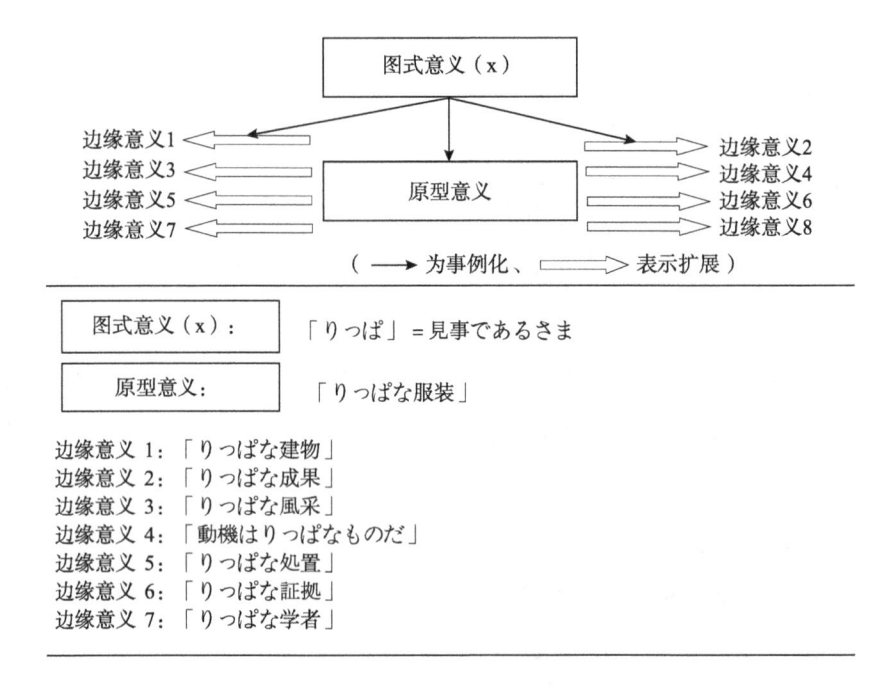

边缘意义1：「りっぱな建物」
边缘意义2：「りっぱな成果」
边缘意义3：「りっぱな風采」
边缘意义4：「動機はりっぱなものだ」
边缘意义5：「りっぱな処置」
边缘意义6：「りっぱな証拠」
边缘意义7：「りっぱな学者」

图3.7 "りっぱ"的语义扩展

词典语义教学活动，可以分为以下三个步骤。首先，教师引导学习者分析"りっぱ"的原型意义"美しい"。其次，教师引导学习者以其原型意义"美しい"为基础，依据语境推测引申意义"規模や会などが非常に素晴らしいさま""優れているさま""態度が堂々としているさま""気高い""公明正大であるさま""十分であるさま""偉大であるさま。尊敬すべきさま"，即向学习者呈现含有相应比喻意义的例句"りっぱな儀式""りっぱな人物""りっぱな風采""動機はりっぱなものだ""りっぱな勝負""りっぱな証拠""りっぱな行い"等，实现初步语义化。最后，教师引导学习者以原型意义为源域、各引申义为目标域分析引申义扩展的认知理据，即借助隐喻、转喻两种认知机制分析引申意义的构建过程，实现深层次语义加工，认知"りっぱ"的图式意义"見事であるさま"，构建其意义网络。日语形容词"りっぱ"由原型意义到引申意义的构建过程如图3.8所示。

```
    源域                              目标域
┌─────────────┐              ┌─────────────────────┐
│  「美しい」  │              │ 「優れているさま」  │
│      ↓ 转   │   隐喻       │ 「態度が堂々としているさま」│
│        喻   │ ─────────→   │ 「気高い」          │
│ 「規模や会な │              │ 「公明正大であるさま」│
│ どが非常に  │              │ 「十分であるさま」  │
│ 素晴らしいさま」│          │ 「偉大であるさま。尊敬すべきさま」│
└─────────────┘              └─────────────────────┘
```

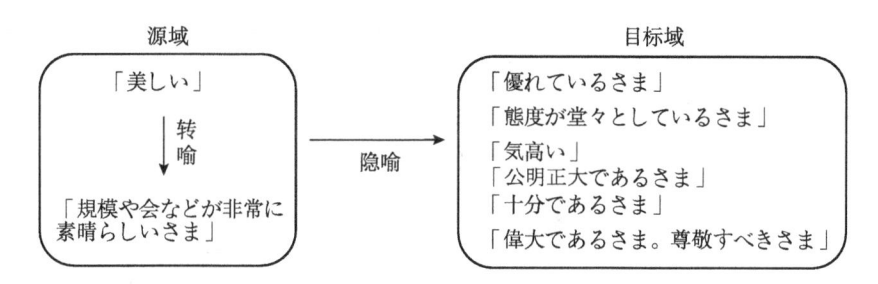

图3.8 "りっぱ"的语义投射图

4.2.2 "りっぱ"的语料库语义认知

语料库相关研究给语言教学带来了诸多积极变化，语料库可以提供更丰富的例句，特别是适合所教学生实际水平的例句（梁茂成等，2010）。因此，本研究仅以"りっぱな＋名詞"这一搭配模式为教学分析对象，使用的语料库源自 BCCWJ 语料库。运用 BCCWJ 语料库的提取方法如下：分别输入检索词"りっぱ"，在《少納言》中检索，取其前 100 个例句。通过对 BCCWJ 语料库中检索出的语料进行统计，将形容词"りっぱ"与其他词语的搭配模式进行分类，并从词语搭配的视角分析"りっぱ"的多个义项。根据《大辞林》（第 3 版，2006）中"りっぱ"的语义，引导学习者对 BCCWJ 语料库检索到的其修饰的名词进行分类，对词语搭配加以概括从而获得类联接关系，并在此基础上确立"りっぱ"的多个义项之间的关系，同时探究"りっぱ"的语义倾向和语义韵。

表3.3 "りっぱな＋名詞"组合中"りっぱ"的义项及搭配的名词

语义领域	义项	后项名词
视觉领域	①美しい	邸宅・鏡・ようふく・ゆびわ・ゾウ・巨大怪獣・白鳥・牡牛・シェパード・観葉植物・玉・引出物・麦・ひな祭り・「伝える"ちょボラ"」
	②規模や会などが非常に素晴らしいさま	お邸・お屋敷・再建・かんばん・方尖塔・舞台・港・会社・堤防・放送大学・墓・神社・建物・香港・駅・仏壇・橋都・境界石・料理

49

续表

语义领域	义项	后项名词
人的精神活动及行为领域	③優れているさま	論文・コミュニケーション・実験記録・統計・成果・コレクション・著述・絵・もの・こと・地位・家柄・産業・事業・人物・女性・男・人たち・舞踊家たち・紳士・若者・兄さんや姉さんたち・青年・跡継ぎ・薩摩隼人・人・持ち主・"閨秀作家"・淑女
	④態度が堂々としているさま	態度・学習
	⑤気高い	博愛・夢・人格
	⑥十分であるさま	理由・うそ・犯罪・裏づけ・精神病・泥ぼう・乳首・大あご
	⑦偉大な尊敬すべきさま	方・先生・王

表3.3 的统计结果表明："りっぱ"可以修饰很多类别的名词，在与"りっぱ"构成形名组合的名词中，与物体、建筑物相关的名词居多。这类名词在被"りっぱ"修饰时，其表示的语义为物体非常美丽、建筑物非常宏伟，以及所能感受的这种状态。在认知的过程中，引导学习者这一局域被激活并得到彰显，此时"りっぱ"的语义为表示视觉的基本义。除此之外，还进一步隐喻为表示人的成果、业绩、地位、人格等。其语义扩展过程反映了人类的联想认知过程，即由基于身体的感官体验感受向精神活动、行为领域体验感受发展的认知过程。同时"りっぱ"所蕴含的主观情态大多是正面的、积极的，也有像"理由・うそ・犯罪・裏づけ・精神病・泥ぼう"极少数负面的、消极的。

在 BCCWJ 语料库语义教学活动中，教师引导学习者以图式为基础，激活源域视觉领域层面的语义"美しい""規模や会などが非常に素晴らしいさま"，借助隐喻机制进一步抽象化并扩展到目标域精神活动及行为领域层面的语义"優れているさま""態度が堂々としているさま""気高い""十分であるさま""偉大であるさま。尊敬すべきさま"（如图 3.9 所示）。

```
视觉领域 →  ┌─────────────────────────────┐
            │「美しい」                    │
            │「規模や会などが非常に素晴らしいさま」│
            └─────────────────────────────┘
                          ↓
            ┌─────────────────────────────┐
            │「優れているさま」            │
            │「態度が堂々としているさま」  │
精神活动及行为领域 → │「気高い」                    │
            │「十分であるさま」            │
            │「偉大であるさま。尊敬すべきさま」│
            └─────────────────────────────┘
```

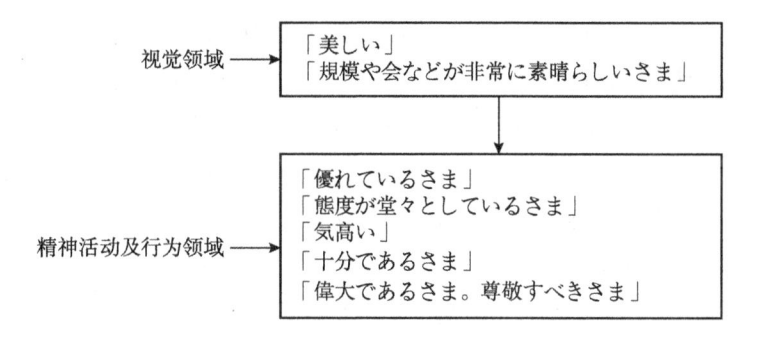

图3.9 "りっぱ"语义的图式扩展

4.2.3 "りっぱ"的 Yahoo（知恵袋）文本语义认知

词汇教学与学习过程并不是死记硬背单个的词项，而是要将词项置于真实文本中，通过丰富生动的例句，更好地理解和把握其语义[1]。因此，下面以 Yahoo（知恵袋）相关的例句为文本，输入"りっぱ"进行搜索例句，引导学习者进一步认知"りっぱ"的语义及其各个义项之间的关系。

（21）〔りっぱな屋敷の〕敷地の中で、建物や道路が設けられていない、広い空地、庭先〔普通の屋敷では、目を楽しませるように、草木を植え、山・池を作った所を指す〕。　　　　　　　　　　　　（Yahoo! 知恵袋 2018/05/12）

（22）立派なお家の前に軽自動車しかとまってなかったらどう思いますか。
　　　　　　　　　　　　　　　　　　　　　　　（Yahoo! 知恵袋 2019/01/04）

（23）うちの高校の弓道部には立派な弓道場があり、私は本気で練習したいのですが先輩でも後輩でもなく同級生（男）の他の部員たちだけまともに練習しません。　　　　　　　　　　　　　　　　　（Yahoo! 知恵袋 2018/09/04）

（24）釜山に旅行に行くのですが、ナンポドンにあかすりできるところはありますか？あかすりだけできれば、特に立派なお風呂とかサウナは必要ないのですが…　　　　　　　　　　　　　　　　　　（Yahoo! 知恵袋 2018/04/15）

（25）NHKの受信料の契約や集金は職員自ら行うべきだ！職員が視聴者からの不満や暴力などを受けながらでないと、りっぱな放送局にはなれないそんなことも分からないのか！　　　　　　　　　　　（Yahoo! 知恵袋 2019/06/02）

---

[1] 梁茂成,李文中,许家金.语料库应用教程[M].北京：外语教学与研究出版社,2010：107.

（26）大卒だと初任給で残業代無しで18万円と家賃補助や社宅、社食ありの立派な会社に行けます。　　　　　　　　　（Yahoo! 知恵袋 2017/11/12）

（27）りっぱなことをして玉が砕けるようにいさぎよく死ぬこと。瓦のように平凡に生き長えること。　　　　　　　　　（Yahoo! 知恵袋 2019/02/04）

（28）こち亀って雑学に富んでるし、漫画としてもセンスがありりっぱな作品ということになりますよね？　　　　　　　（Yahoo! 知恵袋 2017/03/14）

（29）40代で独身の男ですが、りっぱな職業についてないので肩身が狭く恥ずかしいです。人生こんなもんでしょうか。

（Yahoo! 知恵袋 2019/02/05）

（30）首相夫人を叩く野党や地上波は、立派な仕事をしてきたのだろうか？
（Yahoo! 知恵袋 2018/03/15）

（31）人に認められるのが、イヤなんじゃないでしょうか。好きな相手に見下される状態じゃないと、受け付けられないんですよね。りっぱなM気質と思いますけど。　　　　　　　　　　　　　　（Yahoo! 知恵袋 2018/01/30）

（32）そんなに立派なコーチから指導を受けたのになぜ宮川選手は金メダルを取れなかったのですか？彼女の成績不振はコーチがクビになったからではありませんよね？なんか今回の話の理屈にすり替えを感じます。

（Yahoo! 知恵袋 2018/09/01）

（33）りっぱなセクハラで、卒業後は縁が切れるといいでしょう。 胸が大きいとえらい！みたいに言って、ひとを馬鹿にする方はいっぱいいますけれど。
（Yahoo! 知恵袋 2018/12/16）

（34）りっぱな雇い止めです。当然違法になります。証拠をできるだけ残しておいてください。　　　　　　　　　　　（Yahoo! 知恵袋 2017/02/26）

（35）自家用車でタクシー業務を行う「白タク」は立派な犯罪ですか？自家用車は白いナンバープレートです。

（Yahoo! 知恵袋 2018/12/09）

从以上的例句可以引导学习者进一步认知"りっぱ"的语义：（21）~（32）例句中表示的是正面的、积极的语义倾向，其中（21）~（24）例句中的"りっぱ"所表示的是其原型意义"美しい"；（25）~（26）例句中的"りっぱな放送局""りっぱな会社"所表示的是其引申义"規模などが非常に大きいさま"；（27）~（30）例句中的"りっぱなこと""立派な作品""立派な職業""り

っぱな仕事"等所表示的是其引申义"優れているさま";(31)~(32)例句中的"りっぱなM気質"和"りっぱな人間"所表示的是其引申义"気高い""偉大であるさま。尊敬すべきさま"。而(33)~(35)例句中表示的是带有讽刺意味的、负面的、消极的语义倾向，是其引申义"十分であるさま"，修饰"セクハラ""雇い止め""犯罪"。通过以词项为中心的语言描写方法，同时能够兼顾上下文语境，并关注词项的常用搭配、类联接等典型型式的延伸结构。此外，也要关注词项的语体变异以及更宽泛意义上的社会文化语境。

在Yahoo（知恵袋）文本语义教学活动中，教师引导学习者在上述认知语境表征中理解和运用词汇"りっぱ"，体现为词汇与图式、词汇与原型等认知域之间的关联，有助于学习者在词汇运用中构建其意义，复归日语词汇理解与运用的语言环境，丰富学习者的词汇语义网络。同时注重提高学习者对语言的组块意识，培养学习者组块成语的能力以及整体把握语言结构和功能的能力。

5 日语形容词的教学设计模式

以上通过对日语形容词"明るい"和"りっぱ"的三个方面的语义认知分析，可以构建"词典—语料库—真实文本"的教学设计模式。文秋芳（2013）主张教师先引导学习者分析原型意义，然后向学习者呈现利用语料库或词典筛选出的含有相应比喻意义的例句或短语[1]。曹大峰、林洪也认为语料库已经成为现代外语教学中不可忽视的重要资源、方法和工具。基于语料库的语言教学和教学研究更真实可靠。语料库可以为学习者构建真实、多样的学习情景，创设接触真实语言的机会，了解使用语言的规律，使他们在掌握语言知识的同时，也可以提高语言应用能力和解决实际问题的能力[2]。基于上述观点，笔者认为首先进行词典语义中的原型意义与其延伸意义的认知与构建，其次借助语料库实现对词语更多的搭配特征、语义倾向与语义韵的认知与构建，最后进一步在真实文本语境中理解和运用各个义项的语义以及对其语义网络的

---

[1] 文秋芳.认知语言学与二语教学[M].北京：外语教学与研究出版社，2013：64.
[2] 曹大峰，林洪.日语教学研究方法与运用[M].北京：高等教育出版社，2015：227.

认知与构建。

在具体的教学活动中，"词典—语料库—真实文本"的日语形容词教学设计模式可以分为以下三个步骤：①教师引导学习者认知分析词典语义，帮助学习者掌握原型核心义项，并以核心义项为基础，借助比喻认知机制构建其余衍生义项，完成多项语义网络的认知与构建。②教师引导学习者认知语料库语义，帮助学习者从词语搭配的视角进一步理解与掌握多个义项、词语搭配特征以及语义倾向与语义韵，完成语义网络再次完整的呈现，从而进行巩固。③教师引导学习者认知真实文本语义，帮助学习者从语境中理解和运用多个义项，完成语义网络的构建与丰富并进行扩展。

6 结语

本章对《综合日语》一、二册中形容词的内容分布进行了概括总结，按照词性、词源以及语义进行了分类统计，对日语形容词"明るい"和"りっぱ"的词典语义、BCCWJ 语料库中修饰名词的语义特征以及 Yahoo（知恵袋）的真实文本语义进行认知分析，构建了"词典—语料库—真实文本"的教学设计模式。这一教学设计模式是将认知语言学与日语教学相结合的有益尝试，词典提供典型用法和典型意义，同时适时地结合语料库法进行辅助教学，在某种程度上可以很好地提供丰富的例句，结合语言形式与语用，以便帮助学习者更好地理解和掌握各项语义、各义项之间的关系以及构建完整的语义网络。

第三节 认知语言学视角下的日语惯用语教学

1 引言

学好一门外语，不仅需要发音正确、掌握一定数量的单词并懂得语法，还需要深刻地理解其文化内涵。词汇是不同语言间差别最明显的领域，而

且，词汇也最能反映出不同民族的文化心理特征❶。只有了解和认知语言所赋予的文化内涵，以及它们与该民族语言的不可分割的联系，才能真正掌握和运用该种语言。因为语言是文化的载体，语言现象中文化因素无处不在。任何一种语言都具有独特的社会文化背景和独特的风土民俗内涵，日语也不例外。在日本人的言语生活中有许多类似的言语事实，特别是经常使用表达羞耻感的词汇，尤其是大量的日语惯用语。日语惯用语的形式和语义也是日语学习与教学的重点和难点内容之一。

2 研究现状

日语惯用语作为日语词汇重要的组成部分，众多的国内外学者从不同角度多方面地对其进行了研究（沖，2004；李東一，2006；秦礼君、曹珊，2008；王华伟、曹亚辉、王爱静，2010；王忻，2015，闫彩妮，2018；山口，2018；陈雯，2020；等等）。根据研究的视角对近20年的研究文献进行梳理，主要分为以下三个方面。①日语测试的角度。秦礼君、曹珊（2008）从日语能力测试的角度对日语惯用语教学进行了探讨，认为数量大、同素惯用语群多，是日语惯用语的重要特点。该特点在历年国际日本语能力测试中都有所体现。我国应扩大在日语专业基础阶段中的惯用语教学范围，增加与日语能力测试中惯用语条目的对应比例，重视同素惯用语群的讲解。山口（2018）以日语初级测试、中级测试以及1、2级日语能力测试为素材，分析了以"气"开头的惯用语使用频率，并总结了相关"气"的教学方法。②日语教学和习得的角度。李東一（2006）希望通过将例句有效地导入到教学中，为使外国学习者更有效地掌握和使用惯用语，而进行了多方面地考察。王华伟、曹亚辉、王爱静（2010）以与汉语文化背景有关的日语惯用语为对象，探讨了日语惯用语的汉译以及在惯用语习得过程中所出现的问题，提出了几点学习方法。陈雯（2020）以惯用语这一语言中的特殊表现形式为对象，通过比较日语学习者与母语者的输出，验证了以下三个假说：高级日语学习者在输出过程中会回避使用惯用语，因此输出的惯用语相对较少；日语母语者的输出并不受熟悉度的影响，而与之相比，学习者则受到熟悉度的影响，惯

---

❶ 侯占彩.关于"名"与"耻"词汇的中日对比研究［D］.济南：山东师范大学，2005：1.

用语的熟悉度越高，学习者使用惯用语的概率也越大；日语母语者的输出并不受透明度的影响，反之，学习者则受到透明度的影响，惯用语的透明度越高，学习者使用惯用语的概率也越大。③认知语言学的角度。冲（2004）以现代日语中身体词汇惯用语为对象，考察了其形式和比喻意义。王忻（2015）认为日语惯用语是一种典型的构式，它与句型对立、并列构成构式的下位分类。构式间误用，即在相同图式构式框架下的近义实例构式的误用，这些实例构式间存在相似性和差异性。试验证明，学习者水平越高对构式义的掌握程度越好；学习者水平越低受构式中词汇义的影响就越大。与构式语法"人们只能通过模仿和记忆才能掌握其形式和意义之间的关系"的观点吻合，中高级学习者对构式的模仿记忆的数量和频率都居高位，所以他们出现构式性偏误概率较低。闫彩妮（2018）对隐喻理论的概念、隐喻常用结构和日语惯用语教学中的方式方法进行论述，以达到为日语教学提供部分指导参考的目的。

基于上述研究现状的分析，关于日语惯用语教学和习得的研究现已备受关注，也涉及关于日语惯用语基于认知语言学视角的研究以及相关教学的研究，但缺乏运用真实文本对表达日本人"羞耻感"的惯用语教学案例的研究。因此，本章拟就以表达日本人"羞耻感"的惯用语为教学实例，运用认知语言学的隐喻理论，结合青空文库中的小说文本进行探讨。

3 日语惯用语的特点

吴琳（2016）探讨了日语惯用语研究史概要，指出日语惯用语研究是 20 世纪后期新崛起的研究领域。早在 20 世纪 40 年代，白石就曾对日语中的惯用语做过考释。20 世纪 70 年代，宫地就惯用语的界定做过初步研究，惯用语研究也由此进入了一个新的阶段。20 世纪 80 年代，随着惯用语定义的确立，一些学者把目光投向惯用语的结构及其词性研究。20 世纪 90 年代以后，惯用语的语义研究、日语惯用语和其他语言惯用语的对比研究成为学者们关注的焦点，这方面研究取得了丰硕的成果。进入 21 世纪后随着计算机技术的飞速发展，语料库在惯用语研究中的应用越来越广泛，一批研究惯用语数据库构建的学者也应运而生。纵观以上的日语惯用语研究，其形成和发展大致经历了萌芽期、摸索期、形成期、成长期及发展期五个阶段，发展趋势令

人欣喜。

对于惯用语的界定，因学者而异。本研究采用代表性的日本学者宫地的观点。宫地认为"慣用句という用語は、一般に広く使われているけれども、その概念がはっきりしているわけではない。ただ、単語の2つ以上の連結体であって、その結びつきが比較的固く、全体で決まった意味を持つ言葉だという程度のところが、一般的な共通理解になっているだろう"[1]。也就是说日语惯用语是由两个以上的单词结合而成，整体表示一个特定意义的固定词组或句子。同时日语惯用语也具有独特的文化内涵。宫地还对惯用语作了如下分类，把比喻形式的惯用语分为直喻形式的惯用语和隐喻形式的惯用语（如图3.10所示），并论述了相关的定义"「直喩」の定義や範囲は確定しにくいところがあるが、典型的には、「～（の）よう」「～（の）思い」などをともなって、比喩表現であることを明示するものを言う。""語句の意味が派生的、象徴的になっていて、全体として比喩的な意味をあらわすに至っている慣用句を隠喩的慣用句と称したが…"[2]。

```
           ┌─ 词组成语惯用语
惯用语 ┤
           │                  ┌─ 直喻惯用语
           └─ 比喻惯用语 ┤
                              └─ 隐喻惯用语
```

图3.10　惯用语的分类

4　日语惯用语的教学分析

文秋芳（2013）认为习语取广义的概念，主要包括惯用语、短语动词、成语、谚语、歇后语、典故、俗语等。认知语言学为习语教学带来了新的视角。习语教学的重点在于：①通过全面介绍认知基础来帮助学生有效理解和记忆习语。②着重培养学生概念隐喻的意识，从而加强学生洞察内涵和创造性运用习语的概念隐喻能力[3]。在习语教学过程中，我们除对习语以概念隐喻

---

[1] 宫地裕.慣用句の意味と用法［M］.東京：明治書院，1982：238.
[2] 宫地裕.慣用句の意味と用法［M］.東京：明治書院，1982：238.
[3] 文秋芳.认知语言学与二语教学［M］.北京：外语教学与研究出版社，2013：131.

为基础解析其语义外，还可以从句法及词汇的灵活性两个方面入手，为学生较系统地提供更多的实例及练习，从而更好地培养学生创造性地应用习语的能力。本研究仅以表达日本人"羞耻感"的惯用语为例探讨日语惯用语的教学。根据日本学者宫地（1982）的观点对表达日本人"羞耻感"的惯用语从词汇特征和形式特征两方面进行分类及相关的论述，并进一步以青空文库中太宰治和夏目漱石的小说文本了解其语义和日本人的文化心理。

4.1 日语惯用语的认知

吴宏（2012）提出认知语言学认为惯用语的惯用意义与其构成要素意义之间的关系并不是任意的，而是有理据的。关于惯用语的理据性问题，山梨（1995）也指出在惯用语字面意义向惯用意义的语义扩展过程中，以相似性为基础的隐喻认知机制和以邻近性为基础的转喻认知机制都发挥了重要作用。

4.1.1 词汇特征的认知

（1）有关身体词汇的惯用语

①有关"顔"的：

合わす顔がない／顔が厚い／顔が立つ／顔から火が出る／顔に泥を塗る／顔に紅葉を散らす／顔向けができない／顔を合わせられない／顔を立てる／顔を潰す

②有关"面"的：

面が立つ／面に泥を塗る／面を曝す／面を汚す／好い面の皮／鉄面皮／面（つら）から火が出る／面に泥を塗る／面の皮が厚い／面の皮千枚張／面の皮を剥く／面恥ない／面汚し／面を下げる／面を拭う／面を見返す／面を被る／どの面下げて

③有关"鼻"的：

鼻が凹む／鼻白む／鼻を折る／鼻を高くする

④有关"身"的：

身の置き所［＝置き場］がない

⑤有关"心臓"的：

心臓が強い

⑥有关"頭"和"尻"的：

頭隠して尻隠さず／尻が［＝の下が］こそばゆい

第三章　认知语言学视角下的日语词汇教学

从上面的例子可以看出，其中关于"顔""面"的惯用语比较多，而关于"鼻""身""心臟""頭""尻"的惯用语比较少。根据认知理论，人类一般最先认识和了解自己的身体及其器官并形成概念，然后借用自己身体的某个部位或者器官的功能特点构成概念隐喻，用来认知另一领域的事物。人类将身体的各个部位以各种方式投射于客观世界，采用人体隐喻化的方式来认知世界（陈家旭，2005）。人类的认知来源于体验，我们大部分推理的最基本形式依赖于空间和身体，因此方位和身体部位是我们形成概念的主要基础，祖先的思维具有"体认"的特征，常把人的身体和经验作为衡量周围世界的标准（王寅，2007）。上述的惯用语则体现了这一认知特点。这些惯用语的语义已经不限于字面意义，而是通过隐喻的映射作用，由具体的身体部位所表达的含义扩展到人的文化心理这一抽象领域。曹向华（2020）认为比喻义是惯用语形成过程中语义演变的典型现象，对其的分析有利于揭示语义演变的基本轨迹，有助于语言使用者利用本义推测和理解比喻义。惯用语则是通过映射惯用语源域中的认知布局、结构关系，或是通过将部分重要特征转移到目标域中，从而产生比喻义。

在教学的过程中，教师要引导学习者认知身体的各个部位中，"顔"最能反映一个人的特点，所以也用于表示某个社会或团体的代表、形象。如果被对方的技能、气势所压倒，自愧弗如或丢了面子，日语叫"顔負け"。森本认为"日本人は顔というものを、たいへん重んじてきた…だから人格のすべて、名誉や権力に至るまでを顔で代表させるのである。日本人にとって人格を代表するものが「顔」すなわち「面」であり…"[1]。鑪也认为"恥の感覚は体全体、又は「自分」を代表する身体の部位の顔や目に現れる"[2]。认知语言学重视语言的人文因素，将语言与文化融为一体，不仅为我们在语言上实现人文合一提供了理论依据，而且可以使我们的日语表达更准确、更严谨（李远喜，2004）。教师进而引导学习者认知身体词汇惯用语所映射的文化心理这一隐喻意义（如图 3.11 所示）。

---

[1] 森本哲郎. 日本語 表と裏［M］. 東京：新潮社，1988：130-131.
[2] 鑪幹八郎. 恥と意地 日本人の心理構造［M］. 東京：講談社，1998：14.

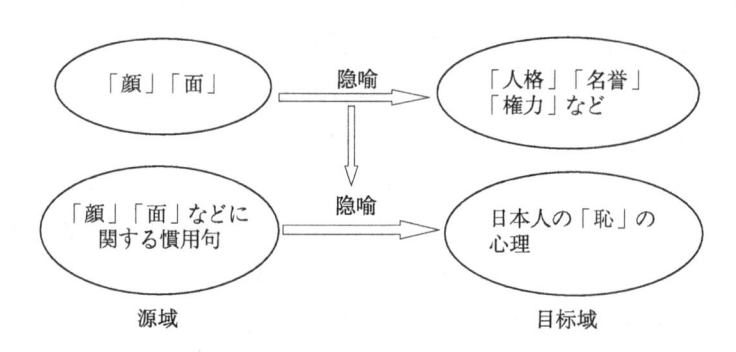

```
┌─────────┐    隐喻    ┌──────────────┐
│「顔」「面」│ ────────→ │「人格」「名誉」│
│         │           │「権力」など   │
└─────────┘           └──────────────┘
     │ 隐喻
     ↓
┌──────────────┐   隐喻   ┌──────────────┐
│「顔」「面」などに│ ──────→ │日本人の「恥」の│
│関する慣用句    │          │心理           │
└──────────────┘          └──────────────┘
    源域                        目标域
```

图3.11 "顔"等惯用语的文化语义映射

（2）有关心理词汇的惯用语

生き恥を曝す／会稽の恥／君子は多能を恥ず／恥隠る／恥知らず／恥なし／暗闇の恥を明るみへ出す／恥の上の損／恥の上塗り［＝掻（か）き上げ］／恥の恥／恥も外聞もない／恥を掻く［＝取る・見る］／恥を隠す／恥を曝す／恥を知る／恥を捨つ／恥を雪ぐ／恥を見る／恥ずかしながら

"恥"在《新明解国语辞典》（第五版，1997）中解释为："1. 世間体を意識した時に、ばかにして笑われるのではないかと思われるような欠点、失敗、敗北、言動など（を反省する気持ち）。2. 自ら人間として（道徳的に）未熟な所が有るのを反省すること（気持）。"根据这一解释，可以说"恥"很好地表现了日本人的心理。虽然"耻"在每个民族中都有所体现，但表现形式会有所差异。教师要引导学习者通过有关"恥"的惯用语认知日本人"羞耻感"的民族文化心理。并进一步认知在日本社会生活中，对许多日本人来说，被评价为忠诚自己的小集团，受到上司和同伴的赞赏是一种莫大的荣誉，然而背叛自己的集团，被人指责为不忠是莫大的耻辱。因而"恥知らず"对于日本人来说是最刺耳、最难听的恶言，"ハジをカカヌように"这一精神约束着他们的言行。

（3）有关汉语词的惯用语

①有关"面皮"的：

面皮が厚い／面皮を欠く［＝失う］／面皮を剥（は）ぐ

②有关"面目"的：

面目が立つ／面目が無い／面目次第も無い／面目玉を踏み潰す／面目

ない / 面目丸潰れ / 面目を失う / 面目を潰す / 面目を施す / 何の面目あってか之を見ん

③有关"面子"的：

面子を重んずる / 面子を立てる / 面子を失う

④有关"名誉"的：

名誉を重んずる / 名誉にかかわる

⑤有关"体面""世间"的：

体面を汚す / 世間体が狭い

在教学的过程中，教师要引导学习者认知森本（1988）论述的"「顔」は「面」といわれたが、面は同時に面、すなわち表であり、おもては「面目」「体面」、つまり「名誉」を担うようになるのだ。"。这说明有关"面目""体面""名誉"等惯用语也同样表现了日本人的羞耻感。"体面"是名声、声誉、荣誉、地位、人情、表面的复合体，如果丢了面子，就会名声扫地，蒙受莫大耻辱。

（4）有关固有词的惯用语。

①有关"名"的：

名に恥ず / 名を折る / 名を腐す［＝沈む・汚す・辱しむ］/ 名を雪ぐ（そそぐ・すすぐ）/ 名を立つ / 名を保つ

②有关其他的：

体裁が悪い / 格好が悪い / ひっこみがつかない / 間が悪い / 決まりが悪（わる・わり）い / 肩身が狭い（かたみがせまい・せばい）/ 人聞きが悪い / 人を立てる / 不覚を取る / 立つ瀬がない

通过（3）和（4）的比较，可以看出汉语词的惯用语比和语词的惯用语多。与"耻"相对应的概念是"名"。大体说来，受到社会的负面评价为"耻"，正面评价为"名"。如果"名"受到了损伤，日本人则会尽力地弥补。进而引导认知身体词汇惯用语所映射的日本人名与耻的文化心理这一隐喻意义（如图 3.12 所示）。

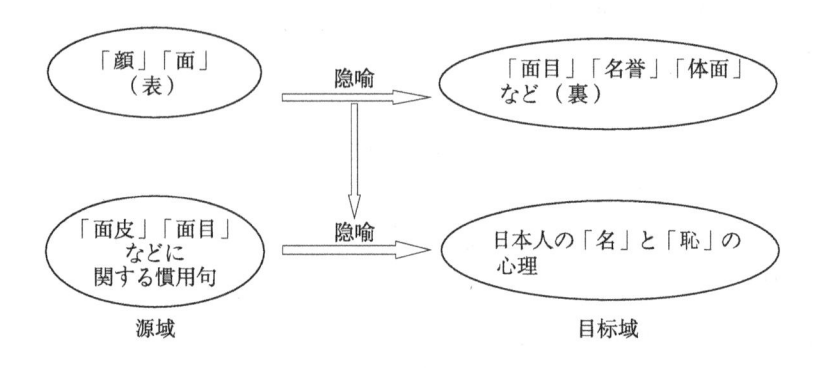

```
┌─────────────┐         ┌─────────────────┐
│「顔」「面」 │  隠喩   │「面目」「名誉」「体面」│
│   （表）    │ ──────> │  など（裏）     │
└─────────────┘         └─────────────────┘
                               │
                               ▼
┌─────────────┐         ┌─────────────────┐
│「面皮」「面目」│ 隠喩  │ 日本人の「名」と「恥」の│
│ などに      │ ──────> │    心理         │
│ 関する慣用句│         │                 │
└─────────────┘         └─────────────────┘
    源域                     目標域
```

图3.12 "面皮"等惯用语的文化语义映射

4.1.2 比喻形式特征的认知

（1）有关直喻（明喻）形式的：

火の［＝が］出るよう／火のよう

（2）有关隐喻形式的：

①运用动物比喻的：

一寸の虫にも五分の魂

②运用自然现象比喻的：

雪恥ずかし／花も恥（は）じらう

像以上的惯用语虽然不多，但形式上本身就运用了比喻的修辞，既形象又生动地表达了日本人的羞耻感心理，又表现了日本人对大自然界的动物、植物敏锐的洞察力和纤细的感情。不仅如此，上述惯用语中的比喻已不仅是修辞手法，更是人们的认知机制。根据词汇特征分类的表达日本人"羞耻感"的惯用语是以源域的概念结构使目标域结构化的结构隐喻，而根据形式特征分类的表达日本人"羞耻感"的惯用语则是实体隐喻。即运用有形的东西作为实体，作为源域将感情、思想、活动等无形的目标域实体化，以便量化理解、识别其特征等。上述惯用语由字面意义向惯用意义（非字面意义）扩展的过程（如图 3.13 所示）。

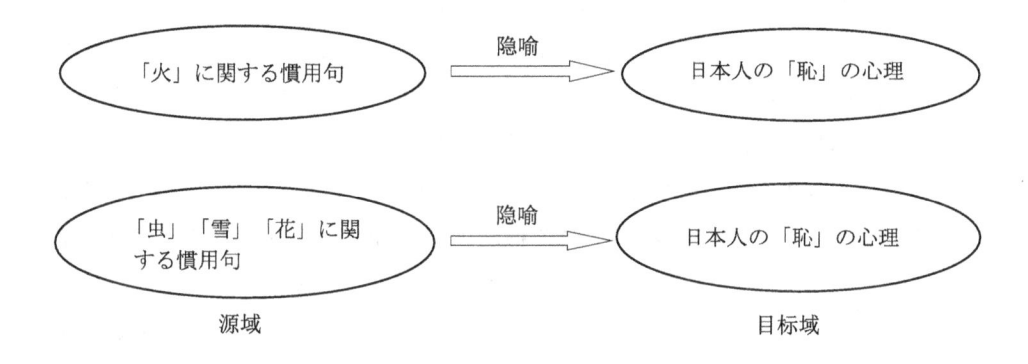

```
┌─────────────────────┐    隐喻    ┌─────────────────────┐
│「火」に関する慣用句 │ ═══════▶  │日本人の「恥」の心理 │
└─────────────────────┘           └─────────────────────┘

┌─────────────────────┐    隐喻    ┌─────────────────────┐
│「虫」「雪」「花」に関│ ═══════▶  │日本人の「恥」の心理 │
│する慣用句           │           │                     │
└─────────────────────┘           └─────────────────────┘
        源域                              目标域
```

图3.13 比喻形式特征惯用语的文化语义映射

4.2　青空文库中的日语惯用语文本语义认知

下面以"青空文库"中太宰治和夏目漱石的小说为文本，进一步认知惯用语的语义和日本人"羞耻感"的文化心理。

（1）<u>恥をかいちゃった</u>わよ。ひどい<u>恥をかきました</u>。　　（太宰治『恥』）

（2）私は泣きたくなりました。私は何というひどい独り合点をしていたのでしょう。滅っ茶、滅茶。菊子さん。<u>顔から火が出る</u>、なんて形容はなまぬるい。草原をころげ廻って、わあっと叫びたい、と言っても未だ足りない。　　（太宰治『恥』）

（3）私は今まであなたに秘密にしていたけれど、小説家の戸田さんに、こっそり手紙を出していたのよ。そうしてとうとう一度お目にかかって<u>大恥かいて</u>しまいました。つまらない。　　（太宰治『恥』）

（4）戸田さんは、たしか歯がぼろぼろに欠けている筈ですから、戸田さんに<u>恥をかかせない</u>ように、安心させるように、私も歯の悪いところを見せてあげるつもりだったのです。　　（太宰治『恥』）

（5）これが、後年に到り、いよいよ自分の所謂「<u>恥の多い生涯</u>」の、重大な原因ともなる性癖の一つだったように思われます。

（太宰治『人間失格』）

（6）ほとんど完全に近く人をだまして、そうして、或るひとりの全知全能の者に見破られ、木っ葉みじんにやられて、死ぬる以上の<u>赤恥をかかせられる</u>、それが、「尊敬される」という状態の自分の定義でありました。

（太宰治『人間失格』）

（7）「恥知らずさ。流行漫画家上司幾太」。　　　（太宰治『人間失格』）
（8）死にたい、いっそ、死にたい、もう取返しがつかないんだ、どんな事をしても、何をしても、駄目になるだけなんだ、恥の上塗りをするだけなんだ、自転車で青葉の滝など、自分には望むべくも無いんだ、ただけがらわしい罪にあさましい罪が重なり、苦悩が増大し強烈になるだけなんだ、死にたい、死ななければならぬ、生きているのが罪の種なのだ、などと思いつめても、やっぱり、アパートと薬屋の間を半狂乱の姿で往復しているばかりなのでした。
（太宰治『人間失格』）
（9）佐吉さんが何も飲まないのだから、私一人で酔っぱらって居るのも体裁が悪く、頭がぐらぐらして居ながらも、二合飲みほしてすぐに御飯にとりかかり、御飯がすんでほっとする間もなく、佐吉さんが風呂へ行こうと私を誘うのです。
（太宰治『青森』）
（10）口髭をはやしたという話を聞いたが、嘘かい、とにかく苦心談とは、恐れいったよ、謹聴々々、などと腹の虫が一時に騒ぎ出して来る仕末なので、作者は困惑して、この作品に題して曰く「鉄面皮」。どうせ私は、つらの皮が厚いよ。　　　（太宰治『鉄面皮』）
（11）査閲からの帰り路も、誰にも顔を合せられないような肩身のせまい心地で、表の路を避け、裏の田圃路を顔を伏せて急いで歩いた。
（太宰治『鉄面皮』）
（12）「まだあるというほどの理由でもないが、以前はね、人の前へ出たり、人に聞かれたりして知らないと恥のようにきまりが悪かったものだが、近頃は知らないという事が、それほどの恥でないように見え出したものだから、つい無理にも本を読んでみようという元気が出なくなったのでしょう。まあ早くいえば老い込んだのです」。　　　（夏目漱石『こころ』）
（13）「しかし卒業した以上は、少なくとも独立してやって行ってくれなくっちゃこっちも困る。人からあなたの所のご二男は、大学を卒業なすって何をしてお出ですかと聞かれた時に返事ができないようじゃ、おれも肩身が狭いから」。
（夏目漱石『こころ』）
（14）鈴木君が一個の人間として自己の体面を維持する自重心の故であると察せられる。もし腕力に訴えたなら三尺の童子も吾輩を自由に上下し得るであろうが、体面を重んずる点より考えるといかに金田君の股肱たる鈴木藤十郎その

人もこの二尺四方の真中に鎮座ましします猫大明神を如何ともする事が出来ぬのである。
（夏目漱石『吾輩は猫である』）

（15）しかし自分が胃病で苦しんでいる際だから、何とかかんとか弁解をして自己の<u>面目を保とう</u>と思った者と見えて、「君の説は面白いが、あのカーライルは胃弱だったぜ」とあたかもカーライルが胃弱だから自分の胃弱も名誉であると云ったような、見当違いの挨拶をした。
（夏目漱石『吾輩は猫である』）

（16）語り了った主人はようやく自分の義務をすましたような風をする。これで両人に対して<u>顔が立つ</u>と云う気かも知れん。
（夏目漱石『吾輩は猫である』）

上述的16个例句选自太宰治和夏目漱石的代表性的小说作品，为理解表达日本人羞耻感的部分惯用语提供了很好的社会文化语境。语境在很大程度上影响词语或熟语意义的通达性（Accessibility）。语境可分为两种：一种是非自然语境如语义启动（Semantic priming）；另一种是自然语境（张辉，2016）。学习者不应该孤立地学习惯用语，而应该放在语境中，就像在自然交际中那样，学习效果会更好。

4.3　日本人羞耻感的认知

语言与文化的关系是辨证对立统一的关系，两者互相依赖，互相作用，互相转化，互相协调发展。文化涵盖语言，寓于语言之中，语言蕴含文化，是内在文化的物质体现；文化影响语言，语言反映文化，是文化的载体；语言体现文化，语言积累文化，语言记录文化（章兼中，2016）。从语言与文化的关系中，即由上述惯用语表达的日本人的羞耻感，学者们对此各抒己见，莫衷一是。美国人类学家露丝·本尼迪克特（1949）在其著作《菊与刀》中曾把日本人的这种羞耻感称为"恥の文化"。作者赋予了日本文化的人格类型，概括了日本人的行为模式。"恥の文化"是相对于欧美社会的"罪の文化"而言。而在作者提出"恥"与"罪"与文化的关系以后，很多学者分别从不同角度对她的这个观点又做了各种补充和修改，对作者理论中的错误部分进行了批判。王德有（1991）认为"人格意識とは、人が自分が人間であるとか、さらには努力してある基準に合致した人間になったことを自覚する意識である。それは二つの心理構造を統合して作り出されている。つまり自

尊心と羞恥心である"[1]。浜口进一步认为"森口兼二や作田啓一のベネディクト批判による限り、恥の意識には、他者との連関における鋭敏な自己評価が含まれているのである。即ち、「恥」には、パーソナリティ体系（それ自体、自己制御システムである）に対する十分な制御機能が備わっている、と考えられる。したがって、日本人の社会的行為で要請される「恥」の意識は、けっして他律的な志向態度を慫慂するものではない。むしろ「恥の文化」は、身近な、あるいは特定の他者の目、つまり、外在する個別＝状況的基準に照らして自己制御を行うタイプの文化だ、と再規定すべきであろう。"[2]橋本主張"しかしながら，注意深く観察するならば，その「恥」意識は，心理的にはあくまで当事者によって主体的に感じとられ内発的に発生してくるものであって，「お前は恥ずかしい人間だ」というような「外面的強制力」によってもたらされるのではない。したがって，ベネディクトがいうような「外面的強制力」は，あくまでもきっかけであってその本質ではないと言わねばならない。"[3]也就是说日本人的"耻"意识不是来自外在的强制和他律，而是来自特定的他人的目光而导致当事人内在的自律。

教师在教学过程中要引导学习者认知以下几点：第一，罪意识并不一定就是内在的，耻意识并不一定是外在的；第二，认为罪意识比耻意识优越，是本尼迪克特的文化偏见；第三，罪意识和耻意识不是绝对的，耻感文化的日本人也有罪意识，而罪感文化的西方人也有耻意识；第四，所谓罪感和耻感，同宗教信仰有关，即罪意识是宗教意识，而耻意识是社会意识。正是这种社会意识在社会生活中深深地制约着日本人的言行。

5 结语

综上所述，本节对表达日本人"羞耻感"的惯用语从词汇特征和形式特征两方面进行了分类和论述，以青空文库中太宰治和夏目漱石的小说为文本，对表达日本人羞耻感惯用语的语义和日本人羞耻感的文化心理特征进行了认知。

通过对表达日本人"羞耻感"惯用语的教学分析，可以说任何一种语言

---

[1] 王徳有. 中国儒家の人格的姿勢[M]. 佐藤豊. 東京：日中文化研究勉識社，1991：180.
[2] 浜口恵俊. 日本らしさの再発見[M]. 東京：講談社，1995：247.
[3] 橋本雅之. 日本人のこころを読み直す：「恥」と「罪」の意識構造（その2）「恥」と「罪」の全体構造[J]. 學館大学日本学論叢，2012（2）：203.

既是沟通思想的媒体，又是文化的结晶。学习日语的主要目的是为了交流，想更顺利地进行交流，就必须具备较高的外语能力。这种能力不仅要从听、说、读、写、译方面提高，更重要的是要提高文化素养——掌握社会文化的能力。因此，在学习日语语言的过程中，必须正确认知理解日本语言所体现的日本文化。认知语言学和文化语言学为理解和掌握表达日本人"羞耻感"惯用语的语义以及构建表达日本人羞耻感文化心理的词汇网络，搭建了语言—认知—文化的桥梁。这也是今后需要深入探讨的课题。

第四章 认知语言学视角下的日语语法教学

第一节 认知语言学与日语语法教学

当前日语专业本科的基础教材中对语法的编排过于零散和机械。教师对于语法的讲解模式一般是几个用法的罗列和例句的列举。学习者在学习语法时，只能死记硬背若干个用法，而对于各个用法之间的联系、异同点一无所知（翟东娜，2006）。语法教师抱怨学生学习语法的积极性不高，学生抱怨语法学习枯燥乏味不感兴趣。体验认知观认为语言各层面的知识都与自身经验具有相似性，加之心智"利己"倾向，我们认为，解决这一矛盾的关键在于教师如何基于学习者自身经验培养其分析枯燥语法知识的能力，以此激发学生的学习兴趣和联想能力（孙崇飞、张辉，2015）。我们认为，语法教学是外语教学中一个很重要的组成部分，无论是从语言的本质、外语教学的特点等方面，还是从外语学习者的认知能力培养的角度都说明了这一点。教学语法中必须引进语境因素，充分考虑到语法规则与交际原则之间的协调关系，把语言形式和功能有机地结合起来。学习者在学习语言时，一般都采用四种认知方法：分析、综合、嵌入和配对。因此，教学语法编写者必须意识到学生在学习语言时的主观能动性，在语言材料的安排、语法项目的选择和讲解方面考虑到学生认知能力的利用和培养。

（束定芳、庄智象，2008）。

如何更好地把认知语言学应用于语法教学呢？曾欣悦、刘正光（2009）讨论了认知语言学的基本观点对语法教学的几点启示：语法教学在语言教学中非常有必要，关键在于教学的原则和方式；语法教学必须始终贯彻以使用为基础的基本指导原则，应该强调形式与意义的有机结合，语义优先；语法教学的重点是规约性语言表达式和表达式方式的教学；语法教学的基本方式与词汇教学相似；语法教学中要注意学习者主观识解方式对语言表达式的选择和理解的重要作用，突出学习者的主体作用和一般认知能力在语法学习中的重要地位；语法教学必须始终注意教学活动和教学内容的实际意义。也许认知语言学理论指导下的语法教学及其外语教学能够为我们解决长期以来的高分低能现象提供新的思路和方法。上述启示非常全面，具有重要的指导意义。谢应光指出传统教学方式以语法规则为中心，忽视了语言的使用和语境的作用。认知语言学研究以语言意义为中心，并把意义和语法等同于概念形成过程，而概念形成过程必然涉及形成概念的人和其他语境因素。[1]这一研究又做了进一步补充、强调了语义和语境的作用。

面对日语语法教学现状，米丽萍（2016）认为语法教学的过程必须遵循认知规律，只有教师采用科学的教学方法和记忆方法，学习者才能掌握语法知识并提高实际运用能力。动词活用形教学贯穿于基础和中级的日语语法教学之中。日语语法的一大特点是相似语法点很多，因此，教师在教学这类语法时可以运用类推、联想等编码策略，归类和对比记忆相似的语法，丰富已有的语义场。孙厌舒（2004）利用图式理论进行语法教学，认为认知语言学可以解释某些传统理论无法解释的问题。朱立霞（2010）认为语法项目的习得是日语学习的难点和重点，如格助词的习得与辨析、助动词的意义辨析、原型理论与自他表达、句法结构与事项认知、语法化研究等。语法化是日语构词的一种极其重要手段，将该理论应用于日语教学，可以在很多语法习得项目中给学生以指导。以上研究都是基于认知语言学的理论对日语语法教学有益的启示。

以上研究结果表明把认知语言学理论运用于日语语法教学，能够对相

---

[1] 谢应光. 认知语言学的回归语境化及其对外语教学的启示［J］. 四川师范大学学报，2008（5）：79.

似、重点、难点的语法现象进行更好的解释，易于学习者理解、记忆与运用。因此，本章仅对日语中"Vて＋補助動詞"和被动语态语法现象进行探讨。

第二节 认知语言学视角下的日语"Vて＋補助動詞"教学

1 引言

日语中"Vて＋補助動詞"这一语言现象也是日语教学和学习的一大重点和难点，它们之间既有联系又有很大的区别，传统的日语教学效果往往不佳。认知语言学认为语言形式的表达和语言的学习过程，都与使用者及学习者的认知过程紧密相关。翟东娜（2006）主张从教学角度来看，越是纷繁的规则越需要简化，以减轻学习者的负担。同时，对难以体系化的语言现象则要找出其内在规律，以提高外语教学的效果和效率。朱立霞（2010）认为在基础日语教学中导入认知语言学知识是一种新的教学思路，剖析语言形式下的认知模式、认知规律，从思维的深度寻找规律指导语言学习，这不仅对日语教学，对其他任何外语教学都是有益的启示。岳晟婷（2016）认为以国内外相关理论研究为基础，在教学中探索认知语言学角度的基础日语教学方法，在传统教学方法的基础上，综合运用多种教学方法，会收到更好的教学效果。

2 研究现状

随着日语教育的不断发展，有关日语"Vて＋補助動詞"的研究也日益兴盛，众多学者从不同的角度对"Vて＋補助動詞"进行了大量研究。根据近30年的研究成果、研究内容大致可以分为五个方面。

（1）较为系统综合性的研究。赵福堂（1992）对日语的补助动词和形式动词进行了论述。陶友公（2006）根据句法特征把日语的补助动词分为三类，认为这种句法特征符合日语句法的总原则，即先命题、时范畴、再情态的句法顺序。

（2）有关授受补助动词的研究。王燕（2002）从日语教学的角度出发

着重考察授受补助动词在实现表达主体的表达意图上所起的作用。刘宁晖（2018）从说话人如何把握授受关系的角度，分析授受补助动词在使用时说话人的心理意识，并通过和汉语授受表达的对比阐明日语学习者使用授受补助动词的实际情况以及原因。

（3）有关补助动词"いる"的研究。盛文渊（2007）对补助动词"いる"的用法进行了论述。宫（2011）基于语料库的视角对补助动词"いる"的意义用法与使用特征进行了探讨。

（4）从认知语言学的角度对"Vて+補助動詞"中部分内容进行了研究。山梨（1995）对"いく""くる""ある"和"いる"由表示具体意义的动词到转化为表示时体的补助动词的机制进行说明，对"みる"和"みせる"由本动词转化为补助动词进行说明。坂井（2001）对"ておく"的语法化进行了研究。华晓会、郭永刚（2006）从认知的视角出发，揭示补助动词"ている"的意义，将其所有的概念根据所连接动词类型不同而不同的过程加以归纳统一为"持续相"，对其具有的各种意义进行归纳和解释。夏海燕（2010）利用语料库，从历时的角度分析了从本动词"見る"到补助动词"て見る"的语法化变迁的过程。周欣艺（2014）以本动词到补助动词的形成过程为中心，对"いく"和"くる"的语义扩展进行了研究。张晓（2015）考察了"ていく"和"てくる"的意义构造。赵寅秋、钟勇、李哲（2019）基于语法句型和意义间具有规约性，即二者为"形式—意义/功能"结合体的构式语法理论，以常州市某应用型本科院校日语专业大二学生为被试对象，开展了一项日语授受补助动词句型教学实验，发现构式教学法的效果与传统教学法一致，但更有利于提高学生学习语法的兴趣和自信。王国强（2020）从语义学强调现象理论的层面对日语补助动词"てしまう"的体态意义生成与情感意义衍生的内部机制进行了尝试性的构建，认为"てしまう"可以分成"て"+"しまう"，"てしまう"中"て"与"しまう"的"事象叠加"构成完了语义"强调"，使其内部内化"强调"属性。通过有效利用"てしまう"词汇内部的"强调"属性，可以分别从信息突出与心理突出两个方面分析相关特点表达效果产生的内因。

（5）从汉日对比的角度进行了研究。许临扬（2017）从中日语言比较角度，利用中日平行语料库对"ておく"进行的实证性考察显示，"ておく"的汉日对译语料有高达80%的数据和汉语无形态对应，剩余20%的数据"ておく"虽和汉语有一定的形态对应，但其对译汉语均无法准确表达"ておく"

的语义。究其原因在于"ておく"的语义跨越了三个时空关系，具有将相邻时空关系纳入视野的语义特征，而汉语无法将分割时空这样的认知模式进行同样的语言化处理。

以上所述既有对补助动词综合性的研究，也有对语义的研究，而且角度多样化，但缺乏从认知的视角对日语"Vて+補助動詞"的综合性研究。因此，本节拟就运用认知语言学语法化、范畴扩展理论对《综合日语》中的"Vて+補助動詞"教学进行较为全面较为系统的考察。这对提高教学质量和学习者认知能力具有重要的现实意义。

3 《综合日语》中"Vて+補助動詞"的特点

日语研究中对"補助動詞"有各种各样的定义。《大辞林》（第三版，2006）对它的定义是"補助用言の一。動詞のうち，本来の意味・用法の独立性が薄れ，述語の下に付いて，もっぱら付属的に用いられるようになったもの。「本である」「戸があいている」「食べてみる」「お読み下さい」などの「ある」「いる」「みる」「下さい」の類。"，《世界大百科事典》（改定新版，2007）定义为"日本語では継続は〈働いている〉〈雨が降っている〉のように，動詞に，元来動詞であった〈いる〉を補助的に後接させて表す。こういう形式を〈補助動詞〉といい，このほかに〈(置いて)ある〉〈(食べて)しまう〉〈(死んで)いく〉などがある"。可见，日语的"補助動詞"是指失去原来的意思和独立性，而给前面的动词增添一定的意义，起补助作用。

表4.1 《综合日语》一、二册中"Vて+補助動詞"的内容分布概况

Vて+補助動詞	语义	课别
Vている	表示某一动作正在进行	第一册第11课P203
	表示动作的持续；表示变化结果的持续；表示某种状态	第一册第11课P212
	表示习惯性的动作、反复进行的动作以及长期进行的动作	第一册第11课P219
	表示状态，带有形容词的性质	第二册第16课P14
Vてある	表示动作、行为完成之后客体存续的状态	第二册第23课P192

续表

Vて+補助動詞	语义	课别
Vておく	表示事先做好的准备；表示某个行为、动作完成以后，将其结果的状态保持下去	第二册第23课 P191
Vてしまう	表示说话人对已经发生的无法挽回或意外的事情（消极的结果）的遗憾、后悔的语气	第二册第20课 P124
	表示不顾客观情况和别人的意愿，而要强行进行该动作的意志	第二册第27课 P286
Vていく・くる	表示主体的移动	第二册第17课 P33
	表示客体、信息的移动	第二册第27课 P275
	表示状态变化的开始、事物的发展过程或是动作的继续等	第二册第28课 P304
Vてくれる/あげる/もらう	表示某人受益的动作，构成动词受益态的用法	第二册第18课 P71
Vてくださる/いただく/さしあげる	是"Vてくれる/あげる/もらう"的敬语表达形式	第二册第21课 P141
Vてやる	用于上对下、长对幼的动作，也可以表示对动植物施行的动作	第二册第27课 P297
Vてみる	表示尝试着进行某动作或做某事	第二册第22课 P165

"補助動詞"接在动词"て形"后面可以表示不同的语法意义。根据其语义，大致可以分为以下三种情况：（1）表示状态、动作的形式，包括时间意义等："いる""ある""いく""くる""しまう"和"おく"；（2）受益表现："くれる""やる""あげる"和"もらう"；（3）其他："みる"和"みせる"。因此《综合日语》中"Vて+補助動詞"的例句可以做如下归纳概括。

3.1 "Vている・ある・おく・しまう・いく・くる"

1)"Vている"

①李さんは今図書館で日本語を勉強しています。（表示某一动作正在进行）

②もう夕食の時間は始まっていますよ。（表示动作的持续）

③兄はアメリカに行っています。（表示变化结果的持续）
④わたしは高橋さんを知っています。（表示某种状态）
⑤学生の大多数は大学の寮に住んでいます。（表示习惯性的动作、反复进行的动作以及长期进行的动作）
⑥王さんはお父さんに似ていると思いました。（表示状态，实际上它带有形容词的性质）

2)"Vてある"

あ、新しいポスターが貼ってある。何だろう…（表示动作、行为完成之后客体存续的状态，多为自主的他动词）

3)"Vておく"

①日曜日の夜、予習しておいた。（表示该动作是为后面要做的事情事先做好的准备）
②教室のドア、開けておきましょう。まだ出てくる人がいそうだから。（表示某个行为、动作完成以后，将其结果的状态保持下去）

4)"Vてしまう"

①あ！しまった！持ってくるのを忘れてしまいました。（表示说话人对已经发生的无法挽回或意外的事情（消极的结果）的遗憾、后悔的语气，动词多为非自主动词）
②あーあー。もう勉強やめて、日本へ帰っちゃおうかな。（表示不顾客观情况和别人的意愿，而要强行进行该动作的意志，动词多为自主动词）

5)"Vていく・くる"

①携帯電話を持って行きます。（表示保持该状态进行移动）
②じゃあ、わたしが電話をかけて来ます。（表示完成V这个动作后进行方向性的移动）
③急にこの子が飛び出してきたんですよ。（接在移动性动词之后时表示该动作的方向性）
④しばらく電話して来なかったから、心配してたのよ。（表示客体、信息的移动）
⑤地震予知の技術はこれまで少しずつ進歩してきました。（表示事物由过去到现在逐渐变化的过程或状态的持续）
⑥だんだん寒くなってきました。（表示说话人某种感觉或感情程度的加强）

⑦今後もさらに進歩していくだろうと思います。（表示事物由现在到以后的发展变化过程或状态的继续）

⑧星が消えていく。（表示事物、现象的消失）

3.2 授受表现

1）"Ｖてくれる/あげる/もらう"

①それで来てくれたんですか。（表示我受益的动作，构成动词受益态的用法）

②わたしは観光客に道を教えてあげました。（表示游客受益的动作，构成动词受益态的用法）

③渡辺さんに頼んで、寮のおばさんに説明するのを手伝ってもらったんです。（表示我受益的动作，构成动词受益态的用法）

2）"Ｖてくださる/いただく/さしあげる"

①遠藤先生が（わたしにお弁当を）半分分けてくださったんです。（"Ｖてくれる"尊敬的表达形式）

②遠藤先生に作り方を教えていただいたので、今度パーティーをするときにでも作ろうと思っています。（"Ｖてもらう"尊敬的表达形式）

③先生がいらっしゃったので、町を案内してさしあげました。（"Ｖてあげる"自谦的表达形式）

3）"Ｖてやる"

わたしは弟に日本語を教えてやりました。（主要用于上对下、长对幼的动作，也可以表示对动植物施行的动作）

3.3 "Ｖてみる"

①初めて買ってみたら、1等に当たった。（表示尝试着进行某动作或做某事）

综上所述，《综合日语》中"Ｖて＋補助動詞"的特点可以归纳概括为以下3点：①其用法主要集中在《综合日语》的第二册，第一册只讲了"Ｖている"中的三个用法。②"Ｖてしまう"和"Ｖていく・くる"的语义讲解呈现出由浅入深、依次递进的特点。③"Ｖて＋授受動詞"的讲解由一般表达到敬语表达的转变，易于理解和接受。

4 日语"Vて+補助動詞"的教学分析

4.1 "Vて+補助動詞"的语法化分析

语法化一般指动词、名词等具有实际意义的词语，意义逐渐虚化，转化为助词、词缀等语法功能词的语言演变现象。在日语中这种现象非常突出，日语中表示"时、体"的标记多为实词虚化而来，同时日语中的基本动词通过实词虚化构成了大量的词语，语法化是日语构词的一种极其重要手段。将该理论应用于日语教学，可以在很多语法习得项目中给学生以指导❶。

1）"いる"

①両親はもういません。（实义动词）

②高橋さんはお母さんに手紙を書いています。（补助动词）

①句的"いる"是独立使用的实义动词，表示"存在する"的意思。②句的"いる"词汇意义淡化，成为补助动词。

2）"ある"

①日本は中国の東にある。（实义动词）

②部屋にかぎがかけてあるから、安心です。（补助动词）

①句的"ある"是独立使用的实义动词，表示"所在地の説明"的意思。②句的"ある"词汇意义淡化，成为补助动词。

3）"おく"

①子供を家においてでかける。（实义动词）

②電話をかけておいてから、伺ったほうがいいでしょう。（补助动词）

③教室のドア、開けておきましょう。まだ出てくる人がいそうだから。（补助动词）

①句的"おく"是独立使用的实义动词，表示"残す・とどめる"的意思。②句和③句的"おく"词汇意义淡化，成为补助动词。②句的"ておく"表示"あらかじめ…する"的意思，③句的"ておく"表示"ある状態の継続"的意思。许临扬（2017）从认知语言学角度认为"ておく"的语义是基于其单纯动词"置く"的基本语义"占据某一空间场所"所发生的语义扩张。根

---

❶ 朱立霞.认知语言学理论在日语教学中的应用[J].三峡大学学报，2010（1）：111.

据所占据场所的特点及抽象化程度，可以构建占据"具体空间场所""时空场所""由主观心理所界定的时空场所"，以及最终"经验的拥有"这样的语义网络❶。

4）"しまう"

①仕事をしまう。（实义动词）

②毎日大変なので、クラブをやめてしまおうかと思いました。（补助动词）

③バスで財布を落としてしまった。（补助动词）

①句的"しまう"是独立使用的实义动词，表示"おえる・すます"的意思。②句和③句的"おく"词汇意义淡化，成为补助动词。②句的"てしまう"表示"完了する"的意思，③句的"てしまう"表示"よくない結果になる"的意思。

5）"いく・くる"

（1）"いく"

①ひと足先にいく。（实义动词）

②外国へ旅行するときはパスポートを持って行かなければなりません。（补助动词）

③わたしは結婚しても仕事を続けていきたいと考えています。（补助动词）

④ふるさとの習慣がなくなっていく。（补助动词）

①句的"いく"是独立使用的实义动词，表示"目的地に向かう"的意思。②句、③句和④句的"いく"词汇意义淡化，成为补助动词。②句的"ていく"表示"その場所を離れてほかの場所へ移動する"的意思，③句的"ていく"表示"つづけて…する"的意思，④句的"ていく"表示"だんだん…する"的意思。

（2）"くる"

①ほら、バスが来た。（实义动词）

②何か飲みたいですね。ちょっと飲み物を買って来ます。（补助动词）

③わたしの犬は、名前を呼んだらすぐに走って来ました。（补助动词）

④李先生はずっとあの中学校で英語を教えてきました。（补助动词）

---

❶ 许临扬.从汉日语比较视角探讨日语补助动词的语义特征：以「ておく」为例[J].苏州科技大学学报，2017（6）：58.

⑤このビデオを一人で見ていたらだんだん怖くなってきました。（補助動詞）

①句的"くる"是独立使用的实义动词，表示"こちらへ近づく"的意思。②句、③句、④句和⑤句的"いく"词汇意义淡化，成为补助动词。②句的"てくる"表示"ある動作をして戻る"的意思，③句的"てくる"表示"ある方向に進む"的意思，④句的"てくる"表示"ずっとする"的意思，⑤句的"てくる"表示"しだいに…なる"的意思。

6）"見る"

①見て見ぬふりをする。（实义动词）

②旅行のことはもう一度皆さんと相談してみます。（补助动词）

①句的"見る"是独立使用的实义动词，表示"目の働きによって物の存在や動きを捉えること"的意思。②句的"見る"词汇意义淡化，成为补助动词。

7）"授受動詞"

（1）"くれる"

①兄が本をくれる。（实义动词）

②王さん、コンサートに誘ってくれてありがとう。（补助动词）

（2）"あげる"

①このおもちゃはお子さんにあげるものです。（实义动词）

②張さんは李さんにペンを貸してあげました。（补助动词）

（3）「もらう」

①友達から手紙をもらった。（实义动词）

②よく説明したら、寮に入れてもらうことができました。（补助动词）

（4）"くださる"

①これはおじさんがくださった辞書です。（实义动词）

②友達のお母さんが妹を歌舞伎に招待してくださいました。（补助动词）

（5）"いただく"

①けっこうなものを頂きました。（实义动词）

②わたしはシンポジウムの日程を先輩に教えていただきました。（补助動詞）

（6）"さしあげる"

①お茶でもさしあげましょうか。（实义动词）

②王さんは先生のお荷物を持ってさしあげました。（补助动词）
（7）"やる"
①信哉、おまえにこれやるよ。（实义动词）
②生徒が立派な作文を書いたので、いっぱいほめてやりました。（补助动词）

（1）~（7）中①句的"授受動詞"是独立使用的实义动词，表示＜物を贈る＞的意思。②句的"授受動詞"词汇意义淡化，成为补助动词。

结合上述例句对日语中"Vて+補助動詞"的语法化进行了分析，其语法化过程如图4.1所示。

```
   ┌──────┐           ┌──────┐
   │ 内容词│  ═══>    │ 功能词│
   └──────┘           └──────┘
   实义动词             补助动词

        "いる・ある・おく・しまう・いく・くる・みる・授受動詞"
时间 ─────────────────────────────────────────────────→
```

图4.1 "いる・ある・おく・しまう・いく・くる・みる・授受動詞"的语法化

4.2 "Vて+補助動詞"的范畴扩展分析

①携帯電話を持って行きます。
②急にこの子が飛び出してきたんですよ。
③しばらく電話して来なかったから、心配してたのよ。
④地震予知の技術はこれまで少しずつ進歩してきました。
⑤今後もさらに進歩していくだろうと思います。

根据①~⑤例句，"Vていく・くる"的范畴扩展过程如图4.2所示。

```
┌──────────────┐
│  主体的移动  │
└──────┬───────┘
       ↓
┌──────────────────┐
│ 客体、信息的移动 │
└──────┬───────────┘
       ↓
┌────────────────────────────────────┐
│ 状态变化的开始、事物的发展过程或是动作的继续 │
└────────────────────────────────────┘
```

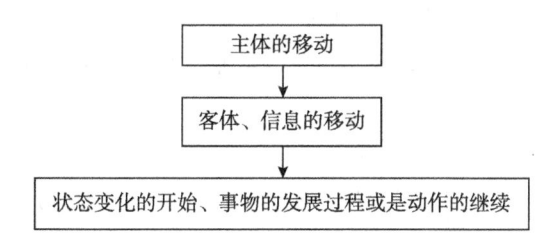

图4.2 "Vていく・くる"的范畴扩展

由图 4.2 的扩展可以得知，主体移动的层面为源域，客体、信息移动的层面和状态变化的开始、事物的发展过程或是动作继续的层面为目标域。由简单概念主体的移动，进一步抽象为客体、信息的移动。随着进一步抽象化，由客体、信息的移动进而扩展到状态变化的开始、事物的发展过程或是动作的继续。

4.3 "Ｖて＋補助動詞"的文本语义认知

王寅认为语言也是一种认知活动，是对客观世界进行互动体验和认知加工的结果，语言运用和理解的过程也是认知处理的过程[1]。下面以青空文库中夏目漱石的小说《こころ》和《日语口语词典》（潘钧，2020）中的部分例句为文本，进一步体验和认知"Ｖて＋補助動詞"的用法与语义。

1）青空文库中的"Ｖて＋補助動詞"文本语义认知

在青空文库中夏目漱石的小说《こころ》里提取了例句，在此做简单说明：只检索了"Ｖて＋補助動詞"的非过去时简体；重复的动词只选取其中的一个例子；"Ｖている"的例句比较多，语义比较多，选取前 20 个例句；没有"Ｖていく"相关的例句；授受动词只有"Ｖてくれる""Ｖてもらう"和"Ｖてやる"相关的例句。

（1）そういう有様を目撃したばかりの私の眼には、猿股一つで済まして皆の前に立っているこの西洋人がいかにも珍しく見えた。

（夏目漱石『こころ』）

（2）その日本人は砂の上に落ちた手拭を拾い上げているところであったが、それを取り上げるや否や、すぐ頭を包んで、海の方へ歩き出した。

（3）それで「どうだか分りません」と答えた。しかしにやにや笑っている先生の顔を見た時、私は急に極りが悪くなった。

（4）向うの方で凸凹の地面をならして新墓地を作っている男が、鍬の手を休めて私たちを見ていた。

（5）泣いているようでもあった。

（6）先生はすぐ帰るから留守でも私に待っているようにといい残して行った。

---

[1] 王寅. 什么是认知语言学 [M]. 上海：上海外语教育出版社，2011：3.

第四章　认知语言学视角下的日语语法教学

（7）広い蒼い海の表面に浮いているものは、その近所に私ら二人より外になかった。

（8）私はこういう事でよく先生から失望させられた。先生はそれに気が付いているようでもあり、また全く気が付かないようでもあった。

（9）二度目に行ったのは次の日曜だと覚えている。

（10）経験のない当時の私は、この予言の中に含まれている明白な意義さえ了解し得なかった。

（11）家庭の一員として暮した事のない私のことだから、深い消息は無論解らなかったけれども、座敷で私と対坐している時、先生は何かのついでに、下女を呼ばないで、奥さんを呼ぶ事があった。

（12）私は箱根から貰った絵端書をまだ持っている。

（13）妻が考えているような人間なら、私だってこんなに苦しんでいやしない。

（14）ある時は海の中が銭湯のように黒い頭でごちゃごちゃしている事もあった。

（15）私の尻をおろした所は少し小高い丘の上で、そのすぐ傍がホテルの裏口になっていたので、私の凝としている間に、大分多くの男が塩を浴びに出て来たが、いずれも胴と腕と股は出していなかった。

（16）しかしその私だけにはこの直感が後になって事実の上に証拠立てられたのだから、私は若々しいといわれても、馬鹿げていると笑われても、それを見越した自分の直覚をとにかく頼もしくまた嬉しく思っている。

（17）あなたは私に会ってもおそらくまだ淋しい気がどこかでしているでしょう。

（18）先生の宅は玄関の次がすぐ座敷になっているので、格子の前に立っていた私の耳にその言逆いの調子だけはほぼ分った。

（19）悪い事をした。怒って出たから妻はさぞ心配をしているだろう。

（20）けれども先生の態度の真面目であったのと、調子の沈んでいたのとは、いまだに記憶に残っている。

根据上述"Vている"的语义，其语义的范畴化与扩展分析可用图4.3表示。

81

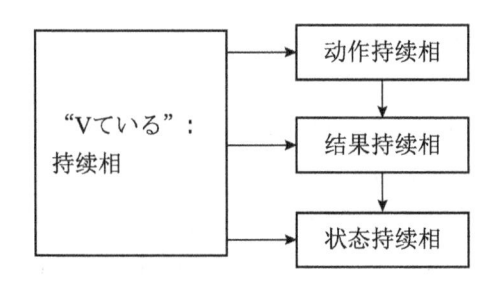

```
                ┌──────→ 动作持续相
                │           │
"Vている":  ────┼──────→ 结果持续相
  持续相        │           │
                └──────→ 状态持续相
```

图4.3 "Vている"语义的范畴化与扩展分析

上面的例句，根据"Vている"语义的范畴化进行分类，其中表示动作持续相的有例句（1）~（6）；表示结果持续相的有例句（7）~（13）；表示状态持续相的有例句（14）~（20）。同时其语义也是由"动作持续相"向"结果持续相"和"状态持续相"扩展。

（21）見ると、いつも立て切ってあるKと私の室との仕切の襖が、…

（22）この間の晩と同じくらい開いています。それで床も敷いてあるのです。

（23）私はすぐ机の上に置いてある手紙に眼を着けました。

（24）私は私に取ってどんなに辛い文句がその中に書き列ねてあるだろうと予期したのです。

（25）ただ軒先に据えた大きな鉢の中に飼ってある金魚が動いていた。

（26）縁台の横から後部へ掛けて植え付けてある杉苗の傍に、熊笹が三坪ほど地を隠すように茂って生えていた。

（27）「ええ、たしかしまってあるはずですが」

（28）私はそれから床の正面に活けてある花が厭でなくなりました。

（29）同じ床に立て懸けてある琴も邪魔にならなくなりました。

"てある"可以分为"结果存在型"和"行为存在型"。其中（27）为"行为存在型"而其余例句则为"结果存在型"。同时其语义也是由"结果存在型"向"行为存在型"扩展。

（30）「君のうちに財産があるなら、今のうちによく始末をつけてもらっておかないといけないと思うがね、余計なお世話だけれども。君のお父さんが達者なうちに、貰うものはちゃんと貰っておくようにしたらどうですか。

（31）何でもやりたい事は、生きてるうちにやっておくに限る。

（32）「今のうち何か聞いておく必要はないかな」と兄が私の顔を見た。

（33）それで無理に機会を俟えて、わざとらしく話を持ち出すよりは、自然の与えてくれるものを取り逃さないようにする方が好かろうと思って、例の問題にはしばらく手を着けずにそっとしておく事にしました。

（34）あなたはなぜといって眼を睁るかも知れませんが、いつも私の心を握り締めに来るその不可思議な恐ろしい力は、私の活動をあらゆる方面で食い留めながら、死の道だけを自由に私のために開けておくのです。

在《日本語文型辞典》中，"～ておく"的语义表示为"ある行為を行い、その結果の状態を持続させるという意味を示す。文脈によって、一時的な処置を表したり、将来に備えての準備を表したりする"。表示"一時的な処置"语义的例句有（33）；表示"将来に備えての準備を表すもの"语义的例句有（30）（31）（32）（34）。和实义动词"おく"相比，可以看出语法化的过程中语义由具体到抽象的转移。

（35）しばらくすれば、その灯もまたふっと消えてしまうべき運命を、眼の前に控えているのだとは固より気が付かなかった。

（36）私は自分で質問をしておきながら、すぐ他の説明を忘れてしまう兄に対して不快の念を起した。

（37）しかしその自由はあなたの上京を待っているうちにはまた失われてしまう世間的の自由に過ぎないのであります。

（38）お嬢さんの学校友達がときたま遊びに来る事はありましたが、極めて小さな声で、いるのだかいないのだか分らないような話をして帰ってしまうのが常でした。

（39）Kがこの事件のために復籍してしまうか、それとも他に妥協の道を講じて、依然養家に留まるか、そこはこれから起る問題として、差し当りどうかしなければならないのは、月々に必要な学資でした。

（40）粥ばかり食っていると、それ以上の堅いものを消化す力がいつの間にかなくなってしまうのだそうです。

（41）偶には愛とか恋とかいう問題も、口に上らないではありませんでしたが、いつでも抽象的な理論に落ちてしまうだけでした。

（42）私の注ぎ懸けようとする血潮は、一滴もその心臓の中へは入らないで、悉く弾き返されてしまうのです。

日语中的"てしまう"的语义表示为"完了を表すアスペクト表現であると

同時に、話者の主観的な感情や評価を表す表現でもある"。上面的例句其语义都是表示"発生の強調"。由于语法化的原因，可以看出其语义由"完了を表す"向"発生の強調"的扩展。

（43）先生は訳を話して、私に帰ってくる間までの留守番を頼んだ。私はすぐ引き受けた。

（44）しかし万一の場合、賛成の声援を与えた私に、多少の責任ができてくるぐらいの事は、子供ながら私はよく承知していたつもりです。

有关"てくる"的例句只有2个，其语义为：①表示主体的移动；②表示事物的发展。

（45）とどの詰まりをいえば、教壇に立って私を指導してくれる偉い人々よりもただ独りを守って多くを語らない先生の方が偉く見えたのであった。

（46）正月上京する時に持参するからそれまで待ってくれるようにと断わった。

（47）月々国から送ってくれる為替と共に来る簡単な手紙は、例の通り父の手蹟であったが、病気の訴えはそのうちにほとんど見当らなかった。

（48）せっかく丹精した息子が、自分のいなくなった後で卒業してくれるよりも、丈夫なうちに学校を出てくれる方が親の身になれば嬉しいだろうじゃないか。

（49）こういってくれる裏に、私は二人が私に対してもっている過分な希望を読んだ。

（50）母はどこまでも先生が私のために衣食の口を周旋してくれるものとばかり解釈しているらしかった。

（51）「先生が口を探してくれる」。

（52）しかしそんな忙しい身体でもないんだから、ああして泊っていてくれるんでしょう。

（53）私は父や母がこの世にいなくなった後でも、いた時と同じように私を愛してくれるものと、どこか心の奥で信じていたのです。

（54）しかしそれには世帯道具を買う面倒もありますし、世話をしてくれる婆さんの必要も起りますし、その婆さんがまた正直でなければ困るし、宅を留守にしても大丈夫なものでなければ心配だし、といった訳で、ちょくらちょいと実行する事は覚束なく見えたのです。

（55）それを首肯ってくれるようなKならいいのですけれども、彼の性質として、議論がそこまでゆくと容易に後へは返りません。

（56）それで無理に機会を拵えて、わざとらしく話を持ち出すよりは、自然の与えてくれるものを取り逃さないようにする方が好かろうと思って、例の問題にはしばらく手を着けずにそっとしておく事にしました。

（57）私は彼に隠し立てをしてくれるな、すべて思った通りを話してくれと頼みました。

（58）しかし私にも教育相当の良心はありますから、もし誰か私の傍へ来て、お前は卑怯だと一言私語いてくれるものがあったなら、私はその瞬間に、はっと我に立ち帰ったかも知れません。

（59）私は午頃また茶の間へ出掛けて行って、奥さんに、今朝の話をお嬢さんに何時通じてくれるつもりかと尋ねました。

（60）私を理解してくれるあなたの事だから、説明する必要もあるまいと思いますが、話すべき筋だから話しておきます。

（61）国から旅費を送らせる手数と時間を省くため、私は暇乞いかたがた先生の所へ行って、要るだけの金を一時立て替えてもらう事にした。

（62）私から見ればなにも無理に先生を兄に理解してもらう必要はなかった。

（63）当時私の月々叔父から貰っていた金は、あなたが今、お父さんから送ってもらう学資に比べると遥かに少ないものでした。

（64）私はそうしてもらう方が都合が好いと答えてまた自分の室に帰りました。

（65）けれども私は医者にも誰にも診てもらう気にはなりませんでした。

（66）私はある書物について先生に話してもらう必要があったので、あらかじめ先生の承諾を得た通り、約束の九時に訪問した。

（67）母があれは誰、これは誰と一々説明してやると、父はそのたびに首肯いた。

（68）運悪くこの姉は生活に余裕のない家に片付いたために、いくらKに同情があっても、物質的に弟をどうしてやる訳にも行かなかったのです。

（69）私は溺れかかった人を抱いて、自分の熱を向うに移してやる覚悟で、Kを引き取るのだと告げました。

（70）「もう遅いから早く帰りたまえ。私も早く帰ってやるんだから、妻君のために」

以上授受表达的例句中"Vてくれる""Vてもらう"和"Vてやる"的构式语义网络，可以用图4.4来表示，"Vてくれる""Vてもらう"和"Vてやる"的意义网络原型是物的授受关系，通过语义认知机制向事件的授受关系扩展。刘云认为根据语义结构与句法结构的对应原则，语义层面的"接受者、给予者和客体"实现为句法层面的施事、与事与受事论元。授受的对象从实物的转移变成了动作事件带来的恩惠的转移，是认知域从具象到抽象的转变。也就是说通过隐喻扩展，两个构式联系在了一起❶。

「Vてくれる」「Vてもらう」「Vてやる」構文 ⎧ 物の授受（恩恵性）
　　　　　　　　　　　　　　　　　　　　　⎨　　↓
　　　　　　　　　　　　　　　　　　　　　⎩ 事件の授受（恩恵性）

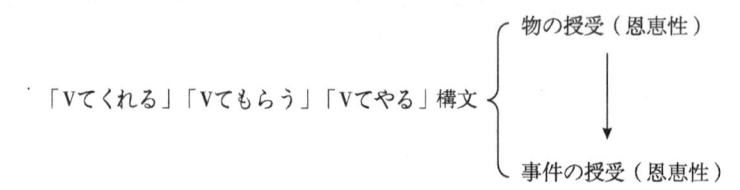

图4.4　构文意义的网络

（71）先生に宛ててそういう事を書いても仕方がないとも思ったし、前例に徴してみると、とても返事をくれそうになかったから。

（72）私もあるいはそうかとも考えたが、先生の平生から推してみると、どうも変に思われた。

（73）それでも久しぶりにこう落ち合ってみると、兄弟の優しい心持がどこからか自然に湧いて出た。

（74）それを母の早呑み込みでみんなにそう吹聴してしまった今となってみると、私は急にそれを打ち消す訳に行かなくなった。

（75）私は従妹を愛していないだけで、嫌ってはいなかったのですが、後から考えてみると、それを断ったのが私には多少の愉快になると思います。

（76）金に不自由がなければこそ、一戸を構えてみる気にもなったのだといえばそれまでですが、元の通りの私ならば、たとい懐中に余裕ができても、

---

❶ 刘云.日语授受表达的构式解析及其话语功能［J］.东北亚外语研究，2020（3）：59.

好んでそんな面倒な真似はしなかったでしょう。

（77）それから若い男だろうか年輩の人だろうかと思案してみるのです。

（78）Kはその寺に行って住持に会ってみるといい出しました。

（79）しかし黙って自分の机の前に坐って、二人のこそこそ話を遠くから聞いている私を想像してみると、何だか落ち付いていられないような気もするのです。

（80）彼と私を頭の中で並べてみると、彼の方が遥かに立派に見えました。

（81）ところがいよいよ夫として朝夕妻と顔を合せてみると、私の果敢ない希望は手厳しい現実のために脆くも破壊されてしまいました。

（82）しかし段々落ち付いた気分で、同じ現象に向ってみると、そう容易くは解決が着かないように思われて来ました。

（83）始めはあなたに会って話をする気でいたのですが、書いてみると、かえってその方が自分を判然描き出す事ができたような心持がして嬉しいのです。

（84）賑かな町の方へ一丁ほど歩くと、私も散歩がてら雑司ヶ谷へ行ってみる気になった。

（85）勘定してみると、先生が毎月例として墓参に行く日が、それからちょうど三日目に当っていた。

（86）東京へ帰ってみると、松飾はいつか取り払われていた。

（87）こういわれてみると、なるほど先生は潔癖であった。

（88）なぜでもない、ただ聞いてみるのさ。

夏海燕（2010）根据"てみる"前面所接动词对上面的例句进行了分类。"てみる"前面所接动词可以分为：移动动词，如（84）（86）中的"行ってみる""帰ってみる"；状态动词，如（75）（77）（79）中的"考えてみる""思案してみる""想像してみる"；被动态形式，如（87）中的"言われてみる"；非意志动词，其最典型代表为"なる"，如（74）中的"今となってみる"；其他的则为动作动词。不难发现"見る"表示视觉动词"看"的具体语义，经过语法化的过程，扩展到表示"结果期待性""体验性"的抽象语义，其原来的语义逐渐消失。

2)《日语口语词典》中的"Vて＋補助動詞"文本语义认知

《日语口语词典》以词典形式呈现了构成基本交际行为的会话、演讲等

当中的词汇及表达形式在各种各样的情景场面会话语境中的应用，为读者提供了地道的日文。下面以其中的部分例句为文本，进一步体验和认知"Ｖて＋補助動詞"的语义以及构建其完整的语义网络。

（89）А：みなさん、誠に申し訳ないのですが、今日の飲み会、少々足が出まして。お一人1000円ずつ徴収させていただきたいのですが。

　　　Ｂ：ま、飲んだからね。しかたないなあ。　　　（《日语口语词典》P15）

（90）А：リフォームした家に、子供が昔、背比べした跡が残っている柱を再利用してくれるなんて、味なことしてくれるわね。感激しちゃう。

　　　Ｂ：ま、飲んだからね。しかたないなあ。　　　（《日语口语词典》P16）

（91）А：お客さん、この時間はいくら待ってもタクシーは来ないよ。しかも雨だしね。俺の車で送ってやってもいいよ。1万でどうだい？

　　　Ｂ：バカ言うな。人の足元見やがって。そんな車に乗るくらいなら歩いて帰ったほうがましだ。　　　　　　　　　　　　　（《日语口语词典》P18）

（92）А：この度はいろいろとお世話になり、ありがとうございました。これ、お礼と言っては何ですが、どうぞお納めください。

　　　Ｂ：お気を使わせてすみません。どうぞ足をくずしてお座りください。今日はゆっくりしていってくださいね。　　　　　　（《日语口语词典》P18）

（93）А：何度も足を運んでもらったのに申し訳ないんだけど、別の会社と契約することに決めたんだよ。悪いね。

　　　Ｂ：そうおっしゃらず、もう一度考え直していただけないでしょうか。

　　　　　　　　　　　　　　　　　　　　　　　　　　（《日语口语词典》P19）

（94）А：先輩、すみません。僕がチームの足を引っ張ったせいで、優勝を逃してしまって。最後の鉄棒で落下さえしなければ。

　　　Ｂ：気にするな。さ、来年に向けて、帰って練習だ。

　　　　　　　　　　　　　　　　　　　　　　　　　　（《日语口语词典》P19）

（95）А：あの時、谷口先生に声をかけてもらわなかったら、今の私はなかっただろうな。先生には一生足を向けて寝られないよ。

　　　Ｂ：これから先生にご恩を返せるように頑張らないとね。

　　　　　　　　　　　　　　　　　　　　　　　　　　（《日语口语词典》P20）

（96）А：大学にも行かないで、いつまで家でごろごろしてるつもりだ。そんな奴のために、父さんは汗水たらして働いてるわけじゃないんだぞ。

B：お父さん、もうやめて。文也だって、よくわかってるんだから。

（《日语口语词典》P21）

（97）A：どうしたの、そんなにあたふたして。何か探してるの？

　　B：もうすぐ会議なんだけど、ここに置いてたはずの資料が見当たらなくて。どうしよう。あー、あと3分で会議始まっちゃう。

（《日语口语词典》P24）

（98）A：だめだ、疲れて頭が回らないよ。今日中に終わらせたいのに。

　　B：一休みして、外の空気でも吸ってきたらどうですか。

（《日语口语词典》P24）

（99）A：今週末、合コンするんだけど、今日になって松村がドタキャンして困ってるんだよ。誰か行かないかな？

　　B：ちょっと当てがあるから、聞いてみてやるよ。

（《日语口语词典》P30）

（100）A：反対派の抵抗で、マンション用地の買収に苦労しているようです。

　　B：相手もあの手この手を使って妨害工作をしているようだな。こっちももうちょっと頭を使って、その先を行かないとな。　　（《日语口语词典》P37）

（101）A：これで全員揃ったので、もう一度最初から説明してもらえますか？

　　B：では、改めまして、今日の議題を申し上げます。

（《日语口语词典》P46）

（102）A：明日はいよいよ試験本番だ。君たちが今持っているありったけの力を出せば、必ず合格できると先生は信じている。落ち着いて頑張れ。

　　B：はい、一生懸命頑張ってきます。　　（《日语口语词典》P47）

（103）A：いつまでも若さを保つための秘訣は何だと思われますか。

　　B：そうですねえ。様々なことにアンテナを張って、興味のあることがあればとりあえず挑戦してみる、ということではないでしょうか。

（《日语口语词典》P52）

（104）A：おばあちゃん。テストで「適当な語を入れなさい」って書いてあったから、何でもいいんだと思って、好きな言葉いれたらバツになった。

　　B：このあんぽんたん。「適当」には2つ意味があって、テストでは、正しい言葉を入れなさいってことなの。もっと日本語勉強しなさい。

（《日语口语词典》P52）

（105）A：今度の新商品、いいですね。お客さんにもかなり気に入ってもらってますよ。今度、本店にも持って行ってみます。いいですね。

B：もちろんです。どれくらい売れるか楽しみだわ。

（《日语口语词典》P60）

（106）A：部長、社の命運がかかっていますから、きれいごとばかり言ってないで、もっと積極的にクライアントにアプローチしていくべきでは。

B：いかにも。今度の会議は社長にも同席してもらって策を練ろう。

（《日语口语词典》P63）

（107）A：この店、一見さんお断りって書いてあるけど、ほんとに入れるの？

B：大丈夫だって。会社の部長がここの常連でさ、ちゃんと紹介状代わりの名刺持ってきたし、電話もしといてもらったから。

（《日语口语词典》P83）

（108）A：環境保護のために、この開発を中止してくださるよう、あなた方が上層部に訴えてくだされば、きっとこの計画を変えることができます。

B：あの、お言葉ですが、僕らは一介の平社員に過ぎません。ですから、ご期待に添いかねると思いますが。

（《日语口语词典》P86）

（109）A：お父さん、一生のお願いだから、携帯、買って。買ってくれたら、あとはもう何もいらないから。

B：あれ？そのセリフ、1か月前にも聞いたぞ。

（《日语口语词典》P88）

（110）A：母さん、博子はいつになったら帰ってくるんだ。もう12時だぞ。

B：お父さん、博子のことになったら、心配でいてもたってもいられなくなるんだから。私のこともそれぐらい心配してくれてもいいのにね。

（《日语口语词典》P94）

（111）A：今回の件に関しては、担任の対応のまずさは否めません。ここは校長が謝罪しに行ったほうがよいのではないでしょうか。

B：そうですね。先生のご意見、校長に伝えておきます。

（《日语口语词典》P95）

（112）A：あ、電話。今時かけてくるなんて。だれからだろ。和子、出てみて。

B：はーい。あ、よっちゃん。どうしたの？

A：よっちゃん？ああ、今日、今の格好して遊びに来た子ね。

　　B：お母さん。よっちゃん、うちに携帯忘れてったのに今気づいて、それで慌てて電話してきたの。　　　　　　　　　　（《日语口语词典》P100）

　（113）A：先生。黒山商事に内定が出たんで決めてしまおうと思っているんです。

　　B：そうか。最終的には君の人生なんだが、いや、ただね、その会社については悪い噂も聞くから、他の会社も回ってみたらどうだろうか。

（《日语口语词典》P104）

　（114）A：部長、わが社の新薬、戸田病院に使ってもらおうと意を尽くして説明しましたが、院長からいい返事がいただけませんでした。残念です。

　　B：仕方ない。いい薬だから、地道に回ればきっと使ってくれる病院があるはずだ。頑張ろう。　　　　　　　　　　　（《日语口语词典》P112）

　（115）A：家に帰っても仕事で疲れてしまって、なかなか娘の話を聞いてやる時間が取れなくて。後ろめたい気持ちがいつもあるのよ。

　　B：でも、毎日お弁当を作って、学校行事にも、休みを取って必ず出席してるんでしょう？きっと恭子ちゃんも理解してくれてると思うよ。

（《日语口语词典》P118）

　（116）A：先輩の紹介で会ってみたんだけど、うまくいかなかった。カズに紹介してもらった人もだめだったし、結構落ち込むなあ。

　　B：このあいだ、彼氏の友達に会ったんだけど、彼女いない歴1年だって。また紹介するよ。今度はきっとうまくいくと思うよ。　（《日语口语词典》P131）

　（117）A：あそこに人だかりができてるけど、何かあるの？

　　B：うん。超売れっ子の小池達也がドラマのロケしてるのよ。

　　A：ほんと？早く言ってよ。私、ファンなのよ。ちょっと行ってくるわ。

（《日语口语词典》P138）

　（118）A：拓巳、今、お父さん、先生と大事な話をしてるんだから、うろちょろするんじゃないぞ。

　　B：拓巳君、お父さんとの話、30分くらいかかるから、校庭でみんなと遊んでてくれるかい。　　　　　　　　　　　（《日语口语词典》P140）

　（119）A：えー、今日は年間スケジュールを確認しておきたいと思います。

　　B：春の地方大会は5月23日からだと聞いているんですけど、それに勝

ったら全国大会ですよね？それはいつ頃ですか。

(《日语口语词典》P146）

（120）A：私さ、小学校からエスカレーター式に<u>上がってきた</u>から、舞ちゃんみたいに大学受験って経験<u>してない</u>んだよね。

B：でも、「お受験」したんでしょ？小学校の受験も大変なんでしょ？

A：それがほとんど記憶ないの。親は大変だったみたいだけど。

(《日语口语词典》P147）

《日语口语词典》不仅对日语词汇学习和口语练习，对日语"Ｖて＋補助動詞"等语法现象也提供了丰富的例句和真实的语用环境，结合上下文语用信息对其用法和语义进行体验和认知，构建日语"Ｖて＋補助動詞"的完整语义网络。

5　结语

综上所述，本节运用认知语言学语法化、范畴扩展理论对"Ｖて＋補助動詞"进行了综合性分析。研究发现，语法化的分析可以提高学习者对其由实义动词到补助动词变化的认知，范畴扩展的分析可以提高学习者对其语义的认知。总之，基于认知视角下的"Ｖて＋補助動詞"教学无论对把握日语语言现象中的认知规律，还是提高学生的认知能力，都是有益的启示。笔者认为日语语法中不仅"Ｖて＋補助動詞"这一语言现象，其他的很多语言现象有待于从认知语言学的角度进行进一步研究。这在传统的日语教学模式以及语法解说中注入新的理据，更易于学习者理解某一认知域的语言表达，更易于系统地阐释某一认知域的语言现象。

第三节　认知语言学视角下的日语被动句教学

1　引言

皮细庚（2011）认为日语的语态是日语教学中的重要内容，也是日语语

法的重要研究课题。"ボイス"一词源于英语的 voice，但是"ボイス"的内容远远超过英语的 voice 所规定的语法范畴。日语语态的定义和范畴是根据动词形态与句中各个格成分的相关关系来考虑的，广义的语态包括一切与格成分有相关关系的谓语形态。狭义的语态通常指被动态、可能态、使役态等。无论是广义的还是狭义的语态，其语义特征、构句特征乃至语用特征等各种语法特征均是日语语法教学和研究的重要内容❶。其中日语被动态是日语语法中的一项重要内容，初涉日语被动态的中国学生容易受到母语等原因影响，会有很多难以理解的地方和误区。因此，日语被动态也是初级日语教学中的一大难点。

2 研究现状

近 10 年来，中日学者对日语被动态的研究逐步展开。有关日语被动句代表性的研究大致可以分为以下两个方面：有关语言与语义特征相关的研究和有关习得与教学的研究。

有关日语被动句语言与语义特征相关的研究，根据研究的内容和视角可以作如下四种分类。

（1）在语篇中功能的研究。

仁田（2011）研究了日语的被动句和动词。马兰英（2013）运用新闻语篇探讨了被动语态，发现被动语态体现了作者表达客观、摆脱责任、增强表达效果、聚焦话题等主观意图，可以对读者施加一定的影响，具有较强的人际交往功能。凌蓉（2016）以日本电视剧的对白为研究材料，考察日语被动句在会话中的使用情况，并对其功能做出分析。考察结果显示，日语被动句在会话中经常为人们所使用，许多动词的被动形式都可以用于会话，其中动词"言う"的被动形式"言われる"的使用频率明显高于其他动词的被动形式；日语被动句在会话中的功能主要包括表示会话含义、暗示人称、凸显信息焦点、固定视点、表达委婉等。

（2）从汉日对比角度的研究。

余弦、关春影（2010）认为日语被动句通常只分为直接被动和间接被

---

❶ 皮细庚. 现代日语语态的语法特征及其研究［J］. 日语教育与日本学，2011（1）：47.

动，依照邓思颖对汉语被动句的分类，将日语被动句进一步分为直接长短被动句和间接长短被动句，同时根据作格化理论将日语里使用不及物动词的被动句称为特殊间接被动句。日语施事标记为"に"的被动句和汉语"被"字句均可分为长短被动句。张晓帆（2010）就日语被动句汉译时的不对应现象，即不一定或不宜译成汉语被动句的现象进行了探讨。认为该现象和日语被动句的性质、类别有关，在"自動詞迷惑受身""降格の受身""属性の受身""によって受身"和"相手の受身"等被动句的情况下，这种不对应现象尤为明显。分析了产生该现象的原因，指出这既和日语被动句的特征有关，也和汉语"被字句"自身的表达规律有关。李金莲（2011、2012）认为非句法因素在中日语言中对被动句主语选择均有限制：在主语的选择上，汉语被动句受"有定性"条件的限制；日语被动句受"视点与名词等级"原则的制约。作者又进一步提出无论在汉语中还是在日语中由自动词充当谓语的被动句都是被动句在语用上的扩展，但二者在结构、语义和语用上都存在明显差异。汉语的自动词被动句其实是用"被"字引进引发谓语动词所表状态或变化的原因，主语是该状态或变化的主体。日语的自动词被动句，是用来表示主语因谓语动词所表动作行为等的发生，间接地遭受麻烦或不利，主语是间接受事。高桥（2014）从中日对比的角度得出了以下结论："筆者の分析では、日中両言語の文の体系から見る受身表現における受身義、すなわち意味構造の定義「受け手＋仕手の影響を受ける行為や感情など」は両言語に共通している。しかし、言語事実から見れば、日本語の受身文の数量は中国語の受身表現に比べるとはるかに多い。また、日本語の受身文が中国語の受身表現で訳されるとは限らず、その逆もまた然りである。中国は多民族国家であり、異なる言語を話す多くの民族から構成されている。そのため、中国語は相手に分かり易く主体の意思を伝えることに重点の置かれる主体中心の論理型言語である。日本は単一民族国家であり、原則として同一言語を話す単一民族から構成されている。そのため、日本語は文末表現の多様な人間関係に重点の置かれる客体中心の配慮型言語である。両者の違いは一つの現実に対して、一方は主体を中心とする主述文を好み、一方は客体を中心とする能動文や主体の意思の表れない受身文を好んで使う傾向にある。ここには日中両国民の国民性からくる視点の違いが現れている。"刘春发（2016）通过中日两种语言的比较分析，认为日语更多地采用被动形式的深层次原因在于日本的内外文

化因素。此外通过大量的翻译实例以及中日句式的比较，认为掌握内外文化的特点在日汉互译中具有非常重要的实践意义和指导作用。熊仁芳（2017、2019）通过考察汉日语保留宾语被动句的不同类别，认为汉日语保留宾语被动句的成立条件的不同在于被动句主语的性质：汉语保留宾语被动句的主语是受动者，而日语保留宾语被动句的主语是受影响者。不管是受动者主语被动句还是受影响者主语被动句，都呈现出主题句的特征。而且又进一步以汉语"被字句"的日译文调查为基础，考察了汉语"被字句"与日语"直接被动句"和"所有者被动句"的对应及不对应关系，并在此基础上从施事和受事的生命度层级等角度探讨了汉语和日语被动句的差异。汉语被动句不受"名词层级"限制，施事和受事较为自由，但是日语被动句的施事和受事受限较多。日语使用被动句的语义动因主要来自说话人的主观感受，被动句主语通常是能感知情感的有生命的人；而汉语使用被动句的语义动因主要来自真实的施受关系，无生命事物也可做被动句主语。于康（2013、2017）认为日语有A型、B型和C型3个类型的三价动词保留宾语被动句，而汉语只有A型和B型2个类型的三价动词保留宾语被动句。日语有生物用作主语时最容易被接受，而汉语无生物用作主语时最容易被接受。有生物用作主语易于表示受影响者，无生物用作主语易于表示话题，从这个角度来看，日语的三价动词保留宾语被动句的主语主要用来凸显受影响者，而汉语的主语主要用来凸显话题，这个特点与二价动词保留宾语被动句一致。作者又进一步提出日语被动句的偏误类型可以分为被动漏用型和被动多余型两大类，各类之下还存在各种小类。最为显著的是"他动词A→他动词A被动"型偏误和"他动词A被动→他动词A"型偏误，学习年限的增加对这类偏误用法的减少没有产生任何正面的影响。在表述事件的结果和状态时汉语与日语是不同的，汉语多用主动句，而日语多用降格被动句。这种表述形式上的不同可能是造成"他动词A→他动词A被动"型偏误产生的主要原因，也是这类偏误用法不受学习年限的影响，容易反复出现和易于石化的主要原因。王亚新（2017）对日汉语的"受影被动句"和"受动被动句（中立被动句）"做了对比分析，探讨了这两类句式在句法与语义上的差异及其形成机制。

（3）运用语料库方法的研究。

李金莲（2010）基于双语平行语料库从对比语言学的视角，运用当代语言学理论，以被动句的三个组成要素：主语、施事和谓语动词为切入点，对

中日被动句进行了全面的考察、分析和对比。发现被动句不是单一句法问题，在言语交际中其使用受到语义、语用等非句法因素的调控和制约，这是中日被动句产生差异的根本性原因。徐曙、何芳芝（2011）基于大量的语料库实例对日语被动句中极具特色的"太郎が父に死なれた"句式和我国学界的经典课题"王冕死了父亲"句式进行实证性的对比研究。研究结果表明，日语中的"太郎が父に死なれた"与汉语中的"王冕死了父亲"在句法形态上虽属不同的句式，但两者在"只有肯定形式"以及"通常不作为结句"上存在一致性。张莉（2017）以现代日语书面语无生命主语"を格"被动句为研究对象，主要探讨该句式的多种意义及相互关系。具体来说，通过随机抽样的方法从现代日语书面语平衡语料库中收集例句，结合"が格"主语、"を格"补语、谓语动词等要素的语义特征分析句子语义，我们可以明确无生命主语"二格"被动句的语义可以是无生命主体的变化外加人的受影响义；可以是单纯的无生命主体的变化；也可以是对无生命主体存在状况的描述。不同的语义之间相互关联，形成了一个连续统一。田苗（2017）以日语第三者被动句为研究对象，以第三者被动句受害性意义特征为切入口，借助语料库等，对该表达中动词的词汇特征和句法语义特征进行了考察分析。考察结果显示，第三者被动句成立与否，不仅与该类被动句中动词的词汇特征相关，还和句法语义特征有着密切的联系。

（4）运用认知语言学范畴化、原型理论和认知语法进行的研究。

张鹏（2011）基于认知语言学范畴化理论和原型理论，分析了日语被动助动词"れる/られる"所表达的"直接被动""所有者被动"和"受害被动"三种语义结构的日语被动语态，并在此基础上运用"台球模式"和"认知参照点"原则和事件的"强他动性"特征，考察分析了三种不同语义结构之间的语义扩展机制。结果表明，可以使用同一个理想认知模型来阐明这三种语义结构的谈话机理，直接被动句构成该认知模型中的原型，所有者被动句和受害被动句则分别是对原型的延伸。徐明（2012）借用原型范畴理论，从不同的侧面对日汉被动句进行了探讨。从上位范畴、基本范畴及其多样化的角度对日语被动句进行多维度的论述；最后运用原型理论尝试提出分析日汉对照被动句的认知模式，发现日汉被动句既有共通的地方，也有迥异的地方，并用图示对此加以说明。姚艳玲（2013）从广义的"语态"范畴的角度分析了日语的对偶自他动词中"有对自动词"无标记具有"被动"语义的问

题（如"町が空襲で焼けた"）。通过考察"有对自动词"无标记派生"被动"语义的过程，说明了日语动词词汇与"语态"范畴语义相关性的重要特征。并基于认知语言学范畴化的理论探讨了日语"语态"现象以因果关系为动因，从原型的单一事件向边缘的复合事件扩展的机制，揭示了日语的"语态"是通过动词的形态变化，来表述认知凸显的语法范畴。张莉（2018）以无生命主语的被动句（即无生命主语被动句）为研究对象，基于事态施事的标示形式与语义特点，从认知语法的角度出发，就无生命主语被动句的句式及句义展开了系统性的探究。

国内外关注日语被动语态，从语篇的功能、对比语言学、语料库语言学和认知语言学等不同视角对日语被动语态展开了研究。其中也有运用语料库和对比语言学相结合的综合性研究，运用认知语言学理论进行的研究也越来越多。同时对日语被动语态习得和教学的研究也呈现出不间断的趋势。

有关日语被动句习得和教学的研究。张磊（2012）从汉日互译的角度出发，举出一些翻译例句，并结合自己的教学经验和学生容易陷入的误区，浅析日语被动句的若干教学难点。王黎今（2012）运用二语习得的理论和方法，探究了中国学生在学习日语"受身文"的过程中，对于"受身文"的各种特点反映出的习得效果和现状，同时结合学生母语的汉语表达特点，分析了汉日对比语料，从而总结归纳出中国学生学习"受身文"的内部难易顺序，为教学内容和教学次序的编排提供了以对比语料分析为依据的参考数据。杉村（2013）探讨了中国学习者从人为性认识的差异对自动词和他动词被动句的选择。张广（2016）运用二语习得理论对日语间接被动句进行了实证性研究，发现学习者中介词主要来自语际负迁移和语内负迁移，同时也存在少量的语义替换、迂回描述、简化等交际策略。日语被动句表达说话人受影响的主观情绪，说话人的主观关联性是其本质语义特征。引导学习者洞察这种文化心理本质可以提高习得质量。陈洁羽（2020）分析了中国的日语学习者在习得日语被动句过程中出现的句法偏误，指出由于被动句结构较复杂，与其他日语表达形式存在千丝万缕的关系，导致日语学习者不容易理解被动句所表达的事件结构。作者考察了国内流行的三部日语教材，指出现行的日语被动句教学存在分类不系及覆盖面不足的问题。最后建议把日语被动句分为无影响被动句和受影响被动句；引入受影响义的概念；在教学中详

细分析被动句的事件结构。

综上所述，目前国内外对日语被动句的研究都取得了丰硕的成果。本节在研究现状的基础上，基于认知语言学的原型与范畴化理论，运用语料库研究方法，以《综合日语》为例，结合《日语口语词典》中的会话文本以及中日对译语料库对日语被动句教学进行分析。这对培养和提高学生的语言文化认知能力，培养跨文化交际能力，优化日语教学方法和提高教学质量都具有一定的启发意义。

3 《综合日语》中被动句的特点

彭广陆、守屋（2007）认为日语中即使表示相同的事实，但根据表达的视点（侧重点）不同，其表达形式也有所区别。具体而言，视点放在动作主体上时，就使用主动句；而视点放在动作客体上时，则使用被动句。日语的被动句根据其意义和句子结构的特点可以分为以下三类：①直接被动句；②物主被动句；③间接被动句。

1）直接被动句：指原主动句中的"を格"或"に格"名词充当被动句主语的被动句，有以下4种形式。

（1）N1（人）が／は N2（人）に V（ら）れる。这种被动句中，主语一般为表人名词，有原主动句中的"を格"名词充当，用"が／は"表示，原主动句中做主语的动作主体则变为补语，用"に格"表示，谓语动词为他动词，相当于汉语的"受到～、被～、遭到～"等（《综合日语》第二册，第24课，P212）。

①子供が母親に叱られる。
②息子がクラスメートにいじめられる。
③孫がおばあさんに育てられる。
④わたしは高橋さんに招待された。
⑤わたしは友達に誘われて、久しぶりにコンサートに行った。

（2）N1（物・こと）が／は N2（人）に V（ら）れる。这种被动句中，充当被动句主语的为事务性名词，多用于客观地描述某一现象。动作的主体一般为非特定的个人，有时因无须明确指出而省略（《综合日语》第二册，第24课，P212）。

①この本は多くの人に読まれている。

②中国がどのように紹介され、日本人の学生にどのように受け止められているか、ぜひ知りたいんです。

③緑茶は中国でもよく飲まれている。

④この問題は複雑だと考えられている。

⑤入学式は9月に行われます。

（3）N1（物・こと）が／はN2（人）によってV（ら）れる。这种被动句中，充当被动句主语的为事务性名词，谓语是表示发明、创造、创作或发现一类的动词（如"作る、発明する、設計する、書く"等）（《综合日语》第二册，第24课，P212）。

①この製品はイギリス人のデザイナーによって作られた。

② 日本のポップカルチャーがどのような人々によって作られているのか、興味を持ちました。

③この建物は有名な建築家によって設計されました。

④ 秦は始皇帝によって統一されました。

（4）N1（人）が／はN2（人）に／からN3をV（ら）れる。这种被动句中，原主动句中的"に格"名词作主语，用「が／は」表示，原主动句中做主语的动作主体充当补语，用"に／から"格表示，但有时省略；原主动句中的动作客体不变，仍用"を格"表示。这类被动句的谓语动词一般为表示语言行为或感情、态度的他动词（《综合日语》第二册，第25课，P219-220）。

① わたしは先生に仕事を頼まれた。

② いろいろなことを聞かれて、頑張って説明したんですが、先生方が分かってくださったかどうか、自信がありません。

③ 友達に将来の仕事について相談されましたが、いいアドバイスができませんでした。

④ 周りの人から反対されても、自分がどうしたいかということがいちばん大事だと思う。

2）物主被动句：指动作的客体多为动作主体身体的一部分，或是其所有物，或是其某一侧面（如动作、姿势、状态等），通常明显地表现出受害的意识。

N1（所有者）が／はN2（人）にN3（所有物）をV（ら）れる。这种被

动句中，客体的物主（所有者）做主语，用"が／は"表示，原主动句中的客体不变，仍用"を格"表示（《综合日语》第二册，第25课，P219）。

① わたしは弟にパソコンを壊されました。
② 順番が来て、名前を呼ばれたら、すっかりあがってしまったんです。
③ わたしは電車の中で（男の人に）足を踏まれました。
④ 姉は妹に大好きなケーキを食べられて、怒っている。

3）间接被动句：指谓语动词多为自动词，表示某一事态的发生间接地给另一方（多为说话人）带来了不良的影响或损害。

N1（人）が／は N2に（N3を）V（ら）れる。这种被动句中，主语一般是在原主动句不曾出现的名词，用"が／は"表示，原主动句中做主语的动作主体为补语，用"に格"表示（《综合日语》第二册，第25课，P219）。

（1）自动词作谓语的间接被动句
① 彼は3年前に母親に死なれた。
② 前の日に、隣の部屋の人に騒がれて、よく眠れなかったし…
③ 遠足の日に、雨に降られて困りました。
④ 昨日の夜、子供に泣かれて、目が覚めてしまいました。

（2）他动词作谓语的间接被动句
① わたしたちは一年生に運動場を占領された。
② レストランで、隣のテーブルの人にタバコを吸われて、気分が悪くなりました。
③ 隣の部屋でパーティーを始められたので、うるさくて勉強ができませんでした。

基于上述归纳整理，发现《综合日语》中被动句有定义浅显易懂、分类清楚明确、句式句型完整、例句自然丰富、区别度高等特点。

4 日语被动句的教学分析

4.1 日语被动句的语义扩展分析

张鹏（2011）认为被动助动词"れる／られる"可以同时表达直接被动句、所有者被动句和受害被动句三个语义类型的日语被动语态，因此也属于

一种多义结构。这里的所有者被动句和受害被动句也就是《综合日语》中所说的物主被动句和间接被动句。下面对《综合日语》中被动句的语义扩展进行分析（如图4.5）。

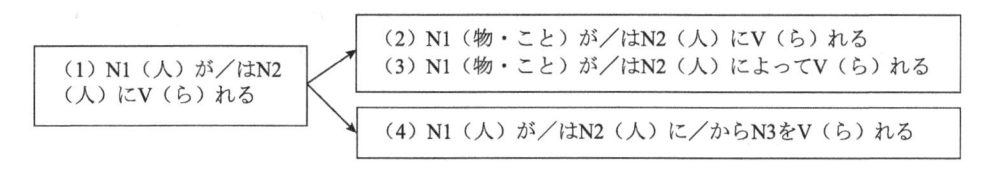

```
(1) N1（人）が／はN2     ──→  (2) N1（物・こと）が／はN2（人）にV（ら）れる
    （人）にV（ら）れる         (3) N1（物・こと）が／はN2（人）によってV（ら）れる
                          ──→  (4) N1（人）が／はN2（人）に／からN3をV（ら）れる
```

图4.5　直接被动句之间的语义扩展

如图4.5所示，直接被动句中句型（1）为原型，主语一般为表示人的名词，谓语动词为他动词。由句型（1）向句型（2）、（3）语义扩展的过程中，其主语发生了变化，充当被动句主语的为事务性名词，多用于客观地描述某一现象。其中句型（3）中动作的主体一般为非特定的个人，谓语是表示发明、创造、创作或发现一类的动词（如"作る、発明する、設計する、書く"等）。由句型（1）向句型（4）语义扩展的过程中，其主语未发生变化，仍然是表示人的名词，但是这类被动句的谓语动词有了具体语义的限制，一般为表示语言行为或感情、态度的他动词。

```
(1) N1（人）が／はN2    ──→  N1（人）が／はN2に（N3を）V（ら）れる
    （人）にV（ら）れる   ──→  N1（所有者）が／はN2（人）にN3（所有物）をV（ら）れる
```

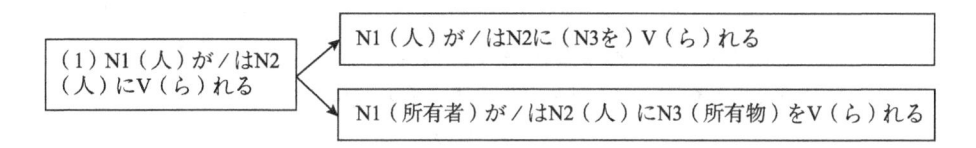

图4.6　直接被动句向物主被动句、间接被动句的语义扩展

如图4.6所示，直接被动句中句型（1）为原型，主语一般为表示人的名词，谓语动词为他动词。由句型（1）向物主被动句句型语义扩展的过程中，其主语未变，通过添加或删除相应的"を格"成分，直接被动句句型（1）和物主被动句句型之间可以相互置换。这种置换产生的前提是，"を格"成分的所有物和主语所有者是属于部分和整体的关系。由句型（1）向间接被动句句型语义扩展的过程中，其主语未变，不同之处在于直接被动句的施事和受事都是由单个的人或物构成，而受害被动句中充当施事的不是个体，而是某一独自成立的事件，在这一点上二者严格区分。

教师在教学活动中，要引导学习者对上述直接被动句之间的语义扩展，直接被动句向物主被动句与间接被动句的语义扩展进行认知。直接被动句、物主被动句和间接被动句三种用法通过彼此间的相似性，共同联结组成助动词"れる/られる"所表达的被动范畴内的语义扩展网络。同时引导学习者构建由助动词"れる/られる"所表达的被动范畴内的完整语义网络。

4.2　日语被动句的文本语义认知

下面以《日语口语词典》中的会话例句和中日对译语料库为文本，进一步体验和认知由助动词"れる/られる"所表达的被动句的用法和语义，以及汉日两种语言中被动句的异同。

1）《日语口语词典》中的日语被动句语义认知

《日语口语词典》尝试了将各种各样的情景场面纳入词典中并展现了不同人际关系的交际行为会话。下面仅以部分会话例句为文本，进一步体验和认知日语被动句的各种形式和语义。

（1）A：うちの娘も去年の秋に嫁に行ってしまい、寂しくなりました。

B：そうですか。いつも笑顔で挨拶してくれて、愛嬌がある娘さんだったから、向こうの家でも<u>かわいがられてる</u>ことでしょうね。

(《日语口语词典》P2)

（2）A：昔は悪さをした時、愛のムチと称して<u>先生に殴られた</u>もんだけどな。

B：個人的にはそれもアリだと思うけど、それで心に傷を負う子もいるだろうから、やっぱり<u>許される</u>ことじゃないんだろうな。

(《日语口语词典》P6)

（3）A：タレントって、テレビに出る回数が増えると、あか抜けてくるよね。

B：うん。<u>人に見られてる</u>っていう意識がそうさせるんだろうね。

(《日语口语词典》P9)

（4）A：社長になったからと言って、その地位にあぐらをかいてると、すぐ、下から<u>追い落とされる</u>ぞ。油断大敵だからなあ。

B：そんなことは百も承知だよ。だが忠告するには感謝するよ。

(《日语口语词典》P12)

（5）A：会社は倒産するわ、<u>女房には逃げられる</u>わ。挙句の果てに今度は入院だなんて、もう落ちるところまで落ちたって感じだよ。

B：まあ、それ以上は落ちないんだから、気楽に考えたら？

（《日语口语词典》P13）

（6）A：川上さん、子会社に飛ばされるらしいよ。来年あたり、部長に昇進かって言われてたのにね。

B：会社ってとこは怖いね。明日は我が身だ。気をつけよっと。

（《日语口语词典》P20）

（7）A：のぞみ、さっき部長にめっちゃ怒られてたのに、あっけらかんとしてるね。

B：だって、しょげてたってしょうがないじゃん。前進あるのみ。

（《日语口语词典》P28）

（8）A：模試の結果、見たか？今回は古川が一番だってさ。

B：おお！岩本の奴、ついに1位の座を奪われたのか。いい気味だ。あいつ、頭はいいかもしれないけど、性格、最悪だもんな。

（《日语口语词典》P57）

（9）A：駅前のサラ金でお金借りた人、法外な利子に加えて、家や土地まで取られたらしいわよ。

B：ほんと。意地汚い商売するわよね。　（《日语口语词典》P74）

（10）A：今回のプロジェクトには社運がかかっている。小さなミスも許されない。石橋を叩いて渡るぐらいの慎重さで当たってくれ。

B：わかりました。心して取り組みます。　（《日语口语词典》P75）

（11）A：長谷部君って、いつもクラスの男子にいじめられてるよね。

B：うん、完全におもちゃにされてるよね。まあ、愛されてるんだけど。

（《日语口语词典》P76）

（12）A：春になって暖かくなったのはいいんですが、取っても取っても雑草が次々と生えてきて。まったくいたちごっこですわ。

B：こっちもですよ。パソコンが趣味なんですが、ウイルス対策のソフトを入れても次々と新しいウイルスが送られてきて。疲れ気味です。

（《日语口语词典》P79）

（13）A：これだけの著名人が一堂に会して行われるパーティーに出席できるなんて、夢のようだわ。

B：ほんと。錚々たる顔ぶれが集まってるね。

（《日语口语词典》P84）

（14）A：今日、店のお客さんに、料理に髪の毛が入ってるっていちゃもんつけられたの。全部タダにしろとか言われたんだよ。

B：えー、やっかいなお客だね。　　　　　　　（《日语口语词典》P86）

（15）A：あんな上司のご機嫌ばかりとって出世したような後輩にあごで使われるくらいなら、いっそのこと会社を辞めようかとまで思うよ。

B：俺だってそう思う。でも、嫌でも家族を養わないといけないし、ここは一緒に耐えようぜ。　　　　　　　　　　　　　　　　（《日语口语词典》P90）

（16）A：田代の奴、お礼とか言ってカラオケの割引券くれたけど、よく見たら期限切れてるじゃねえかよ。くそ、一杯食わされた。

B：田代って、すっげ　根性してるな。　　　　（《日语口语词典》P92）

（17）A：野沢さん、支店に飛ばされたんだって。

B：そうなのよ。今の社長、自分の意に沿わない人は周りに置かないの。でも創業者の孫だから、誰も文句言えないんだよね。

（《日语口语词典》P96）

（18）A：イブイブもイブもクリスマス当日も残業なんて最悪。納期が26日なのはわかってるけど。

B：私たち、こうやって30、40歳まで仕事に追いまくられて年取っていくのかな。これが運命だったら悲しすぎる。

（《日语口语词典》P98）

（19）A：このあいだ、今度息子が結婚するもんだから、二人で婚約指輪を見に行ったのよ。そしたら店員に訝しげな顔で見られてね。

B：あんた、若い男を騙した悪女に間違われたんじゃないの？

（《日语口语词典》P98）

（20）A：このあいだ、山歩きしてたら、意味ありげな文字が石に刻まれてた。しかも小さな社の近く。

B：へえ。そんな曰くありそうだね。　　　　　（《日语口语词典》P103）

（21）A：同時に5人から告白されたんだって。

B：よっ。色男。モテモテだね。でもなんでおまえだけ？

（《日语口语词典》P108）

（22）A：上司に逆らったら出世、遅れるよな？

B：言わずもがなでしょ。今でもにらまれてるんだから、いい加減にしときなさいよ。　　　　　　　　　　　　　　　　　　　（《日语口语词典》P111）

（23）A：校長のやり方に疑問を持ったから直訴したら、その百倍言い返されちゃった。

B：だから言わんこっちゃない。正直に言えばいいってもんじゃないの。
　　　　　　　　　　　　　　　　　　　　　　　　（《日语口语词典》P112）

（24）A：あなたのお父さんってどんな人だったの？若くして亡くなったそうだけど。

B：曲がったことや嘘が大嫌いでね。「人から後ろ指をさされるようなことをするな」ってよく言われたものよ。　　　　　　　（《日语口语词典》P118）

（25）A：授業で博物館見学に行ったんだけど、面白くなかったから、さっさと見て、玄関ホールでうだうだしてたら、深沢先生に怒られた。

B：へえ。あの先生でも怒ることあるんだ。仏の深沢って言われてるのに。
　　　　　　　　　　　　　　　　　　　　　　　　（《日语口语词典》P120）

（26）A：今日は社長に近づかないほうがいいわよ。昨日の不祥事がマスコミに大々的に取り上げられて、麻からおかんむりなのよ。

B：そうなんだ。触らぬ神に祟りなし、ってとこだね。
　　　　　　　　　　　　　　　　　　　　　　　　（《日语口语词典》P172）

（27）A：おじいちゃんが小さいことはな、ひもじくてなあ、よく、よその畑のものを盗んではお灸を据えられたもんだよ。

B：へーえ。信じられない。日本にそんな時代があったなんて。
　　　　　　　　　　　　　　　　　　　　　　　　（《日语口语词典》P173）

（28）A：リストラされ、彼女にふられ、もうお先真っ暗だ。

B：何言ってんの。まだ28でしょ。若い、若い。いくらでも出直せるって。元気出して。　　　　　　　　　　　　　　　　　（《日语口语词典》P182）

（29）A：また増税の法案が可決されたみたいだね。

B：首相には、おざなりな計画じゃなくて、長期的な視野に立って日本経済を考えてもらいたいね。　　　　　　　　　　　　（《日语口语词典》P184）

（30）A：うちの会社、とうとう株価が100円割れしちゃった。市場からも見放されたっていう感じだね。

B：そうだねえ。遅かれ早かれつぶれる運命。あるいは、どこかに吸収合

併されるかだね。　　　　　　　　　　　　　　（《日语口语词典》P194）

通过上述《日语口语词典》中的会话例句，可以发现日语被动句在会话中也经常被人们使用，许多动词的被动形式都可以用于会话，其中动词"言う"的被动形式"言われる"的使用频率非常高，例如（6）（14）（25）。凌蓉（2016）认为"言う"的被动形式在日语会话中的高频使用率可以说是日语表达方式的一大特色。因为在汉语中，"被……说"中的"说"一般表示"批评"的意思，表示中立意义的"说"很少用于被动句；在英语中，虽然"It is said……"表示中立意义，但是很少用于日常会话；而在日语中，"言われる"大多表示中立意义。同时也认为日语被动句在会话中的功能主要包括：表示会话含义、暗示人称、凸显信息焦点、固定视点、表达委婉等❶。教师在教学活动中不仅要引导学习者体验和认知《日语口语词典》中被动句的用法和语义，还可以引导学习者体验和认知日语被动句在会话中的各种功能。

2）中日对译语料库中的被动句互译语义认知

刘春发（2016）通过中日两种语言的比较分析，认为日语更多采用被动形式的深层次原因在于日本的内外文化因素。此外，通过大量的翻译实例以及中日句式的比较，认为掌握内外文化的特点在中日互译中具有非常重要的实践意义和指导作用。下面以中日对译语料库的部分例句为文本，进一步体验和认知由助动词"れる/られる"所表达的被动句在汉日两种语言中的异同。

（31）まず第一に緑さんという人にあなたが強く魅かれるのなら、あなたが彼女と恋に落ちるのは当然のことです。　　　　　　　（『ノルウェイの森』）

译文：第一，如果你<u>被</u>叫绿子的那个人<u>所</u>强烈<u>吸引</u>，你同她坠入情网便是理所当然的。

（32）その内私の頭は段々静かさに搔き乱されるようになって来ました。
　　　　　　　　　　　　　　　　　　　　　　　　　　（『こころ』）

译文：不大工夫，我的内心渐渐<u>被</u>这宁静扰乱了。

（33）然し私は何時でも妻に心を惹かされました。　　（『こころ』）

译文：但是，每次我<u>都被</u>妻夺去心魄。

---

❶ 凌蓉. 日语被动句在会话中的使用情况及功能分析［J］. 日语学习与研究，2016（1）：50.

(34) 忘れていた。私は彼等に後頭部を殴られるはずであった。それはきまっていた。　　　　　　　　　　　　　　　　　　　　　　　（『野火』）

译文：我忘记了。我应该被打中后脑部，肯定的。

(35) 部屋のまん中に座り、海からの風に吹かれていると、八千代昨夜の寝不足と、沼津から自動車に揺られ続けてきた疲れとで、口をきくのもおっくうになっていた。　　　　　　　　　　　　　　　　　　　（『あした来る人』）

译文：坐在房中间被海风一吹，八千代由于昨晚的睡眠不足和从沼津坐汽车持续颠簸的疲劳，连话都懒得说了。

在教学过程中，教师要引导学习者认知上述汉日语中的被动句。上述5个例句日语原文使用了被动句，而且其译文也相应地使用了被动句，翻译成汉语"被"或者"被……所"。日语原文例（31）和（32）是直接被动句，例（33）和（34）是物主被动句，例（35）是间接被动句。其中引导学习者特别注意的是例（31）和（35）两个被动句的主语不同，例（31）的主语是事务性名词"頭"，例（35）的主语是表示人的名词"八千代"，但是其施事主语都是自然力"静かさ"和"風"。

(36) そのひとは何の変わることもなく、毎晩お酒を飲み歩き、いよいよ不道徳の作品ばかり書いて、世間のおとなたちに、ひんしゅくせられ、憎まれているらしく…　　　　　　　　　　　　　　　　　　　　（『斜陽』）

译文：看来他无动于衷，每天晚上还是到处喝酒，净写一些违背道德的作品，越发受到社会上正人君子的憎恨和轻视。

(37) 私は永久彼に祟られたのではなかろうかという気さえしました。　　　　　　　　　　　　　　　　　　　　　　　　　（『こころ』）

译文：长久以来，我不正是在受他的折磨吗？

(38)「どうぞ隠さずに言ってください。そう思われるのは身を切られるより辛いんだから。」　　　　　　　　　　　　　　　　　　（『こころ』）

译文："请你坦率地说吧。给人家这样想，比杀死我还痛苦。"

(39) 女から手紙が来たのを母に知られたということに、賢一郎は若い羞恥を感じていた。　　　　　　　　　　　　　　　　　　（『青春の蹉跌』）

译文：让母亲知道了有女人给他写信，使贤一郎感到青年人常有的那种羞怯。

(40) 煙が畳の上にたゆたいはじめると、南嶽の描いた襖の雁が、霧の中

で動きはじめるように思われた。　　　　　　　　　　　　　　　　　（『雁の寺』）

译文：当香烟飘散到铺席上面的时候，<u>令</u>人感到南岳所描绘的隔扇上的那些雁，在雾中开始活动起来。

（41）里子はすぐ意識が遠のき、和尚に力強く躯を<u>吸われた</u>。

（『雁の寺』）

译文：里子很快又意识模糊起来，<u>凭</u>和尚摆布。

（42）葬式は源光寺の雪州和尚の引導で<u>行われた</u>。　　　　（『雁の寺』）

译文：葬礼法事<u>由</u>源光寺的雪州和尚主持。

（43）一条の細い煙が、朝の微風に<u>なぶられて</u>、ためらうように揺れながら、次第にその勢を増しつつあった。　　　　　　　　　　　　　　　（『野火』）

译文：一缕细细的青烟<u>为</u>清晨的微风轻轻拂动，摇摇曳曳，弥散开来。

（44）情況が示すところは、この家の住人が急いで出て行ったか、掠奪<u>された</u>かである。　　　　　　　　　　　　　　　　　　　　　　　　（『野火』）

译文：情况表明，这家人不是匆忙出走，就是<u>遭</u>到了洗劫。

（45）裸わな足が、白鳳の天女の足のようにむくんで、水に<u>さらされて</u>いた。　　　　　　　　　　　　　　　　　　　　　　　　　　　　（『野火』）

译文：裸足肿胀着，一如白凤仙女的双足，<u>任</u>水冲打。

（46）君が家を持ったら、亭主は<u>叱られ</u>通しだね。　　　　　（『雪国』）

译文：你要是成了家，你丈夫准会老<u>挨</u>你骂。

（47）窓の鏡に写る娘の輪郭のまわりを絶えず夕景色が動いているので、娘の顔も透明のように<u>感じられた</u>。　　　　　　　　　　　　　　（『雪国』）

译文：由于夕阳的景色在映在窗户镜子里女儿的轮廓周围不断地移动，<u>使</u>人觉得女儿的脸也像是透明的。

　　教师还要引导学习者进一步认知汉日被动句的翻译。除了翻译成前面论述的汉语"被"或者"被……所"以外，根据上述不同例句翻译的情况还可以翻译为"受……""给……""让……""令……""凭……""由……""为……""遭……""任……""挨……""使……"等，以表达日语原文的被动义。当日语原文的被动形式被翻译为汉语的"让……"时，我们会想到日语中的使役用法。傅冰（2016）认为日语使役用法繁杂，意义多样，不仅可以表示强制、命令（指令）等典型的使役意义，还可以表示许可、诱发、责任、因果等非典型的使役意义，这些非典型意义用法有的与被动意义比较接近。日语

使役和被动之间的意义接点不仅与它们自身的句法特征、语义特征及日本人的表达习惯有关，还与两者的语用功能有密切关联[1]。以下两个例句"島村は後を追うことが出来なかった。駒子に言われてみれば、十分に心疚しものがあった。/岛村无法追赶上去。让驹子这么一说，有许多事情他是问心有愧的。"（《雪国》）和"あら。それを私今まで黙ってたの、分る？女にこんなこと言わせるようになったらおしまいじゃないの。" /"哟，这件事我一直没说，你明白吗？情况发展到让女人说这种话，不就完蛋了吗。"（《雪国》），日语原文分别使用了被动和使役的表达形式，其用法中都包含受害、被动意义，两者意义相近，因此都翻译成了汉语"让……说"。"女にこんなこと言わせる"意思是"让女人说这种话"，表示不期待的结果，包含一种受害、受损的意义，而且事件的发生不受使役主体的意志所控制，但使役主体对于使役所表示的动作行为的发生是负有责任的。与此相反，被动句"駒子に言われてみれば"的意义不包含主语（受动者）的责任，受动者"岛村"是动作行为的承受者。同时也认为尽管使役与被动的意义用法在某些场合比较接近，但它们的主语"受害"程度是不同的。从意义上看，使役的主语行为往往对事件负有一定责任，而被动用法表达的事件中不涉及主语的任何行为或者责任。

（48）「おれを御覧よ。かかあには死なれるしさ、子供はなしさ。ただこうして生きているだけの事だよ。達者だって何の楽しみもないじゃないか」（『こころ』）

译文："你看我，老婆死了，又没孩子，就这么光棍一个人活着。虽说身子骨硬朗点，可又有什么意思呵。"

（49）山に登るために生まれて来たみたいに、山のことばかりに夢中になれるのは、もちろん八千代にしてみたら愉快であろうはずはなかったが…（『あした来る人』）

译文：丈夫俨然为山而生存于世般地一味迷恋登山，当然这对于八千代来说是不可能愉快的。

（50）かつて私が祖国の夏の海岸で吹かれた風と、同じ湿度と匂いを持った風であった。　　　　　　　　　　　　　　　　　　　　（『野火』）

译文：这风正如我的故国夏天海边的风，也有同样的湿度和气味。

---

[1] 傅冰. 论日语使役和被动的意义接点 [J]. 解放军外国语学院学报，2016（6）：63.

教师还要引导学习者进一步认知日语间接被动句的翻译。上述例（48）和（49）中谓语分别是表示人的心理状态和生理现象的自动词，日语原文用了被动形式，表达间接受到了不好的影响，但翻译成汉语时则用了主动句。但是例（50）要和上面的例（35）相对照、相区别，同是"吹かれる"这一被动形式，例（50）翻译成了主动句的形式，而例（35）翻译成被动句的形式"被风吹了"。笔者认为这两个例句表达的情感态度不同，例（50）表达了作者对故国夏天海边风的湿度和气味的回忆和怀念，例（35）则是"被海风一吹"间接导致了八千代身体和精神向不好的状态转变，翻译成被动，能够更加明确地表达间接受害之意。因此，在把日语间接被动句翻译成汉语时，必须结合具体语境和语用，既要考虑动词本身的语义也要考虑说话人的感情态度。

（51）「私はそう言われると嬉しいけどね、…」（『ノルウェイの森』）

译文："我给你这么一说倒是高兴……"

（52）この本の著者——猪子蓮太郎の思想は、今の世の下層社会の「新しい苦痛」を表白すと言われている。　　　　　　　　　（『破戒』）

译文： 据说，这本书的作者猪子莲太郎的思想，反映着当今下层社会"新的痛苦"。

（53）蚕のように駒子も透明な体でここに住んでいるかと思われた。

（『雪国』）

译文： 他想：驹子大概也像蚕蛹那样，让透明的身躯栖居在这里吧。

（54）夕景色の流れのなかに娘が浮んでいるように思われて来た。

（『雪国』）

译文： 只觉得姑娘好像漂浮在流逝的暮景之中。

（55）これは小畠村出身の報国挺身隊員が広島から逃げ帰って伝えた話だと思われる。　　　　　　　　　　　　　　　　　（『黒い雨』）

译文： 人们认为这是从小昌村出去的"挺身报国队"队员从广岛逃回之后说的。

（56）昭和十九年の十一月に、B29 の東京初爆撃があった当座は、京都も明日にも空襲を受けるかと思われた。　　　　　　　（『金閣寺』）

译文： 昭和十九年 11 月，B-29 型喷气轰炸机首次空袭东京。当时人们纷纷猜测，也许明天就会空袭京都吧。

首先，教师要引导学习者进一步认知日语同一动词的被动形式在不同语境下的翻译。"言われる"一词的例（51）翻译成汉语时也用了被动句"给……一说"，但是例（52）翻译成了"据说"。"思われる"一词的例（53）翻译成了"他想"、例（54）翻译成了"我只觉得"、例（55）和例（56）翻译成了"人们认为……""人们纷纷猜想……"。日语原文使用"……被传说""……被认为"这样的被动表达形式，而不用"大家认为……""人们认为……"这样的直接表达形式。其次，教师要引导学习者进一步认知日本人的思维方式、认知模式。由于自古以来日本多灾的自然环境使日本人在生活中必须依靠集体，离开了集体就很难生存，所以他们最害怕被集体抛弃，时时谨小慎微，唯恐得罪了周围的人。这反映在语言上即是凡事尽量避开直接表达，尽量使用委婉迂回的表达方式。除此之外，还有动词"考える"等，其被动形式也要结合具体语境进行翻译。

（57）木の根で自然に作られた階段が、木の間を洩れる鈍い月光に、切れ切れに照されていた。　　　　　　　　　　　　　　　　　　（『野火』）

译文：从枝叶间洒下的昏暗的月光，照在树根自然形成的阶梯上，明暗相间。

（58）病院はもと海岸の或る町に開かれていた療養所が…　　（『野火』）

译文：医院原是设在海岸某城市的疗养所。

（59）しかし「履けない」という判断は人によって異るとみえ、それ等脱ぎ棄てた靴を拾って穿き、次に棄てられた靴を見出すと穿き替え、そうして穿き継いで行く者もあった。　　　　　　　　　　　　　　　　　　　　（『野火』）

译文：可是"不能穿"的标准似乎也因人而异，有的人捡起别人丢弃的靴子穿在脚上，再看到丢弃的军靴再换上一双，就这样且换且走。

（60）唇が紅を塗ったように赤く、閉された瞼は顫えていた。

（『野火』）

译文：嘴唇像涂了口红般鲜艳，闭着的双眼也在颤动。

（61）最後の林を出端れると、私は切り開かれた畠の斜面の、朝の光の中に動く、三つの人影を見た。　　　　　　　　　　　　　　　　（『野火』）

译文：走过最后一片树林，我发现在开垦着田地的山坡上，有三个人影在朝阳下移动。

（62）戸棚は開けられ、器物の蓋は尽く取られて、空になっていた。

（『野火』）

译文：柜门<u>敞开着</u>，所有器具都被掀掉了盖子，里边空空如也。

教师要引导学习者认知主语是事务性名词的日语直接被动句如何翻译成汉语。上述6个例句的日语原文是直接被动句的表达形式，而翻译成汉语时则是主动句的表达形式，但是隐含被动的语义。其中例（60）、（61）和（62）翻译成汉语为"……着"的句式，又体现了存在与状态的语义。

（63）急に横合から昔の呼び名で<u>呼ばれた</u>。　　　　（『あした来る人』）

译文：突然有人在旁边用过去的称呼<u>喊</u>他。

（64）玉枝は喜助の真剣な物言いに<u>打たれた</u>。　　　　（『越前人形』）

译文：喜助的真挚情意<u>感动</u>了玉枝。

（65）大きな不安に<u>襲われた</u>のだ。　　　　（『越前人形』）

译文：强烈的不安<u>袭上</u>心头。

（66）木に<u>さえぎられ</u>姿は見えなかったが、その皮肉な調子は聞き覚えがあった。　　　　（『野火』）

译文：由于树丛<u>掩映</u>，我看不见说话的人，但那讥讽的语调我却听着耳熟。

（67）曽根が歩き出すと、その周囲の四五人の乗客の目はいっせいに彼の背に<u>注がれた</u>。　　　　（『あした来る人』）

译文：曾根刚一移步，周围四五个乘客的视线便一齐朝他背后<u>扫来</u>。

（68）急激に死期の来た玉枝の顔の変化を察知した喜助は、はじめて大きな悲しみに<u>襲われた</u>。　　　　（『越前人形』）

译文：当喜助发觉玉枝在弥留之际的脸色发生了变化时，他<u>悲痛欲绝</u>。

（69）少なくとも時雄の孤独なる生活はこれによって<u>破られた</u>。

（『布団』）

译文：时雄的孤寂生活至少因此起了变化。

（70）借財に借財を重ね、高利貸には<u>責められる</u>、世間への不義理は嵩む。　　　　（『破戒』）

译文：借了好多债，放高利贷的人盯着他<u>讨债</u>，在社会上的名声也越来越臭。

在教学活动过程中，教师要引导学习者认知汉日被动句的对应形式。上述例句中日语原文都用了被动句的表达形式，而所有对译的例句都没有直接

采用相对应的被动形式。例（63）~（66）针对日语原文中的被动形式，采用的是无对应的形式，例（67）~（70）采用的是他动词主动句的形式。不仅如此，教师需要进一步引导学习者认知汉日两种语言的特点，也就是在表达时视点的不同。中岛（2007）认为日语为了表明自身有关的事情往往采用主观的叙述方式。即说话人的视点是面向自己，而汉语则是以动作执行者的角度来叙述。潘钧（2015）也认为日语的这些特征与日语是将说话人的视像进行语言编码的主观识解型的语言特点相关。日语中的被动句显示外界或外界的他者向我发生作用，由此给我带来某种麻烦或损害的句子●。与日语是一种以说话者为中心的语言不同，汉语是一种以事实为中心的语言。因此，在学习和翻译的时候，要注意日语的这一特点——日语多采用以说话者为中心的被动表达形式。

（71）人不知道被命运安排在哪儿，又不知道为什么被安排在那儿。

（《插队的故事》）

译文：人はどこに生まれる運命にあるのか、またなぜそこに生まれるのかわからないのだ。

（72）人的命运真不知在什么时候，因为什么事情，就被决定了。

（《插队的故事》）

译文：人間の運命はいつ何によって決まるかわからない。

（73）开始我们都跟着唱，慢慢逐个被淘汰，只剩下了王建军和仲伟。

（《插队的故事》）

译文：最初皆で彼について歌っていたが、次第に一人また一人と脱落して、最後には王建軍と仲偉だけが残った。

（74）夜里我被冻醒了几次，看见小彬一个人在抽烟。

（《插队的故事》）

译文：夜中に私は寒くて何度か目を覚まして、小彬が一人タバコをくゆらせているのを目撃した。

（75）他提议照一张合家欢的相片，却被我严词拒绝了。

（《插队的故事》）

● 荒川洋平，森山新．写给日语教师的认知语言学导论［M］．潘钧，译．杭州：浙江工商大学出版社，2015：124-125．

译文：家族一同の記念写真を撮ろうと三弟は提案した。私は厳しく拒否した。

（76）倘若她或不幸而<u>被</u>恋爱征服，同时又对事业不忍放弃。

（《关于女人》）

译文：不幸にも恋に落ち、しかも仕事をやめたくない時には。

（77）一上床便只觉得四肢如铅头如斗，似乎<u>被</u>钉在了三块铺板上，身不由己，一动也动不得窝。　　　　　　　　　　（《活动变人形》）

译文：床に就くや全身が鉛のように重くベッドに張り付いて、ビクとも動かせない。

（78）小女儿继芳也<u>被</u>府里的闹哄哄的空气<u>所兴奋</u>，到这时光还不肯去睡觉。　　　　　　　　　　　　　　　　　　（《霜叶红似二月花》）

译文：娘の続芳も、屋敷のただならぬ空気に<u>興奮して</u>、まだ寝ようとしなかった。

（79）傅家杰站在床前，瞪大眼睛望着她，只见她脸上放着光，她显然<u>被</u>自己的想法<u>兴奋着</u>。　　　　　　　　　　　　（《人到中年》）

译文：傅家傑はベッドの前に立ったまま眼をむくように彼女を見つめている。彼女の顔は、微笑を帯びて自分の考えに<u>興奮している</u>ようだった。

（80）她<u>被</u>一种新奇的神秘似的感觉<u>兴奋</u>得许久都不能安静下来。

（《青春之歌》）

译文：あの珍しさと神秘的な感じが、かの女を<u>興奮させ</u>、いつまでもおちつかせなかった。

在教学活动过程中，教师要引导学习者认知汉日语中被动句表达方式的差异。上述 10 个例句在汉语中用的都是被动形式，但是在对应的日语译文中都没有采用被动形式，而是叙述事实。日本人说话总以自我为中心，使用被动形式的动机很多时候就是调整视点所需，或强调自己受损，或单纯为了保持观察视角的一致和稳定。如日本学者认为，如果说英语注重他动性，日语是说话人视点本位的语言，那么汉语则是重视结果倾向的语言。池上嘉彦（1981）认为英语属于 DO 型语言，日语属于 BECOME 型语言，这其实也是与视点原则密切相关。此外，主观表达中，英语多用动词的反身形式，

如"to be surprised",而日语喜用自动词,如"驚く"等❶。这是因为日语为了表明自身有关的事情往往采用主观的叙述方式。日语在叙述某事件时,把什么作为主题主语,受所谓"视点"的制约,即说话人的立场。说话人以谁的视点来叙述该事件关系到主动句与被动句的使用。其中例(78)、(79)和(80)汉语都使用了被动句,分别为"被……所兴奋""被……兴奋着"和"被……兴奋得",而日语例(78)和(79)都使用了主动的表达形式"興奮する",例(80)使用了使役的表达形式"興奮させる"。傅冰(2016)认为使役和被动的意义接点与使役和被动本身的语义特征有关,它缘于使役的非典型意义向被动意义的接近。

综上所述,教师要进一步引导学习者对汉日语被动句互译进行认知,以便形成完整的用法与语义网络。中日被动句在互译时,往往呈现出各自的语言特点。日语被动句的汉语译文有如下几种情况:(1)有对应的被动句时,并不局限于翻译为"被"字句,还可以翻译为"受……""给……""让……""令……""凭……""由……""为……""遭……""任……""挨……"和"使……"等,以表达日语原文的被动义。(2)有些日语动词的被动形式如"言われる""思われる"等的译文要结合具体语境进行翻译。其汉语译文有时采用被动的形式,更多地运用主动的形式。这与日本人的思维方式、认知模式有关,凡事尽量避开直接表达,尽量使用委婉迂回的表达方式有关。(3)主语是事务性名词的直接被动句的汉语译文往往是主动句,但含有被动的语义。有的翻译成汉语为"……着"的句式,体现了存在与状态的语义。(4)日语间接被动句的汉语译文有对应的被动句,也有不对应的主动句,结合具体语境和语用,既要考虑动词本身的语义也要考虑说话人的感情态度。(5)没有直接采用相对应的被动形式,有的是无对应或者是他动词的主动形式。这与中日两种语言的特点有关,即表达视点的不同。日语多采用以说话者为中心的被动表达形式,而汉语多采用以事实为中心的叙事方式。与其相比较,汉语被动句的日语译文没有那么复杂。其日语译文主要有两种:有相对应地被动形式和不对应的主动形式。这主要是因为日语受"视点"的制约,即说话人以谁的视点来叙述该事件,关系到被动句

---

❶ 潘钧.认知语言学与日语教学结合的现状与未来:兼论"应用认知语言学"的应用前景[J].外语学界,2016:172.

与主动句的使用。

5　结语

　　本节运用认知语言学的原型与范畴化理论对《综合日语》中被动句的分类与语义的扩展机制进行了分析，通过《日语口语词典》中的部分会话例句进一步构建日语被动句的语言形式与语义网络，通过中日对译语料库中的汉日语被动句互译进一步探讨两种语言被动句的形式、语义、语用以及相互特点，以便再现与形成完整的用法与语义网络。总而言之，日语被动句分类与语义扩展机制的分析，可以提高学习者对日语被动句的口语、书面语表达以及汉日互译对应和不对应关系的认知，构建与再现完整的用法与语义网络。这为日语被动句的教学提供有益的尝试与启迪。

第五章　认知语言学视角下的日语语用教学

第一节　认知语言学与日语语用教学

当前日语专业本科的基础教材中对敬语的编排过于零散和机械。教师对于敬语的讲解模式一般是解释说明和例句的列举。学习者在学习敬语时，对于各个用法之间的联系不易掌握。传统的日语敬语教学往往忽视在动态语境中从认知的角度对其进行阐释。

认知语用学兴起于 20 世纪 80 年代，是一门基于认知视角对动态语境中言语的使用进行语用学阐释的学科。中国的认知语用学研究从主要以关联理论为基础的认知语用研究，发展到基于认知科学或认知语言学理论与方法的"广义认知语用学研究"，其相关研究成果层出不穷，不断深入（胡璇，2013）。陈新仁（2011）认为作为尝试，探讨认知语言学视角对话语理解的解释力，认知视角理论可以充实关联理论对相关语用现象的解释。在此基础上，王寅（2013）从语言的认知—社会研究取向的角度对新认知语用学，也就是广义认知语用学进行了探索，并提出了认知语用学兼顾社会因素产生了"语用学的社会认知分析法"。

对此，日语学界也有学者在不断地进行研究。朱立霞（2002）运用认知语言学与语用学的理论对日语省略现象进行了深入研究，阐述其规律，并与

汉语进行了对比。注重语言使用者的认知作用，学者们认为省略现象由说话人的话语产出与听话人对话语的理解机制所决定，并与语言构造相关，应从这一立场出发考察省略问题。徐昌华（2006）运用语用学和认知语言学的理论研究了现代日语，语用学研究部分包括言语行为和话语理解，认知语言学研究部分，涉及外部世界认知以及关于若干日语语言现象的认知研究。朱立霞对责备、贬损、劝说三种言语行为做了深入的考察，徐昌华介绍了对理解日语话语的体会，举出一些词语、句式，并详释其语义和用法。

会话含义是语用研究的一个重要方面。所谓会话含义，即话语的言外之意，它隐含在话语的字面之下，无法从语言系统的内部（语音、语法、语义）层面进行阐释，只有在字面意义的基础之上，经过推导才能得出那部分话语的真正含义。合作原则、礼貌原则是目前进行会话含义推导行之有效的理论方法。日语中的敬语是尊敬他人的语言表达方式，自然属于礼貌表达范畴（曹大峰、林洪，2014）。话语理解是一个动态过程。关联理论强调从信息处理的总的认知理论出发去理解话语，指出在话语理解时认知主体会利用推理机制，将话语的字面意义与可能隐含的认知信息加以综合，再结合语境假设，寻求其内在联系，选择其中最佳关联性的解释。语言世界观中讨论的现实、认知、语言和文化四个要素，它们多元融合，互相作用[1]。

以上研究结果表明把认知语言学理论运用于日语语用教学，能够对重点、难点的语言现象进行更好的解释，易于学习者理解、记忆与运用。因此，本章仅对日语中的敬语语言现象进行探讨。

第二节　认知语言学视角下的日语敬语教学

1　引言

修刚（2011）提出：要适应21世纪对专业日语人才的需求和激烈的就业竞争，必须要培养学习者的跨文化交际能力。而培养跨文化交际能力的关键在于多元文化意识、有效的交际、得体的交际。陈新仁（2013）认为在外

---

[1] 何自然.认知语用学[M].上海：上海外语教育出版社，2006：69.

语教学中，教师和学习者必须致力于礼貌表达和礼貌知识的传授与学习、礼貌意识的提升以及礼貌策略在真实交际中的运用等❶。而敬语在日语中有着独特的重要地位，具有鲜明的语言文化个性。因此，日语敬语教学对培养具有国际视野的创新人才承载着重要的功能。在日语学习和教学实践中笔者也发现，敬语既是重点也是难点。

2 研究现状

近20年来，我国对日语敬语教学的研究正逐步开展。代表性的研究可以分为以下三个方面。

（1）教学方法和教学方式的改进。

吴少华（2002）认为以语法为中心的敬语教学模式难以取得理想效果，从敬语与语言交际的关系入手，探讨了以语言交际为中心的敬语教学方法。魏育芳（2009）探讨了目前敬语教学中存在的问题，强化情景教学训练以及从基础阶段开始提高学生敬语意识等教学方法。任丽洁（2013）通过对日剧进行定量调查，发现敬语动词的各种形式在出现频率上有着显著的差异，提倡有重点分阶段的教学方式。苍丽影（2018、2019）通过对职场日剧中出现的日语尊敬表达的一般形式"お（ご）～になる""おる・～ておる"的研究，明确了其使用对象、使用情境及相关搭配动词，并针对中国大学的日语敬语教学提出了两点建议，旨在提高学生对"お（ご）～になる""おる・～ておる"及其他敬语表达形式的理解及应用能力。韩新红（2019）以《敬語の指針》为依据，通过对日剧《酒店礼宾员》中各类敬语动词的出现频率进行定量调查，并与前文观点进行对比，指出其问题所在，进而提出敬语动词教学的重点内容及优先顺序，以期为日语教学提供新的参考。陈朝阳（2020）基于对商务活动是否有利的视角，调查了日本企业的中国员工如何使用日语敬语和女性用语，并考察了中国员工的敬语回避现象和女性用语使用情况，以期探究日语教学中该如何教授敬语和女性用语。研究发现中国员工为了避免给对方留下不好的印象，会有意识地使用敬语，但也有部分人认为不使用敬语更显得亲切，更有利于开展商务活动。作者认为在日语教学中，必须重视全面

---

❶ 陈新仁.语用学与外语教学[M].北京：外语教学与研究出版社，2013：157.

系统地教授敬语知识，而设置具体场景练习敬语是行之有效的方法。

（2）关注文化要素的导入和理解。

群英（2003）指出在日语教学过程中应围绕语言能力、表达能力和文化知识三个方面进行文化要素的导入。杨宁（2006）认为在使用敬语过程中要求使用者必须具有很高的对日本文化的理解能力和对人际关系的把握能力。金海（2019）认为在日本文化中敬语是一种比较常见的语言逻辑。每个人都可以利用敬语来表达尊敬、谦虚或崇拜。在日本文学作品中许多作者都会使用敬语来衬托不同人物在不同情境下的心理波动。对于日本人而言敬语是一种必备的交际原则，能够有效突显内心对于对话客体的态度。作者以分析日语中敬语的分类为主，能够对人物心理描写产生影响的几个敬语要点进行了分析。

（3）注重敬语和敬意表达的关系。

毋育新（2011、2015、2018）基于话语礼貌理论，对日语敬语教学方法进行了研究。在此基础上从理论高度阐述了学界多年来关于难以习得敬语的原因。又进一步运用日语敬语的有标记性与无标记性概念，探讨了敬语分类中屡屡被忽视的语体转换（Speech-level shift）现象，提出了日语语体转换的实质是无标记性语体和有标记性语体间互相转换的新概念，并尝试提出了面向日语教学的新的敬语分类体系。将以上新概念及新体系引入教学实践中，将学生分为实验组和比照组进行了有关语体转换的教学实践，取得了良好的教学效果，从而证明了新概念及新体系的有效性。国内关注日语敬语教学，从语用学的礼貌原则、文化语言学和语料库语言学等不同视角对日语敬语教学展开了研究，并尝试多种教学方法，改进教学途径，注重教授语法知识的同时导入文化要素。

在日本，坂本（2002）探讨了如何处理敬语和敬意表达的教学方法。蒲谷（2007）在日本文化审议会上又提出在交际教育中活用敬语，其目的在于创建和谐社会、传承更适宜人类生存的智慧文化，这一论点进一步深化了对交际教育中敬语的认识。为此，重视敬语的实践教育研究方兴未艾。宫本（2007）以敬语实践为主探讨了短期大学敬语教学，以便提高学习者敬语的运用能力，提高学习者的交际能力及人文素养。郡（2008）提出了今后日语敬语教育的方向，即由原来的"绝对敬语"向考虑他人、重视交际的"相对敬语"转变。井村（2013）以调查模拟商务场景下日语学习者的敬语使用情况，并旨在将其所得结论运用在日后敬语教育的研究。小川（2017）通过制

作录像提高敬语运用能力。福冈（2020）以留学生为研究对象探讨了根据场面和人际关系进行听说读写四个方面的敬语实践指导以及相应的教学效果。可见，日本学者同样重视日语敬语教育，对敬语教育的认识日益深化，不断丰富和发展。更注重在交际中理解和使用敬语，并重视敬语的实践教育。

笔者通过梳理以上文献发现，目前国内外对敬语教学的研究虽取得了丰硕成果，但国内普遍仅局限在传统的知识传授以及学生被动接受层面的研究。和国内相比，日本虽注重敬语教育的交际与实践，但缺乏从认知的视角对日语敬语教学的研究。本节在研究现状的基础上，基于认知语言学的认知教学法和图式理论，以《综合日语》为例，采用内省法对敬语教学进行分析。这对培养和提高学生的语言文化认知能力、培养跨文化交际能力、优化日语教学、对改进日语教学方法和提高教学质量具有一定的启发意义。

3　《综合日语》中敬语的特点

彭广陆和守屋主编的普通高等教育"十一五"国家规划教材《综合日语》（2007，修订版）一、二册中敬语的特点总结概括如下。

3.1　敬语体系既全面又完整

《综合日语》中介绍的敬语体系完整而又全面。既有词性方面的分类，又有表意功能的分类（见表5.1）。

表5.1　《综合日语》中的敬语内容分布概况

课别	项目	具体内容	页码
第20课	尊他语	名词：①一部分名词本身。如こちら、どなた等。②名词前面或后面加前缀或后缀。如お電話、ご都合、先生方等	P114
		尊他动词：いらっしゃる、おっしゃる、なさる等	P114
		形容词：前缀「お」+形容词。如：お忙しい、お元気、お上手等	P123
		尊他句型：お+和语词动词第一连用形 ｝+になる・くご+汉语词动词词干（～する） ｝ださい	P123 P131

续表

课别	项目	具体内容	页码
第20课	自谦语	名词：わたくし、うち等	P114
		自谦动词：まいる、おる、いたす等	P114
		自谦句型：お + 和语词动词第一连用形 ご + 汉语词动词词干（～する）} + する・いたす	P115
第21课	自谦语	V ておる	P158
第29课	尊他语	N／A Ⅱ でいらっしゃる、V ていらっしゃる	P334 P335
第30课	自谦动词	申し上げる	P347
	尊他句型	お + 和语词动词第一连用形 ご + 汉语词动词词干(～する)} + です	P348
	尊他语	V（ら）れる	P348

3.2 敬语素材内容涉及广泛

《综合日语》中敬语素材内容涉及的课数多（如图5.1）。《综合日语》一、二册共30课，其中涉及敬语内容的有7课，占23.33%。而且《综合日语》中敬语素材的选材多样化，内容贴切。如第5课的初次见面；第12课购物和第20课的旅游服务；第20课、第30课师生之间的对话；第29课的公司职场等。

图5.1 《综合日语》中涉及敬语素材的课数

4 日语敬语的教学分析

池上，潘钧（2008）认为认知语言学的目的不仅是"描写"语言本身，而是联系使用语言的人的认知活动对语言予以"解释"。因此本节基于认知语言学的认知教学法与图式理论，利用语言、文化与认知三者之间的互动关系，首先引导学习者对"敬语"进行认知。其次通过语言交际对敬语语言知识进行认知。最终让学习者的认知上升到对人的认知❶、对人际关系状况的认知以及对日本文化的认知，这些决定敬语的使用层面。

4.1 "敬语"的认知

早在公元五世纪，儒家思想就传到日本，千百年来在日本的历史文化中留下了深深的印记。敬语意识、敬语习惯在日本特定的社会背景下有着根深蒂固的社会基础和土壤。日本人认为，是否能够正确使用敬语是衡量一个人的修养、品性、见识的标准。日本素有礼仪之邦的美誉，鞠躬行礼已成为日本民族的特征。20 世纪 80 年代以后，受西方语用学研究成果的影响，特别是 Brown & levinson（1987）"礼貌策略理论"（Universal Theory of Politeness）及 Leech（1983）"礼貌原则理论"（Politeness principle）的影响，从人类语言行为中共有的礼貌现象角度出发进行了各项研究。菊地（1996）则认为敬语是一种"敬意的表现"。日语敬语研究被提升到了"敬意表现"（国语审议会 2000）、"有标礼貌行为"（marked polite- ness）（Usami 2002）等高度，其语用功能及习得的研究得到了极大强化。大阪市立大学的"インターネット講座"（2004）中提到"敬語とは言葉で表現する主体（書き手、話し手など）とその相手（読み手、聞き手）やその話題中の人物との社会的関係（親疎、権力の大小）と態度を表す言語表現である。"王磊（2008）认为日语敬语的运用不仅受敬语本身的内部规律性（"文法"）的制约，还受与之相关联的"言语外世界"（"場面性"）的限制。这也正是杨宁（2009）所说的，随着社会的发展现代敬语由过去的"绝对敬语""阶级敬语"转变成了视场合、

---

❶ "对人认知"指的是如何理解说话人与听话者之间的关系。徐昌华. 语用、认知与日语学习（1）[M]. 北京：北京大学出版社，2006：122.

视人际关系而变化的"相对敬语""社交敬语",这说明了日本人敬语观的变化。刘金才(1998)对日本人敬语观的变化有这样论述:过去日本人在与人交际时使用敬语与否,或使用何种程度的敬语,主要是考虑人们相互间的阶级、身份地位的上下尊卑以及支配和被支配的"权势"关系。而作为现代日本人的敬语观,除了考虑彼此间的"权势"关系外,还往往考虑人际间的恩惠授受关系、内外关系、亲疏关系、公私场面关系、长幼和资历关系以及男女性别关系等。对于日本人为什么会有这样的敬语观,刘金才(1998)认为一个民族的敬语观一般要受人们对所在社会人际关系认识的左右,而对人际关系的认识又往往与其社会结构、价值取向、伦理观念以及风俗习惯等有着密不可分的关系。徐昌华(2006)认为日本文化被称为"和"的文化。日本人重视人和人之间的"和",即人际关系的调和,要调整自己的言语和行动,使之与自己周围的状况或交际对象相适应。池上、潘钧(2008)认为日语采用敬语、终助词等形式,承担起顾及听者的功能,是一种社会性认知,包括与对方的社会关系、在信息内容方面对方的参与度、信息内容上与对方的共有度、对信息内容的情感、态度上的调整等因素。佐藤、李均洋、高永茂(2009)对敬语又有了新的解说:以"相互尊重"和"个性表现"[1]为平台,设定了多种多样的语境,以建立和谐的人际关系和交际往来为目的,使读者能够了解敬语并掌握敬语的使用方法。

笔者认为随着社会的发展和人们认知的扩展,对作为日语语言重要组成部分的敬语的认知也是不断变化的。敬语是受约于日本"和"文化,是基于人与人最根本的尊重关系,表达行为主体对交际对象或话题中人物的一种社会性认知,以回归和实现和谐为目的的交际言语行为。

---

[1] 所谓"个性表现"是指在具体的语言表现中,针对具体对象和周围人的人际关系以及具体场合的氛围,把自己的心境恰如其分地、适时地、自主性地加以表现。佐藤利行,李均洋,高永茂.日语敬语新说[M].北京:外语教学与研究出版社,2009:2.

4.2 敬语素材的认知

下面根据敬语的使用条件❶对《综合日语》中的敬语素材进行分类，运用认知语言学的图式理论对其进行分析。

1）双方的社会距离

例（1）

王：遠藤先生！今、お帰りですか。

遠藤先生：あら、王さん。交換留学が決まったんですね。おめでとう。

王：あ、もうご存じでしたか。

遠藤：ええ、きのう、胡先生が来られて、教えてくださいました。

（第30課 旅立ち 先生への挨拶 P345）

例（2）

王：いえ、実はうっかり持っていくのを忘れてしまったんです。それで、遠藤先生が半分分けてくださったんです。

趙：そののり巻き、わたしたちにもくださいましたが、本当においしかったです。作り方を教えていただいたので、今度、パーティーをするときにも作ろうと思っています。

王：遠藤先生に何かちょっとしたお礼をさしあげたいなあ…。将来についていろいろアドバイスもいただいたし。

（第21課 遠足のあと 遠足の写真 P136）

例（3）

王宇翔：そうですね。じゃあ、高橋さんたちも誘います。あのう、古屋先生は？

遠藤先生：きょうはいらっしゃいませんよ。

---

❶ 敬语的使用条件主要有以下4种：（1）双方的社会距离，即身份、地位、年龄等上下关系或权势关系。对年龄差距大的教师、上司、长辈使用敬语。社会距离相同时，亲疏条件决定敬语的使用。（2）双方的心理距离，包括内外关系和亲疏关系。属于同一社会集团（单位、家庭等）的内外条件重于上下条件、对外部或外人谈及自己公司或家人时，无论上下均使用绝对谦语。对内则按照上下关系使用敬语。（3）是否正式场合。场合是首要条件，正式场合对心理距离近的对象也要使用敬语。（4）职业因素。如商业、服务业对客人一律使用敬语。一般人对医生、教师、律师、政治家等职业人士也使用敬语。翟东娜. 日语语言学［M］. 北京：高等教育出版社，2006：161-162.

王：そうですか。あのう、古屋先生もお誘いしたいんですが…。
遠藤先生：いいですね。じゃあ、ご都合を伺いましょう。
王宇翔：はい、お願いいたします。

（第 20 課　遠足　遠足の計画　P112）

在分析上述交际情景时，要引导学习者认知例（1）中的小王和遠藤老师的谈话中双方是师生关系。进而让学习者认知和构建由于双方的社会距离，也就是身份、地位、年龄等上下关系或权势关系，对年龄差距大的教师、上司、长辈要使用敬语。在此基础上进一步扩展认知更深层次的文化背景知识：日本社会是"纵式社会'タテ社会'"。在例（3）中王宇翔对古屋老师这一话题中提到的人物也使用了敬语。当引导学习者理解这一新信息的时候，需要激活已有的对年龄差距大的老师要使用敬语这一文化图式，并进一步认知和构建对话题中提到的老师也同样如此。

在教授了敬语动词"いただく""くださる"和"いたす"之后，在理解会话中表达恩惠授受关系的"V ていただく"时，需要引导学习者激活已有的语言图式"もらう→いただく"，并进一步构建新的语言图式"V てもらう→V ていただく"，进而认知"V ていただく"的语义，是激活物品恩惠到构建行为恩惠的过程。同样在理解"V てくださる""お…いたす"时也需要如此。激活和构建上述语言图式的认知过程如下（如图 5.2 所示）。

激活已有的图式　　　　　　　　　构建新图式

もらう → いただく	⇒	V てもらう → V ていただく
くれる → くださる	⇒	V てくれる → V てくださる
します → いたす	⇒	お…する → お…いたす

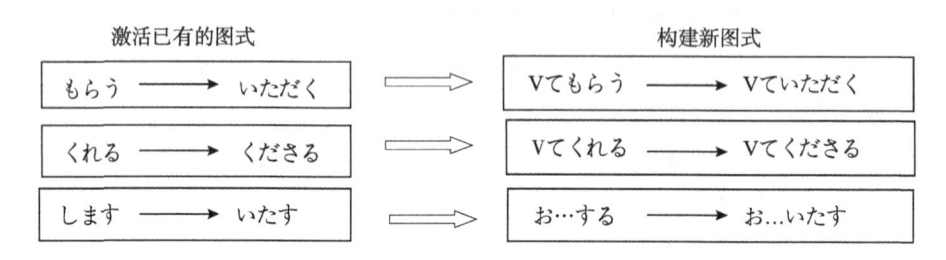

图5.2　敬语动词图式的激活和构建

例（4）

趙：もしもし。わたくし、京華大学の趙媛媛と申します。人事課の丸井さん、お願いします。

丸井：あ、わたしです。

趙：あ、丸井さんでいらっしゃいますか。わたくし、京華大学の山田香織さ

んのご紹介でお電話しております。今、ちょっとよろしいでしょうか。
丸井：ああ、山田さんの後輩の方ですね。いいですよ。
趙：実は、山田さんからそちらの会社で翻訳ができる人を探していらっしゃるとお聞きしたんですが…。まだ探していらっしゃいますか。
丸井：ええ、まださがしてますよ。

(第29課　アルバイト　会社への電話　P333)

这段以打电话方式的会话内容使用了很多敬语表达方式，教师要引导学习者认知其中的人以及人际关系状况（如图5.3）和"Vておる""Vていらっしゃる・Nでいらっしゃる"的敬语语言知识（如图5.4）。

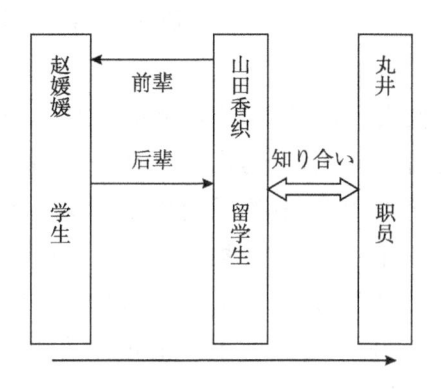

图5.3　会话中人际关系的认知图式

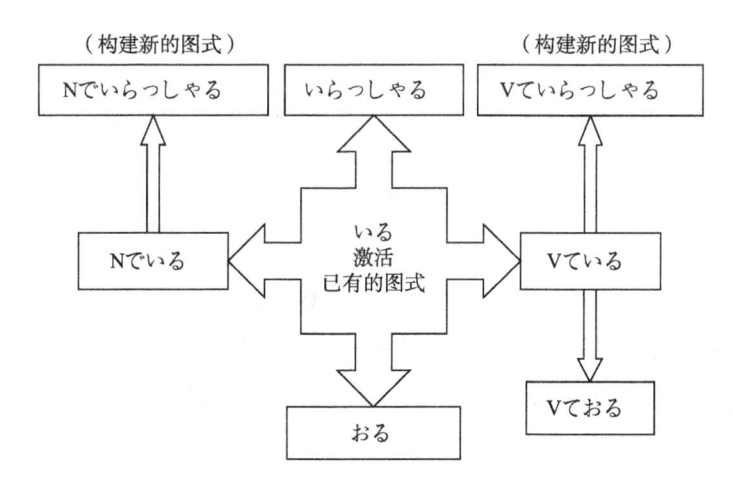

图5.4　会话中敬语语言知识的认知图式

除此之外，还要引导学习者认知在长幼序列中日本人经常使用"先輩"和"後輩"这两个词语。孙满绪（2007）认为在同学、同门、同乡、同人中都有严格的"先輩"和"後輩"之分。这种严格的上下关系和长幼序列是日语复杂的敬语产生的社会根源。

2）双方的心理距离

例（5）

高橋美穂：すみません！

王宇翔：あ、日本の方ですか。こちらこそ、すみません。

高橋美穂：ああ、日本語学科の方ですか。

王宇翔：ええ、そうです。　　　　　　（第5課　新生活　はじめまして　P37）

在上面的对话中，高橋美穂和王宇翔在校园的路上不小心相撞，虽然互为陌生人，但双方都使用了名词"人"的敬语"方"。在这样的场合，双方即使有一定的心理距离，但在充分考虑对方的感受，都表现出力求不伤害对方的措辞。教师要引导学习者对初次见面场合（"場面性"）以及日本人注重礼仪进行认知，而这一行为有其文化根源。圣德太子的十七条宪法的第一条就是"和を以て貴しとなす"（以和为贵）。可以说"以和为贵"是日本民族文化的核心。孙满绪（2007）认为"和"的精神是日本民族之魂。"和"表现在人际关系方面就是重视礼仪。

3）正式场合

例（6）

田島先生：王さんは、どうして交換留学をしたいと思ったんですか。

王：わたしは将来、中国と日本の文化交流に関係する仕事をしたいと思っています。えー、そのためにも、ぜひ、今、自分の目で日本を見てみたいと思って応募しました。あっ、応募いたしました。

（第24課　留学試験の面接　面接試験　P208）

在这段会话中小王的语言使用由"応募しました"变成了"応募いたしました"。场合是首要条件，正式场合对心理距离近的对象也要使用敬语。教师要引导学生认知小王语言转变的认知过程（如图5.5）。

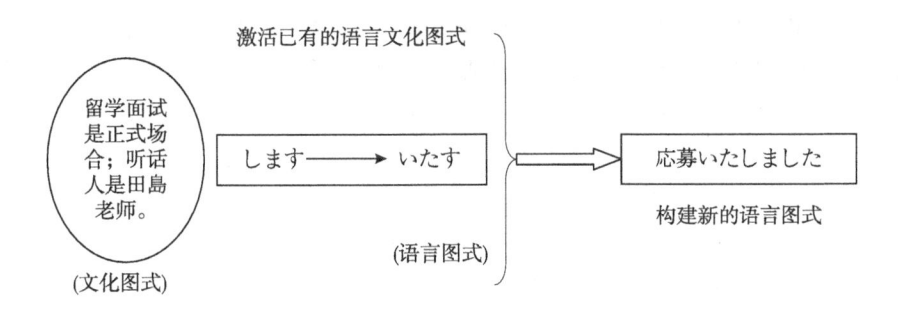

```
                    激活已有的语言文化图式
 ┌─────────┐
 │ 留学面试  │
 │ 是正式场合；│    ┌──────────────┐          ┌──────────────┐
 │ 听话    │    │ します ──→ いたす │ ══════⇒  │ 応募いたしました │
 │ 人是田島  │    └──────────────┘          └──────────────┘
 │ 老师。   │                                构建新的语言图式
 └─────────┘         (语言图式)
  (文化图式)
```

图5.5 正式场合、人际关系和敬语语言的认知图式

4）职业因素

例（7）

母：すみません、電子辞書はどこですか。

店員：はい、7階でございます。

弟：そこにいくつかあるよ。

母：ああ、これね。

店員：いらっしゃいませ。電子辞書をお探しですか。

母：ええ、どれがいいですか。

店員：こちらはいかがですか。人気の商品です。

…　　　　　　　　　　　　（第12課　買い物　秋葉原で　P239）

例（8）

○貸し切りタクシーでご案内いたします。

○お部屋は一流ホテルのデラックスルームをご用意いたします。

○夕食は京料理をお楽しみください。

○中国語または英語、韓国語の通訳をご用意いたします。（オプション）

東京のツーリストなら、お好きなプランをお選びになれます。

　　　　　　　　　　　　（第20課　遠足　旅行のパンフレット　P128）

例（7）是一对母子到商店买电子词典的情景，是敬语口语的表达形式。由于职业因素，店员为了避免和顾客发生冲突，使用敬语委婉地表达自己的建议。而例（8）是旅游宣传册的内容，是敬语书面语的表达形式。基于利益关系的敬语使用意识，可以说表现在日本人社交活动的各个方面。刘金才（1998）认为最具代表性的是在商业活动之中，不论对方是何身份或有无权

势，总是彬彬有礼，以求顾客惠顾"施恩"。佐藤、李均洋、高永茂（2009）主张教师要引导学习者认知日本商业中"顾客至上"的文化心理、日本文化的核心"以和为贵"以及"お·ご"和各种敬语的关系（如图5.6）。

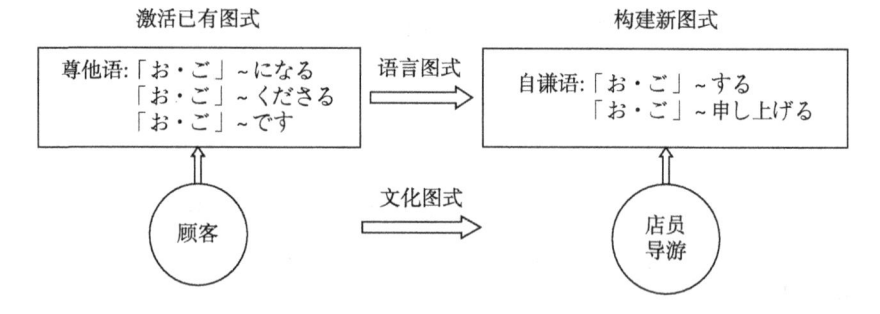

```
    激活已有图式                      构建新图式
 ┌─────────────────┐              ┌─────────────────┐
 │ 尊他语:「お·ご」~になる │   语言图式   │ 自谦语:「お·ご」~する │
 │      「お·ご」~くださる │ ========> │      「お·ご」~申し上げる │
 │      「お·ご」~です    │              │                 │
 └─────────────────┘              └─────────────────┘
         ↑                                 ↑
       ┌───┐           文化图式          ┌───┐
       │顾客│        ========>          │店员│
       └───┘                           │导游│
                                       └───┘
```

图5.6　商业活动中的语言和文化图式

4.3　日语敬语的文本语义认知

1）商务日语敬语的文本语义认知

例（9）自社紹介

　　□□□□株式会社

　　□□□□様

拝啓　新春の候、ますます<u>ご清栄</u>のほど慶賀の至りでございます。

　当社は中国の衣料品主要輸出商社の一つであり、ウール100％の男女スーツ、シルク100％のブラウスなど、各種高級衣料品を<u>取り扱っております</u>。

　当社は一貫して品質第一、信用第一、ユーザー第一の原則を守り、各国の<u>需要家の皆様</u>に<u>ご愛用</u>いただいております。ここに輸入製品リストを一部同封<u>させていただきます</u>。これらは必ず、<u>貴社</u>のニーズに答えるものであると<u>確信しております</u>ので、<u>ご一読</u>いただければ幸いです。

　なお、各種の衣料品に対して、引合書を<u>いただければ</u>、人民元建FOB上海港、包装費込みのオファー・シートを送付<u>いたします</u>。また、支払条件につきましては、別途で<u>相談させていただきます</u>。

　　　　　　　　　　　　　　　　　　　　　　　　　　敬具
　　　　　　　　　　　　　　　　　　　　　　　　□□□□公司
　　　　　　　　　　　　　　　　　　　　　　　　担当□□□
　　　　　　　　　　　　　　　　　　　　　　　　年　月　日

(《最新商务日语教程》第三課　パートナー探し　P36）

例（10）クレーム回答

　　□□□□株式会社

　　□□□□様

　拝復　毎度、格別のご協力を賜り厚くお礼を申し上げます。

　さて、□月□日付ご書状拝見いたしました。この度は大変ご迷惑をおかけして、誠に申し訳ございませんでした。関係メーカーに対してはご書状に基づいて詳細な調査をいたしましたが、明確な原因を究明することができませんでした。様々な問題はございますが、本件のクレーム金額を貴公司の要求通りお支払申し上げますとともに今後再びこのような事故が起こらないよう十分注意して参る所存ですので、今後ともよろしくお願い申し上げます。

　まずはご連絡まで。

敬具

□□□□公司

□□□

年　月　日

（《最新商务日语教程》第十六課　クレーム　P243）

　以上例（9）～（10）的语言素材分别选自商务日语应用文中代表性的商务信函，呈现出了构思、发话、传送、接受和理解双方的信息、思想、情感、意向等的过程。松嶋（2003）认为理解日本人的商务交流模式等日本商务文化及习惯是不可或缺的，其中为人处世的能力非常重要，得体的表达方式也与之密切相关。陈朝阳（2020）认为随着中日经贸往来的进一步加强，在商务活动中如何使用得体表达方式让话题进行下去，促使谈判达成是一个值得深究的问题。要使用日语顺利地进行商务交际，学习者不仅要学习和日本人的商务交际方法，还要学习使商务活动得以成立的说话方式❶。其中掌握敬语等多种得体表达方式尤为重要。敬语的使用与人际关系距离息息相关，在教授扎实的敬语知识基础之上，设置各种具体场景，采取角色扮演的方式进行教学活动是比较好的方法之一。

　笔者认为教师在引导学习者体验和认知的教学过程中，可以分以下几个

---

❶　陈朝阳. 商务活动中的日语敬语和女性用语［J］. 日语学习与研究, 2020（2）: 14.

教学步骤：（1）让学习者分组进行角色扮演，然后进行小组讨论，找出画线部分的敬语表达。（2）教师帮助学习者分析各部分的敬语表达（画线部分），激活和构建语言图式。（3）教师帮助学习者分析各部分的双方关系亲疏、熟悉程度或地位高低、交际目的等交际变量，激活和构建文化图式。（4）让学习者替换画线部分的语言，转换扮演角色，以掌握更多的类似表达和认知人际关系，并自如应对各种交际场合。以上日语教学中的礼貌教学方法，为教学实践提供了具体的步骤，培养学习者在面对面跨文化交际中的礼貌意识，可提高跨文化交际能力。

2）《日语口语词典》中的敬语文本语义认知

《日语口语词典》尝试了将各种各样的情景场面纳入词典中并展现了不同人际关系的交际会话。笔者认为充分体现了日语敬语的特色。下面仅以部分例句为文本，进一步体验和认知敬语的各种使用场合和语义。

（1）A：二人は神戸と鹿児島という遠距離恋愛にもかかわらず、5年もの長い間、大切に愛を育んで、今日という佳き日を迎えられました。これからも末永いお幸せをお祈りしております。

译文：两个人一个在神户，一个在鹿儿岛，可谓是异地恋。尽管如此，在长达五年的时间里，彼此精心培育这份感情，终于迎来了今天这样的美好日子。祝愿他们今后永远幸福。

B：美奈、後輩の結婚式、これで3回目よね。スピーチ上手になったね。

译文：美奈，你已经是第三次参加晚辈的婚礼了吧。致辞相当有水平啊。 （P7）

（2）A：お足元のゆるい中、わざわざお越しくださったのに、あいにく主人は留守でして。お約束でもありましたでしょうか。

译文：天气不好，您还专程光临寒舍。偏巧我先生不在，您事先跟他约好了吗？

B：いえいえ、ちょっと近くで用があったので、寄ってみたんです。

译文：没有没有。我只是到附近办事，顺便过来看看。 （P17）

（3）A：この度はいろいろとお世話になり、ありがとうございました。これ、お礼と言っては何ですが、どうぞお納めください。

译文：此次承蒙您多方关照，非常感谢。这个略表寸心，请笑纳。

B：お気を使わせてすみません。どうぞ足をくずしてお座りください。今日

はゆっくりしていってくださいね。

译文：不好意思，让您费心了。随便坐，今天就请放松一点儿吧。
（P18）

（4）A：何度も足を運んでもらったのに申し訳ないんだけど、別の会社と契約することに決めたんだよ。悪いね。

译文：让您多次专程跑来，可非常抱歉的是，弊社已决定与其他公司签合同了。对不起啊！

B：そうおっしゃらず、もう一度考え直していただけないでしょうか。

译文：别这么说，能否请贵公司再重新考虑一下我们呢？　　（P19）

（5）A：会社設立、おめでとうございます。

译文：公司创办伊始，谨表祝贺。

B：ありがとうございます。これも多くの方々が後押ししてくださったおかげだと思っています。これからも応援よろしくお願いします。

译文：非常感谢。这也多亏了大家伙儿的帮忙。今后还请多多支持。
（P31）

（6）A：昨日は舞台に穴をあけてしまい、申し訳ありません。

译文：昨天我没能参加舞台表演，十分抱歉。

B：ご家族が事故に遭われたんだから、仕方ないよ。

译文：您家人遇到事故，也是没办法啊。　　（P35）

（7）A：先の国会で公務員の天下りを禁止する法律ができましたが、それについてどうお考えですか。

译文：之前国会通过了法律，要禁止公务员"下凡养老"。您对此有什么看法呢？

B：どうせ、表面だけでしょう。民間企業を天下り先にする人が減るとは思えませんから。

译文：反正都只是做表面文章吧。我不认为把民企当养老院的人因此就会减少。　　（P42）

（8）A：四十九日を終えられたということで。お疲れが出ませんか。

译文：终于忙完七七法事了，您不觉得累吗？

B：お気遣い、ありがとうございます。息を引き取る間際、父が「今までありがとう」と言ってくれたことで、気持ちが救われました。

译文：谢谢关心。父亲在弥留之际对我说了句"谢谢你一直以来的照顾"，让我感到很宽慰。　　　　　　　　　　　　　　　　　　（P67）

（9）A：環境保護のために、この開発を中止してくださるよう、あなた方が上層部に訴えてくだされば、きっとこの計画を変えることができます。

译文：如果你们向上层呼吁停止开发、保护环境，肯定能改变这个计划。

B：あの、お言葉ですが、僕らは一介の平社員に過ぎません。ですから、ご期待に添いかねると思いますが。

译文：我也要说一句，我们只不过是一介普通职员罢了，所以怕是要辜负您的期待了。　　　　　　　　　　　　　　　　　　　（P86）

（10）A：それでは、茂木先生、最後に一言にご挨拶をお願いします。

译文：那么，最后有请茂木老师来个总结性发言吧。

B：いみじくも、クラーク博士がおっしゃった「少年よ、大志を抱け」という言葉を借りて、わたしもこの学校を去るにあたり、皆さんにこの言葉を送ります。「少女よ、大志を抱け」と。

译文：恰好我也即将离开学校，我想借用克拉克博士的箴言"男儿须有大志"，把这句话送给大家——"女儿须有大志"！　　　　　（P103）

（11）A：監督、全国大会出場、おめでとうございます。

译文：教练，恭喜你们进入全国决赛。

B：ありがとうございます。選手一同、全国制覇に意欲を燃やしております。ご声援よろしくお願いします。

译文：谢谢。我们全体队员发誓要拿下全国冠军。请大家支持我们。
　　　　　　　　　　　　　　　　　　　　　　　　　　　　　（P107）

（12）A：これで、本学での日本語教育プログラム開発についての報告を終わらせていただきます。ご清聴ありがとうございました。

以上就是有关本校日语教育项目开发的报告。感谢各位的聆听。

B：では、会場の皆様から、ご質問やご意見をいただきたいと思います。

译文：那么，接下来请会场上的各位提问或提建议。　　　　（P415）

（13）A：本来、こちらから伺うべきところ、ご足労おかけして申し訳ありませんでした。

译文：本来应该我们过去拜访您的，劳驾您跑一趟，真是抱歉。

B：いえいえ、こちらのほうに他の用もありましたので。お目にかかれてよかったです。

译文：哪里哪里，我在这边也有些事情。能见到你很荣幸。　　　（P416）

（14）A：来週の研修会、ご多忙の折恐縮ですが、ご出席いただけますか。

译文：下周的研修会，您百忙之中能否出席？

B：もちろんです。魅力的なテーマですね。楽しみにしています。

译文：当然可以。题目很有吸引力，我很期待。　　　（P418）

（15）A：お母さま、お元気にしていらっしゃる？

译文：您母亲身体还好吧？

B：ええ、元気なんですけど、母ったら事あるごとに結婚しろ、結婚しろって、それはうるさいんですよ。

译文：是的，身体还不错。我妈这人啊，一有机会就催我"快结婚吧！快结婚吧！"，我都烦死了。　　　（P424）

（16）A：納期は、先週末のはずだったと思いますが。

译文：我记得交付期本应是上周末的。

B：申し訳ございません。電話を受けた者が勘違いしておりまして。大変ご迷惑をおかけしました。今後このようなことのないように十分注意いたします。本当に申し訳ございませんでした。

译文：非常抱歉，接电话的人搞错了，给您带来了很大麻烦。我们保证下次不再发生同类事情。实在抱歉。　　　（P439）

（17）A：ごめんだくさい。お隣に引っ越してきました杉本ですが。

译文：你好，我是搬到隔壁的杉本。

B：はーい。少々お待ちください。

译文：好的，请稍等一下。　　　（P439）

（18）A：突然のことで、言葉もございませんが、心中お察しします。

译文：一切来得太突然，也不知道该说些什么，但我对您深表同情。

B：先週まで元気だったので、まだ心の整理がついておりません。わざわざお越しいただき、ありがとうございます。

译文：上周之前还好好的，我心里现在还很乱。您特意前来，真是非常感谢。

（P553）

（19）A：ここにおりますのは、今春入社したばかりの鈴木です。今後、一緒に担当させていただきますので、ご紹介を兼ねて同席しております。

译文：我来介绍一下，和我同座的这位是今年春天刚进公司的铃木。今后就请大家和她一起负责工作。

B：新米ですが、精一杯頑張りますので、よろしくお願いします。

译文：虽然我是新人，但我会拼命努力工作，请大家多多关照。（P555）

（20）A：拙者、高橋佐助と申す者でござる。

译文：在下高桥佐助。

B：えー。それ、本名？今時ない名前じゃない？忍者みたい。

译文：咦？这是你的真名吗？现在没人叫这名字了吧，听上去像忍者。

（P592）

上述例句既有正式场合又有非正式场合的情景，包括职场中与同事之间的对话、上司与部下的对话、师生之间的对话、朋友及邻里之间的对话、体育实况转播时的对话，等等。敬语的各种用法在交际行为会话的例句中均有所体现。教师要引导学习者对敬语的表达形式以及相关的语用场景进行认知，构建敬语的语言文化网络。

3）青空文库中敬语的文本语义认知

下面仅以青空文库中夏目漱石的小说《こころ》为文本，进一步体验和认知敬语的使用场合和语义。

（21）私は先生と別れる時に、「これから折々お宅へ伺っても宜ござんすか」と聞いた。

（22）「たった今出たばかりで、十分になるか、ならないかでございます」と奥さんは気の毒そうにいってくれた。

（23）私は私がどうしてここへ来たかを先生に話した。

「誰の墓へ参りに行ったか、妻がその人の名をいいましたか」「いいえ、そんな事は何もおっしゃいません」

（24）先生はいつもより口数を利かなかった。それでも私はさほどの窮屈を感じなかったので、ぶらぶらいっしょに歩いて行った。「すぐお宅へお帰りですか」

「ええ別に寄る所もありませんから」

二人はまた黙って南の方へ坂を下りた。

「先生のお宅の墓地はあすこにあるんですか」と私がまた口を利き出した。
「いいえ」
「どなたのお墓があるんですか。——ご親類のお墓ですか」
「いいえ」
（25）すると一町ほど歩いた後で、先生が不意にそこへ戻って来た。
「あすこには私の友達の墓があるんです」
「お友達のお墓へ毎月お参りをなさるんですか」
「そうです」
（26）先生はそう答えながら私の顔を見守った。そうしてそこからしばし眼を離さなかった。私はすぐいった。
「今度お墓参りにいらっしゃる時にお伴をしても宜ござんすか。私は先生といっしょにあすこいらが散歩してみたい」
「私は墓参りに行くんで、散歩に行くんじゃないですよ」
（27）私と行きたくない口実だか何だか、私にはその時の先生が、いかにも子供らしくて変に思われた。私はなおと先へ出る気になった。
「じゃお墓参りでも好いからいっしょに伴れて行って下さい。私もお墓参りをしますから」
（28）私の足が段々繁くなった時のある日、先生は突然私に向かって聞いた。
「あなたは何でそうたびたび私のようなものの宅へやって来るのですか」
「何でといって、そんな特別な意味はありません。——しかしお邪魔なんですか」
（29）先生はいつもより愉快そうに見えた。奥さんに「お前も一つお上がり」といって、自分の呑み干した盃を差した。
（30）「ちっともならないわ。苦しいぎりで。でもあなたは大変ご愉快そうね、少しご酒を召し上がると」
「時によると大変愉快になる。しかしいつでもというわけにはいかない」
「今夜はいかがです」
「今夜は好い心持だね」
「これから毎晩少しずつ召し上がると宜ござんすよ」
「そうはいかない」
「召し上がって下さいよ。その方が淋しくなくって好いから」

137

（31）「どんなに先生を誤解なさるんですか」
　先生は私のこの問いに答えようとはしなかった。

（32）私はそこまで来て、曲り角で分れるのが先生に済まないような気がした。「ついでにお宅の前までお伴しましょうか」といった。先生は忽ち手で私を遮った。

（33）私が奥さんと話している間に、問題が自然先生の事からそこへ落ちて来た。
「先生はなぜああやって、宅で考えたり勉強したりなさるだけで、世の中へ出て仕事をなさらないんでしょう」
「あの人は駄目ですよ。そういう事が嫌いなんですから」
「つまり下らない事だと悟っていらっしゃるんでしょうか」

（34）「悟るの悟らないのって、――そりゃ女だからわたくしには解りませんけれど、おそらくそんな意味じゃないでしょう。やっぱり何かやりたいのでしょう。それでいてできないんです。だから気の毒ですわ」

（35）「若い時っていつ頃ですか」と私が聞いた。
「書生時代よ」
「書生時代から先生を知っていらっしゃったんですか」
　奥さんは急に薄赤い顔をした。

（36）私は変に悲しくなった。
「私が先生から離れて行くようにお思いになれば仕方がありませんが、私にそんな気の起った事はまだありません」

（37）「私はお気の毒に思うのです」
「気の毒だが信用されないとおっしゃるんですか」

（38）「じゃ奥さんも信用なさらないんですか」と先生に聞いた。
　先生は少し不安な顔をした。そうして直接の答えを避けた。

（39）「じゃ失礼ですがもっと真中へ出て来て頂戴。ご退屈だろうと思って、お茶を入れて持って来たんですが、茶の間で宜しければあちらで上げますから」

（40）「先生はやっぱり時々こんな会へお出掛けになるんですか」
「いいえ滅多に出た事はありません。近頃は段々人の顔を見るのが嫌いになるようです」

（41）「そりゃ嘘です」と私がいった。「奥さん自身嘘と知りながらそう<u>おっしゃるんでしょう</u>」

「なぜ」

「私にいわせると、奥さんが好きになったから世間が嫌いになるんですもの」

「あなたは学問をする方だけあって、なかなか<u>お上手ね</u>。空っぽな理屈を使いこなす事が。世の中が嫌いになったから、私までも嫌いになったんだともいわれるじゃありませんか。それと同なじ理屈で」

「両方ともいわれる事はいわれますが、この場合は私の方が正しいのです」

「議論はいやよ。よく男の方は議論だけ<u>なさるのね</u>、面白そうに。空の盃でよくああ飽きずに献酬ができると思いますわ」

（42）二人はそれを緒口にまた話を始めた。そうしてまた二人に共通な興味のある先生を問題にした。

「奥さん、先刻の続きをもう少し<u>いわせて下さいませんか</u>。奥さんには空な理屈と聞こえるかも知れませんが、私はそんな上の空でいってる事じゃないんだから」

「じゃおっしゃい」

「今奥さんが急にいなくなったとしたら、先生は現在の通りで<u>生きていられるでしょうか</u>」

（43）「じゃ奥さんは先生をどのくらい<u>愛していらっしゃる</u>んですか。これは先生に聞くよりむしろ奥さんに<u>伺っていい</u>質問ですから、あなたに伺います」

「何もそんな事を開き直って聞かなくっても好いじゃありませんか」

「真面目くさって聞くがものはない。分り切ってると<u>おっしゃるんですか</u>」

「まあそうよ」

（44）「そりゃ先生もそう<u>認めていられる</u>んだから、大丈夫です。<u>ご安心なさい</u>、私が保証します」

（45）「私は風邪ぐらいなら我慢しますが、それ以上の病気は真平です。先生だって同じ事でしょう。試みにやって<u>ご覧になる</u>とよく解ります」

（46）先生は奥さんを呼んで、必要の金額を私の前に並べさせてくれた。それを奥の茶箪笥か何かの抽出から出して来た奥さんは、白い半紙の上へ鄭寧に重ねて、「そりゃ<u>ご心配ですね</u>」といった。

（47）「しかし人間は健康にしろ病気にしろ、どっちにしても脆いものです

ね。いつどんな事でどんな死にようをしないとも限らないから」

「先生もそんな事を考えてお出ですか」

「いくら丈夫の私でも、満更考えない事もありません」

（48）「あなたのお父さんが亡くなられるのを、今から予想してかかるような言葉遣いをするのが気に触ったら許してくれたまえ。しかし人間は死ぬものだからね。どんなに達者なものでも、いつ死ぬか分らないものだからね」

先生の口気は珍しく苦々しかった。

（49）「先生はさっき少し昂奮なさいましたね。あの植木屋の庭で休んでいる時に。私は先生の昂奮したのを滅多に見た事がないんですが、今日は珍しいところを拝見したような気がします」

（50）奥さんは私に「結構ね。さぞお父さんやお母さんはお喜びでしょう」といってくれた。

（51）「奥さん、お宅の財産はよっぽどあるんですか」

「何だってそんな事をお聞きになるの」

「先生に聞いても教えて下さらないから」

（52）私はその夜十時過ぎに先生の家を辞した。二、三日うちに帰国するはずになっていたので、座を立つ前に私はちょっと暇乞いの言葉を述べた。

「また当分お目にかかれませんから」

「九月には出ていらっしゃるんでしょうね」

（53）私もあまり長くなるので、すぐ席を立った。先生と奥さんは玄関まで送って出た。

「ご病人をお大事に」と奥さんがいった。

（54）その日取りのまだ来ないうちに、ある大きな事が起った。それは明治天皇のご病気の報知であった。新聞紙ですぐ日本中へ知れ渡ったこの事件は、一軒の田舎家のうちに多少の曲折を経てようやく纏まろうとした私の卒業祝いを、塵のごとくに吹き払った。

「まあ、ご遠慮申した方がよかろう」

（55）父は陛下のことを、つねに天子さまといっていた。

「勿体ない話だが、天子さまのご病気も、お父さんのとまあ似たものだろうな」

金海（2019）认为在日本的语言环境中，敬语是使用频率极高的语言模

式。敬语可以说是日本人日常沟通和文学写作中必然会应用的组成部分。在日本文学作品中，会利用日语中的敬语，从而在语言层面完成对故事情节或情境的完美构建。敬语的使用不仅能够凸显对话双方的地位，当作者有意将语言环境中的敬语结构替换时，就能够轻易地将人物的心理特征加以展现。在敬语语言运用比较好的情况下，作者甚至无须着重描写变动事件发生的经过，就能够有效地以文字的形态披露人物当下的情感波动、心理波动，甚至是被隐藏在故事情节以外的心理情感。在夏目漱石代表作品《こころ》中，我们通过会话中敬语的使用可以深刻地体会到"私"与"先生"以及"奥さん"之间的人际关系和心理特点。

4.4 中日敬语异同的认知

1）中日敬语语言特征异同的认知

潘钧、林洪、张岩红（2014）认为对比语言学近三四十年来有了长足的发展。不仅超越了句子层面进入篇章，而且密切结合语用和文化以及认知等领域[1]。对于汉日语中敬语的分类，不同的学者有不同的见解。本章主要采取以下学者的分类观点进行论述。符淮青（1992）认为"汉语中的敬语大体可分为三类：尊称、谦称和一般交际用语"。尊称有两点：一是尊称对方或对方亲属，二是尊称对方的见解、情况、行为。谦称也有两点：一是谦称自己或自己亲属，二是谦称自己的意见及有关事物。一般交际用语有三点：一是见面用语，二是求助用语，三是得助用语。现代汉语敬语除了词汇手段以外，还通过某些句型来传达表敬或表谦的感情色彩，最典型的两个就是由动词"请"和能愿动词"能""可以"构成的兼语句[2]。牛艳霞（2007）认为"请+动词"是请求对方做什么或请求对方允许自己做什么，一般是祈使语气；"能不能/可以+动词"是询问对方是否可以做什么或允许自己做什么，一般是疑问语气。彭增安（1998）归纳出的礼貌原则的基本特征为"得体性、谦恭性、亲密性、高雅性、策略性"，汉语中表示敬意的句型有"请……""请您……""请允许我……""请让我……""可不可以请（您）……？""能不能请（您）……？""能否请（您）……？""请您……，好吗？""劳驾

---

[1] 潘钧，林洪，张岩红.汉日对比语言学［M］.北京：高等教育出版社，2014：8.
[2] 符淮青.敬语如何表"敬"？［J］.语文建设，1992（1）：44.

您……好吗？""麻烦您……可以吗？""……给您添麻烦了"和"……让您费心了"等。而日语中有关敬语的分类也是经历了一个长期的认识过程，直至 2007 年 2 月日本政府文化审议会通过的《敬語の指針》为菊地（1996）提出的新"五分法：尊他语、自谦语 A、自谦语 B、礼貌语、美化语"，敬语的种类划分才取得了共识。

　　根据《综合日语》中敬语素材的教学活动，例（1）中出现的日语尊敬语表达方式有"お…です"、可能与被动的形式（表敬意）、"V てくださる"，都是语法形式的表达，而与其相对应的译文（1）汉语则只用了尊称代词"您"。例（2）中出现的日语敬语表达方式有尊敬语"くださる""V てくださる"和"お礼"，也有自谦语"いただく""V ていただく"和"さしあげる"。既有表达敬意的词汇、也有表达敬意的语法句型，而与其相对应的译文（2）汉语则没有敬语表达形式。例（3）中出现的日语敬语表达方式有尊敬语"いらっしゃる"和"ご都合"，也有自谦语"伺う"和"お…する"。既有表达敬意的词汇、也有表达敬意的语法句型，而与其相对应的译文（3）汉语中则只出现表示敬意的句型"那就拜托您了"。例（4）中出现的日语敬语表达方式有尊敬语"N さんでいらっしゃる/V ていらっしゃる""ご紹介""そちら""方"和"よろしいでしょうか"，也有自谦语"わたくし""申す"和"お…する/お…しておる"。既有表达敬意的词汇、也有表达敬意的语法句型，而与其相对应的译文（4）汉语中有表示尊称的"丸井先生"和"贵公司"、表示敬意的句型"请讲"和"您现在说话方便吗"。例（5）中出现的日语尊敬语名词「方」，而与其相对应的译文（5）汉语则没有敬语表达形式。例（6）中出现的日语自谦语句型"お…する"，而与其相对应的译文（6）汉语则没有敬语表达形式。例（7）中出现的日语敬语表达方式有尊敬语"いらっしゃる""こちら""いかが"和"お…です"，也有郑重语"N でございます"。既有表达敬意的词汇、也有表达敬意的语法句型。而与其相对应的译文（7）汉语中有表示尊称的词汇"您"，也有表示敬意的句型"请问哪里卖电子词典？"和"欢迎光临"。例（8）中出现的日语敬语表达方式有尊敬语"お部屋""お…ください""お好き"和"お…になる"，也有自谦语"お・ご…する"。既有表达敬意的词汇、也有表达敬意的语法句型，而与其相对应的译文（8）汉语中则没有敬语表达形式。

　　综上所述，在教学过程中引导学习者认知《综合日语》中的日语敬语素

材以及中文译文，其敬语语言特征既有相同之处，又有各自的不同特点。其相同点为：两种语言都使用了敬语，有词汇方面的表达，也有句型方面的表达，还有相关的交际表达。但是又有明显的不同之处：中日敬语体系具有非对称性。在表敬方式上，汉语敬语主要运用词汇手段表敬，而日语敬语主要运用词汇和语法手段表敬；在使用频率上，汉语敬语的使用频率比日语敬语低。由于语言体系自身的不同，形成了在语法表达上日语敬语的多样化以及汉语敬谦辞的相对单一化。

2）中日敬语文化特征异同的认知

中日敬语文化虽有各自独特的体系和特点，但又有共同的特征。中日敬语文化特征的共同点主要体现在三个方面：使用的场合以及反映的人际关系方面、儒家思想的传播与传承、在经济贸易等合作交际中的功能方面。中日敬语文化特征方面的差异，主要体现在地理环境与社会结构的不同。在教学过程中要引导学习者认知中日敬语文化特征的异同。

（1）中日敬语文化特征共同点的认知

第一，中日敬语文化在使用的场合以及反映的人际关系方面具有相同点。中日敬语文化都在如下场合中使用：基于某种受惠关系，如店员对客人或有求于对方；基于等级关系，如小辈对长辈、下级对上级；基于给对方带来麻烦，如使用表谦敬语表示甲对乙道歉；基于礼貌礼节，如说话者对公众的讲演、东道主对外宾的言谈措辞；基于陌生关系，如陌生人的初次见面；基于正式场合，如在正式会议中演讲的开场白等。但是日本人待人"内外有别"意识，不仅是正确使用敬语的关键，还是影响日语交际的重要文化因素。它决定和规范了日本人的思维、心理、语言方式及行为模式。"内外有别"原则的亲疏关系在日本人的很多因素中占主导地位，并起着决定性作用。

第二，中日敬语文化都体现了儒家思想的传播与传承。儒家文化是中国传统文化的主流，它以孔孟思想为主要代表，对中华民族产生了举足轻重的作用。儒家文化提倡注重自身意志的克制和锻炼，提出"温、良、恭、俭、让"等"克己复礼"的思想；高度重视为人之道，即"修己安人"，锤炼人格；倡导"礼"，教导人们要善于调节人与人之间的关系。在人际交往中，这些礼法就以礼貌用语体现在修辞中，要人们在礼制用词妥当，以谦恭虚己为准则来选词。儒家文化是谦敬语产生的温良土壤，在这种文化环境里，谦敬语的使用是合乎古代礼仪的要求和规范的，合理地使用谦敬语会获得很好

的语言表达效果。古人以敬称直接表示敬意,又用谦称间接表示恭敬,抬高对方,贬低自己,会让对方消除压力,从而产生心理上的优越感。同时,谦敬语的使用会令人感觉语气缓和,知书明礼,而这正是传统文化谦和好礼、崇尚谦让所要求的。袁晓凌(2003)认为原来丰富的敬语词汇从19世纪末20世纪初开始,使用频率骤降,词汇数量急剧减少,至20世纪中叶前后,敬语词汇作为一个完整体系基本上已在中国瓦解。同样,以中国古代思想家孔子为代表的儒家思想对日本民族产生了重要影响。儒家思想中的"礼"孕育了"贬己尊人"的意识,这在语言中,主要以敬语和谦语的形式体现出来:所谓敬语就是抬举他人表示敬意,所谓谦语就是贬低自己向他人表示敬意。敬语意识、敬语习惯在日本这一特定的社会背景下也有着根深蒂固的社会基础和土壤。日本人认为,是否正确使用敬语是衡量一个人的修养、品性、见识的基准。日本素有礼仪之邦的美誉,鞠躬行礼已成为日本民族的特征。但是日本也跟中国一样,社会在不断地演变着,1868年发生明治维新,从此日本走向近代社会。这意味着绝对性身份差别消失,敬语系统运用频率有所下降,但在日本社会中,由于等级社会并未完全废除,仍存在以天皇为首的层级社会结构,因此,自古至今日本国民都有很强的敬语使用意识。经过长期发展,现代日语本身也就具有相对严谨且完整的敬语系统。由此可见,由于儒家思想的传播与传承,形成了中日传统文化的重要组成部分即富有现代元素的敬语文化。

第三,中日敬语文化在经济贸易等合作交际中具有同样的功能,起着重要的作用。2016年9月28日上午,由中国国际出版集团与日本言论NPO共同举办的第十二届北京—东京论坛在东京落下帷幕。论坛期间,中日两国近百名代表围绕"面向世界及亚洲和平与发展的中日合作"主题,进行了坦诚而又深入的交流与沟通,提出了许多颇具建设性意见和建议并发表了《东京共识》。其中日本众议院议员野田毅在演讲中指出如何共同克服困难、重视两国人民的国民感情等问题,对两国政府和领导人至关重要,认为互为尊敬、互为尊重是难能可贵、至关重要的。同时,双方认识到两国经济都处于经济调整期,巩固和发展双方经贸合作,是中日关系的压舱石。也就是说在中日两国双方经贸合作中互为尊敬、互为尊重同等重要,敬语文化承载着重要的桥梁作用。毕天云(2009)认为在经济社会学视野中,文化与经济之间不是相互孤立和毫不相关的两个领域,而是具有内在关联性和交互影响性。

经济社会学家认为，文化是影响和制约经济发展的基础变量，在经济发展过程中具有重要作用。王现东（2012）主张文化的本质功能在于"化人"。人一出生就在一定的文化环境中生活，自然而然地要接受某种文化的熏陶和塑造，这正是文化"化人"功能的体现。文化的"化人"过程包含着文化价值观的自然渗透。林琳（2014）指出语言文化素质是民众素质的一个重要成分。如果具有较高的语言文化素质，就会有利于彼此间的交流、协作与沟通，提高效率，增进和谐，带来间接性的经济收益。

随着社会经济的发展，语言文化的经济价值日益凸显。语言文化作为一种经济资源，可以产生经济效益。佐佐木对语言、文化、交际和经营（管理）的关系以及商务这样论述，"文化と言語とマネジメントは影響を及ぼし合う。文化土壌に根差す主義主張あっての言語であり、言語あってのコミュニケーションであり、コミュニケーションあってのマネジメントで、そこにビジネスが成立する"❶。从中可以看出，通过中日敬语文化的"化人"功能，提高语言文化素养，促进实现更好的交际，从而影响经济贸易商务合作的成功，并产生间接性的经济效益。也就是说中日敬语文化表现在我们的言谈举止，有语言表现形式和非语言表现形式。语言形式主要体现在敬语的使用上，通过尊他语和自谦语等表达方式表达相互的敬意、尊重以及经济贸易合作的诚意。非语言形式主要体现在名片的交换上，交换名片是商业交往的第一个标准动作。一般是地位较低或职位较低的人或是来访的人要先递出名片。如果对方来访的人多，应先与主人或者是里面地位较高的人交换名片。交换名片时最好是站着有礼貌地递给对方，如果自己是坐着，对方走过来时，应站起来表示尊重，问候对方后再与对方交换名片。大量使用敬语和交换名片，为中日经济贸易合作营造了良好的尊敬气氛。

总而言之，中日敬语文化受约于儒家思想，并为中日两国人民一代代地传承，有利于提高中日两国人民的语言文化素质与品位修养。中日敬语文化具有营造尊敬气氛，沟通互相尊重的友好心灵的语言文化桥梁作用，有利于彼此间的交流、协作与沟通，提高效率，增进和谐，促进中日经济贸易合作的成功。

---

❶ 佐佐木晃彦. 異文化経営学：異文化コミュニケーションのビジネス［M］. 神奈川：東海大学出版会，2002：31.

（2）中日敬语文化特征差异的认知

中日敬语文化特征的不同点主要体现在地理环境与社会结构的不同。中国受政治历史和儒家文化的影响，形成了独具特色的敬语文化。我国的政治制度、历史文化以及民族大众的心理对我国敬语文化的形成和发展起着至关重要的作用。中国长期处于封建社会，自给自足的自然经济在社会经济结构中处于主体地位，正是长期的自然经济决定了在中国社会生活中家庭的重要地位。因此，在中国传统社会中家族制度成为社会根基，而随着家族制度的巩固和扩大，整个社会政治制度形成了与之相似的体制结构，即"家国同构"的宗法制度。家族制度以父系传承和家长制为特征，所以以血亲关系为纽带的宗法制度，只能依靠伦理制度、人伦关系与道德规范来维护和巩固，这就使尊卑有别、长幼有序的等级次序在宗法制度中占据核心地位。中国人长期处于这种等级次序严格的浓厚社会文化氛围中，形成了谦恭中和、尊卑有序的思维定式，这些都潜移默化地影响和制约着人们的选词用词，影响人们的言语表达。同时"中庸"思想的发扬光大，使中国人的价值取向表现出平和忍耐、恭逊谦和、克己自足的特点，从而形成了以内向、含蓄、委婉为特征的汉民族特有的心理特征。而日本的地理环境、自然面貌同样对日本民族性格有很大的影响。尊重自然、尊重现实的特点，形成了日本人对现实容忍的思维方式，面对各种思想采取融合的立场。岛国狭小的地理位置又使日本人在语言行为上更加小心谨慎，注重细节和礼节。日本是一个岛国，自古以来不曾遭受过外来民族的侵略，形成了国籍、人种、宗教、语言及生活方式都很单一的社会。而日本社会特点同样决定了敬语存在的必然性，体现其社会内外有别、等级制度分明的特点。据中根（1982）的观点，正是由于纵式等级制度（按照资历排列的等级制度）具有死板性与稳定性，成为控制日本社会关系的主要因素。社会生活的各个领域都渗透着社会地位的基本准则，它绝不只限于正式集团。实际上，这种等级制度，制约着日本人的生活❶。日本企业集团内部论资排辈、上下等级关系严格，即使具有同等资历的公司职员也因其年龄、工龄等论资排辈，因此日本人在言行中常常需要考虑自己所处的等级位置，说话须符合于自己身份，具有强烈的敬语意识。关于使用现代敬语意识，可以引用日本著名教授辻村（1967）的五个结论："上

---

❶ 中根千枝.日本社会［M］.许真，宋峻岭.天津：天津人民出版社，1982：29.

下の識別による慣習的敬語（区别上下的习惯敬语）"；"恩恵者優位者に対する敬語（对恩惠者、优势者的敬语）"；"親しくない者に対する敬語（对非亲近者的敬语）"；"品格保持のための敬語（为保持教养的敬语）"；"自己に用いる敬語（用于自己的敬语'亲切、谐谑的敬语'）"。

4.5　中日礼仪文化的认知

苏新春（2006）把文化划分为物质文化、制度文化和心理文化三个层次，认为这三个层次的文化都会在语言中反映出来。其中心理文化包括人的思维形式、观念、审美、好恶、价值、情操、信仰等，它主要存在于人的精神层面。任何一个国家的语言，都与其所根植的文化有关，语言是文化的载体，语言负载着社会意识、文化传统，语言和文化有着密不可分的关系。数千年的文明造就了中国博大精深的礼仪文化，敬语的审美文化既蕴含着我国深厚的文化底蕴，又不乏当代新的文化元素。彭国跃（1995）对中国近代敬语进行了研究，提出"敬語は言語の文法や音韻などの側面に比べて、より社会的、文化的要素に依存することはよく指摘されることであるが、敬語研究における一つの新しい試みとしてこのような言語構造と文化的世界観、価値観の構造を一つの統合システムとして明確に関係づけた"。张丽娟（2014）指出受政治历史和儒家文化的影响，中国形成了独具特色的敬语文化。敬语的特点主要是谦逊有礼，敬人卑己。学术上一般有广义狭义之分：狭义上，敬语仅指带有恭敬礼貌色彩的语素、词、短语、句子；而广义上，敬语还包括其他语言的和非语言的敬语表达形式。广义上的敬语，可以称为敬语文化。我国的敬语文化，通俗地说，就是指对于不同的人、不同的场合要做到语言适当，恰如其分，言谈有礼，说话得体。敬语的使用不仅是一种语言现象，也是一种文化现象，它是礼仪文化的反映。教师引导学习者通过中日敬语，对中日礼仪文化进行认知。

语言是文化的符号，汉语中的敬语体现了我国传统文化中重礼仪的优良传统。《礼记·曲礼》记载："礼者不可不学也。"礼的语言表达体现在很多方面，礼貌用语便是其中一个重要方面。中国地大物博、历史悠久，自古受儒教影响颇深，讲究长幼有序、尊卑有分、群臣有别，"谦虚"是我国的优良传统，自古被认为是做人的美德。王雅从（2016）认为"正容体、明人伦，儒家之礼对日常生活的规范""敬威仪、淑贤德，儒家之礼对日常生活

的审美与超越""遂人欲、达人情，儒家之礼的日常生活理念"和"礼之用，和为贵，儒家之礼的效用与境界"四个方面展示了儒家之礼与传统中国人的日常生活，这对我们今天重建现代礼乐生活有着重要的启发意义。

潘钧、林洪、王健宜（2013）认为日语语言是日本文化的重要组成部分；日语语言折射日本文化；日语语言影响日本文化；日本文化影响和制约日语语言❶。敬语是日本文化的结晶，是日本文化中最重要的组成部分。正因为有敬语的存在，日本文化才焕发出无穷的光彩。

可以说，无论是日本还是中国，敬语已从原来的敬畏、谦卑意识转化成了礼貌、谦虚意识，朝着文明礼貌语言方面发展是它们的共同趋势。当然也可以说，中国和日本都是世界上闻名遐迩的礼仪国度，"礼"在中国和日本从古至今是影响人们社会行为的最重要的规范。

5　结语

综上所述，日语敬语体现了日本人的人际交往的价值观和基本理念，内外不同，上下有别，亲疏有距。因此在敬语教学的过程中，不仅要引导学习者认知复杂的敬语语言知识，还要引导学习者进行社会认知。也就是要引导和帮助学习者激活和构建敬语语言图式，同时也要激活和构建敬语所承载的文化图式。在日语教学过程中，笔者认为既要注重显性知识和隐性知识的关联，又要引导学习者在认知新信息时，要和已获得的信息相比较、整合，对新信息进行推理、判断和理解，我们要注重培养和提高学习者的语言文化认知能力和跨文化交际能力。

---

❶ 潘钧，林洪，王健宜.文化语言学［M］.北京：高等教育出版社，2013：50.

第六章 认知语言学视角下的日语语篇教学

第一节 认知语言学与日语语篇教学

综观我国高校日语教育的现状，不难发现某些方面尚不如人意。诸如日语表达不甚地道、汉日翻译有失规范、日语阅读能力不高、听力理解水平低下等常为人所诟病，亦常为人所忽视[1]。传统的日语精读文章和会话教学以教师为主导，重视语言知识的灌输，忽视知识的产出和语言应用能力的培养（米丽萍，2016）。不论是精读还是会话教学，实际上都是语篇教学。在语篇教学过程中，最重要的是对语篇的理解，也就是阅读理解。语篇与语法、语义、语用、认知均有交叠，其内部机理较为复杂。语篇分析是当代语言学研究的前沿课题与热点领域。由于其弥补了传统语言理论的缺陷与不足，所以在语言研究、语言教学方面的作用日益明显，并已引起普遍关注与重视（曹大峰、林洪，2014）。孙崇飞、张辉（2015）认为阅读理解毫无疑问与学生的词汇量大小和语法知识多寡密切相关，但同时需要培养学生的问题解决和提取信息的能力。王琪（2017）认为听解也是一种复杂、紧张、富有创造性的智力活动，要求听者在听的过程中积极地进行感知、记忆、分析、归纳、

---

[1] 曹大峰，林洪．日语语言学与日语教育［M］．北京：高等教育出版社，2014：258．

综合等思维活动，和阅读一样，都属于领会式言语活动，有感知和理解的过程，其效率也包括理解程度和理解速度两个要素；外语学习中的听解技巧主要是指推测能力和预测能力。

认知语言学是一门坚持体验的哲学观，以身体经验和认知为出发点，以意义为研究核心，旨在通过认知方式和知识结构等对语言事实背后的认知规律做出统一的解释的，还是一门跨领域的学科[1]。认知语言学作为当代最具影响力的语言理论已渗透到语言研究的诸多领域。它的语义首位论不仅摆脱了以词素、词、词组、句子为语法单位的传统框架，而且将语篇视为语义透视的对象，使语法与语义真正融为一体，实现了由语法到语义的质的飞跃。认知语言学将语言视为生物，认为每一个句子乃至语言中的每一个细微环节都是生物体的有机组成部分，因而认知语言学重视文脉和语境。认知语言学的这一观点对于语篇分析、阅读理解、写作、翻译、会话、日本文学等课程的教学具有普遍的指导意义（李远喜，2004）。

基于认知语言学理论的指导意义，很多学者进行了相关的教学研究，利用图式理论进行阅读和听力理解教学。Brown（1983）说过句义并不直接体现于话语的表层结构，需要我们运用社会文化背景知识去理解，以便最有效地获取信息。我们经过创造性的思维活动和重组活动，吸收新概念，在原有的基础上重组知识结构，即理解信息的意思。因此，理解过程不仅是一种语言信息解码过程，而是一种解码过程与意义建构的结合（孙厌舒，2004）。不仅有内省研究，还有相关的实验研究。孙厌舒（2004）指出其中一项重要内容是促进和阻碍理解过程的因素，当语篇围绕一个主体概念隐喻组织起来的时候，受试者对语篇中的片段回忆起来的可能性大得多，相反，如果语篇中没有主体隐喻来统领语篇的连贯与衔接，回忆起来的可能性就小得多。这表明概念隐喻是语篇理解的促进因素，概念隐喻作为促进因素的第二个方面的作用表现在对作者态度的判断上。余卫华（2010）主张应该坚持以语言教学的交际特点和意义建构的认知过程为中心组织课堂教学，研究如何使教学活动体现交际性和互动性，使学生充分认识到在特定环境下如何理解和创建语篇规律，掌握以使用为基础建构意义的各种认知资源和认知技能。

---

[1] 王寅.认知语言学之我见[J].解放军外国语学院学报，2004（9）：1.

以上的研究表明，运用认知语言学理论的语篇教学能够提高学习者知识的产出和语言应用能力的培养，提高学习者语言文化认知能力。不管是听力还是阅读，一般认为其过程理论上有三个模式。一是运用语言知识理解所输入信息的方式，称为"自下而上模式"，即进入大脑的"输入"通过语言知识而转换成意义。从单词这样小单位开始，向段落、文章这样的大单位递进，逐渐建构起对整体的理解。二是以上下文、场景为线索，利用背景知识，边预测或推测边加以理解的方式，称为"自上而下模式"。要把不理解的输入变为可理解的输入，就有必要进行"自上而下"的意义处理。三是在日常生活的听取过程中，自下而上、自上而下两个模式并非只用其中之一，而一般是两个模式互补并理解所听取的信息，这个过程称为"交互"模式（曹大峰、林洪，2015）。因此，本章对日语阅读理解和日语听力具有代表性的语篇进行探讨。

第二节　认知语言学视角下的日语阅读教学

1　引言

众所周知，从 2010 年起日语能力测试的题型以及考查重点都发生了重大变化。其中考试题型由原来的文字·词汇、听力、阅读理解·语法形式改为语言知识（文字·词汇·语法）、阅读理解、听力形式，每部分各 60 分，共 180 分。在每一部分都会设一个基准点，只要有一个部分没有达到基准点分数，就不能通过考试。另外，阅读的题量明显增加，还出现了两个新题型，一个是比较阅读，另一个是信息检索。可见，阅读理解在考试中非常重要，在全部分数中占 30%，得分的高低将直接影响能否通过考试。其实阅读理解就是话语分析，在本质上，话语就是一种人类活动（Human activities），它既是认知对象又体现认知过程[1]。

---

[1] 陈忠华，刘心全，杨春苑.知识与语篇理解：话语分析认知科学方法论［M］.北京：外语教学与研究出版社，2004：3.

2　研究现状

近20年来，国内外众多学者对日语阅读理解进行了研究，根据研究的内容和视角，具有代表性的研究可以概括为以下三个方面。

（1）有关影响阅读理解的因素、命题理念以及策略、教学质量评价的研究。张爱（2003）考察了影响阅读理解的因素，探讨了微命题结构。高升（2008）论述了日语阅读理解试题的命题理念及实践，指出其对于提高考试质量、更好地考查学生的日语实际运用能力，具有非常现实的意义。中西（2010）探讨了母语为汉语的日语学习者的阅读教育，考察了促进日语习得的指导方法。渡邊（2011）探讨了日语学习者阅读过程的实证研究，得出判断正确率的可预测性和阅读时间差的不可预测性的结论。张岩等（2011）对新日语能力测试N2样题及解析进行了分析，总结了出题倾向及备考对策。王健（2012）探讨了N1读解篇解题策略，提出需要讲究阅读技巧，合理分布时间，带着问题阅读，分析句子结构、提炼句子主干，正确把握文意。池田（2013）探讨了重视创造性的日语阅读教育的可行性，发现写和读相互作用，通过写能够加深阅读。宫雪（2018）论述了日语阅读教学质量评估的意义和作用，分析了日语阅读教学质量的影响因素，建立了教学内容、教学组织、教学方法三方面的教学质量评价体系，提出了基于灰色关联分析的大学日语阅读教学质量评价模型，通过计算加权灰色关联度向量，对3位日语阅读教师的教学质量进行了评价比较研究。加藤（2018）进行了中级阅读指导的尝试并论述了评价方法。

（2）运用电子词典和网络等方式探讨日语阅读教学模式的研究。吴宏等（2004）以《日语初级阅读》为例，讨论了网络教学系统在日语教学中的应用，学生基本可以自主完成学习，实现教学目标。张文丽（2015）通过对学习者使用电子辞典行为的调查分析，探讨了日语阅读课堂教学新模式，为日后"日语阅读"课堂教学模式的改革提供了思路。王丽莉（2020）以日语阅读课为例进行了翻转课堂的教学设计，并付诸教学实践，利用问卷调查及访谈的方式对教学效果进行了分析。发现学生积极肯定了这种教学模式，课前的诊断测试有助于提升视频学习的效果，记笔记是自主学习中比较好的学习方式，课中的小组讨论有助于提升学生的高阶思维能力，课后的反思作业

有助于巩固知识。从学生的建议和教学反思中可以看出，教师需要引导学生合理安排课余时间，提高自主学习能力，教师自身也要不断提升教学设计能力、专业理论知识和团队合作能力。

（3）运用语言学理论探讨日语阅读教学的研究。施万里、何明清（2009）运用符号学理论探讨了日语阅读教学，从而提高了学生的阅读能力。李素杰（2010）运用认知语言学的图式理论，通过阅读激活学生的知识与信息结构，拓宽视野，形成新的图式，以使其提高自主阅读能力。藤井（2011）运用协作学习的理论探讨了以词汇习得为目标的阅读，发现效果良好，促进主动阅读、自觉学习词汇、获得知识和信息，增强学习成就感并激发学习动力。高亮、秦国和（2017）运用生态语言学的理论，把日语阅读教学放在一个完整的教育生态链上进行探索，试图培养学生自觉应用日语以及使用日语轻松地解决中日交流中所遇问题的能力。

上述研究现状中既有对阅读理解内容方面、策略方面的研究，也有日语阅读教学方面的研究。其中教学方面主要运用多种媒体手段、不同的语言学理论对日语阅读教学模式进行了探讨，目的是提高学生自主学习能力和阅读能力。通过对日语阅读理解文献的梳理，发现缺乏基于认知语言学的视角对2000—2012年的日语能力测试N2阅读理解进行的研究。因此，本节运用认知语言学的隐喻·转喻与图式理论对此进行详细探讨，以提供有益的启示。

3 日语能力测试N2阅读理解的特点

3.1 日语能力测试N2阅读理解题型的特点

通过对2000—2009年的日语能力测试N2阅读理解的分析，笔者发现其题型包括以下一些内容：①把握文章的主旨；②明确指示代词所指意思；③注意接续词的使用；④把握作者的观点；⑤把握重点词语和难点词语；⑥判断是否符合原文；⑦概括文章题目；⑧把握原因的解释；⑨根据上下文填入合适的句子；⑩把握图表所示的内容。

此外，从2010年起日语能力测试N2阅读理解增加了新题型，即比较阅读和信息检索。比较阅读给出两篇文章，让考生比较文章中作者的观点，并把握其异同。信息检索是给出一个通知或者广告传单等类似文书一类的文章，让考生从中查找有用信息并进行答题。

3.2 日语能力测试N2阅读理解文章选材的特点

通过对日语能力测试N2阅读理解的统计，笔者发现其文章选材方面涉及以下内容。

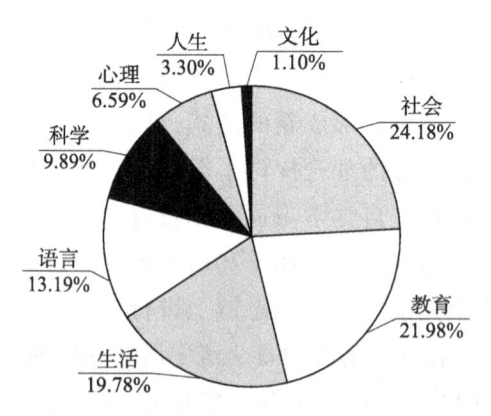

图6.1　2000—2009年的文章选材统计结果

根据统计结果可以看出，2000—2009年的文章选材主要集中在社会、教育、生活、语言、科学、心理、人生、文化领域，共91篇。其中社会22篇、教育20篇、生活18篇、语言12篇、科学9篇、心理6篇、人生3篇、文化1篇，呈现出选材多样化的特点。

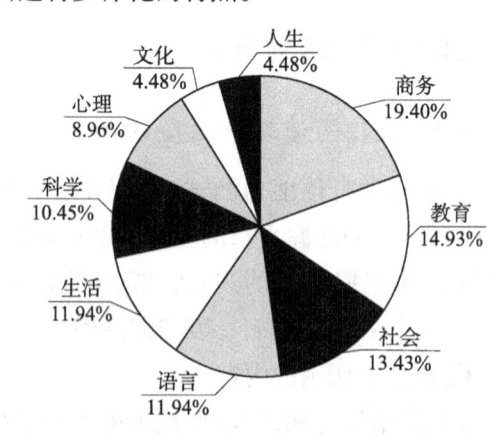

图6.2　2010—2012年的文章选材统计结果

从以上统计结果可以看出，2010—2012年的文章选材主要集中在商务、

教育、社会、语言、生活、科学、心理、文化、人生领域，共67篇。其中商务13篇、教育10篇、社会9篇、语言8篇、生活8篇、科学7篇、心理6篇、文化3篇、人生3篇，几乎涵盖了2010年之前试题中的各个领域。不仅如此，自2010年起出现了两个重要变化：一是有关商务方面的文章增多，而且每年都出现，注重考查考生的语言实际运用能力；二是心理、文化和人生方面的文章也在逐渐增多。

通过以上的统计分析，考生要想做好阅读理解，不仅需要扎实的语言知识，还需要具有一定的文化背景知识和认知能力。

4　日语阅读的教学分析

"读"不是"被动地接收文章中所写的信息"，而是"一种积极行为，阅读者从自我图式中调出相应的东西，对文章的内容积极地予以预测、评价，从而理解文章"。教阅读时，应该指导学习者使用积极主动的阅读方法，"有效地使用自我图式，一边与之对照，一边重新建构文章的内容"❶。也就是说在日语阅读的教学过程中，教师一边要引导学习者激活已有的自我语言文化图式，一边重新建构理解文章内容的新的语义图式。翟东娜（2006）认为认知语言学探求语言与人类认知活动之间的关系，语言与人类基于经验而形成的知识体系之间的关系，从而深入解释语言现象产生、存在的理由。下面笔者尝试运用认知语言学的隐喻·转喻理论与图式理论，并结合日语能力测试N2阅读理解题型和文章选材的特点，对文本进行如下分析。

4.1　日语能力测试N2阅读的教学分析

例（1）：

ぼくは、こどもの頃から、たいへん、ひとみしりをする質で、ひと前に出るよりは、ひとりきりでいた方がいい。学校の教室などでも、ハイ、ハイ、まねと手をあげて、われさきに自分の意見を言える子たちを見ても、ぼくにはとてもあんなふうには真似できない。だから、自分のことを、なかなか他人に伝えたり、分かってもらえなくて、悲しい思いや、傷ついたりすることも多く、ああ、なんて、ぼ

---

❶ 曹大峰，林洪．日语教学法的理论与实践［M］．北京：高等教育出版社，2015：264．

くは損な性格に生れついたんだろう、と我が身が腹正しく、くやしく思ったことも一度ならずあった。

（大林宣彦『きみが、そこにいる』PHP研究所による）

　　这是 2000 年的日语能力测试 N2 阅读理解中把握重点词语和难点词语的一道题，属于人生领域。题干为"「ひとみしりをする質」とあるが、どんな性格か"，答案为"思っていることを他人に伝えるのが苦手な性格"。在原文中能够找到"ああ、なんて、ぼくは損な性格に生れついたんだろう"这样的表述，关键是把握难点词语"ひとみしり"、重点词语"損"和"苦手"的含义。这三个词语在《広辞苑》（2005，第五版）做如下解释。

　　「ひとみしり」：

　　[名]（スル）子供などが、知らない人を見て、恥ずかしがったり嫌ったりすること。

　　「損」：

　　[名・形動]①利益を失うこと。また、そのさま。不利益。② 努力をしても報われないこと。また、そのさま。③そこなうこと。こわすこと。

　　「苦手」：

　　[名・形動]① 扱いにくく、いやな相手。なかなか勝てなくて、いやな相手。また、そのようなさま。② 得意でないこと。また、そのさま。不得手。③ 不思議な力をもつ手。その手で押さえると、腹の痛みはおさまり、蛇は動けなくなって捕らえられるなどという。

　　"ひとみしり"只有一种语义，而"損"和"苦手"各有三种语义。"損"和"苦手"的其他两种边缘语义都是第一种原型语义的扩展，都是第二种语义和"ひとみしり"所表述的意义类似。认知语言学认为语义扩展的动因是一种联想认知能力，而联想认知能力是比喻机制的心理基础。笔者认为考生通过自身的联想认知能力能够更好地把握"損"的语义，同时借助概念隐喻的认知过程，能够将"ひとみしり"所表达的概念意义，将"自分のことを、なかなか他人に伝えたり、分かってもらえなくて、悲しい思いや、傷ついたりすることも多く、ああ、なんて、ぼくは損な性格に生れついたんだろう"源域转化为目标域"ひとみしりをする質"和答案"思っていることを他人に伝えるのが苦手な性格"。

　　例（2）：

　　あるもの（こと）を、ことばで表現するというのは、ところどころ穴の開いたバ

ケツで水をすくおうとするのに似ています。自分では一生懸命に水をすくっているのに、知らない間に、いくらかの水は、穴からこぼれおちてしまっているのです。つまり、ことばで表現すると、そのもののすべてを言葉で言い表そうとしているにもかかわらず、必ず、言い表そうとしていることの一部が、口にされた言葉からこぼれおちてしまう、ということです。私たちは、このことをしっかり胸にとどめておかなくてはなりません。

（斎藤美津子『話し言葉のひみつ』による）

这是 2006 年日语能力测试 N2 阅读理解中判断是否符合原文的一道题，属于语言领域。题干为"この文章の内容と合うものはどれか"，答案为"言いたいことすべてをことばで表現するのは困難であるということを忘れてはならない"。笔者认为需要考生从以下三点把握全文。

首先，用了一个比喻"あるもの（こと）を、ことばで表現するというのは、ところどころ穴の開いたバケツで水をすくおうとするのに似ています"说明用语言表达事物和用有孔水桶打水的相似性。

其次，把握"一生懸命"和"困難"的语义。在《広辞苑》（2005，第五版）上解释如下。

「一生懸命」：
①賜った一カ所の領地を生命にかけて生活の頼みとすること、また、その領地。②物事を命がけてすること。必死。

「困難」：
①苦しみ悩むこと。②物事をなしとげたり実行したりすることが難しいこと。

"一生懸命"和"困難"各有两种语义，其中第二种语义相同。所以文中"自分では一生懸命に水をすくっている"和"ことばで表現すると、そのもののすべてを言葉で言い表そうとしている"都是想说明两件事情的相似性即为不易。

最后，把握"胸にとどめておかなくてはなりません"和"忘れてはならない"的语义。借助转喻的时间邻接性理解"胸にとどめる（停留在胸部）"表示字面意义的动作和表示惯用意义的"覚える（记住）"的精神状态同时发生。还要结合表示"持续体"含义的"ておく"和表示"必须"含义的语法"なくてはならない"，理解"胸にとどめておかなくてはなりません"和"忘れてはならない"的语义是一样的。

通过以上分析，不难发现考生需要具备一定的联想认知能力，能够借助隐喻的认知过程，以日常的具体经验借助简单事物认识理解复杂事物、借助

具体事物认识理解抽象事物；借助转喻的认知过程，理解使用某一关联概念表示另一概念。也就是说考生通过隐喻·转喻的认知手段，通过两个认知域之间的联系，理解映射形成的语义，才能选出正确答案。

例（3）：

ふるさとや家族について、はじめて意識的に考えたのは18歳のときだった。つまり、家族と離れて、東京で一人暮らしをはじめたときである。

かなり重症のホームシックで、休みになるとすぐに帰省した。で、帰って何をするかというと、特別なことは何もない。

ふるさとは、帰ってみると、実になんでもないところである。そして、そのなんでもなさが、ふるさとの魅力なのだ、と思う。

あたりまえのことの大切さやありがたさに気づくためには、すこし離れて見るのがいい。ふるさとを離れると、ふるさとのよさが見えてくる。

（俵万智『101個目のレモン』文芸春秋による）

这是2003年日语能力测试N2阅读理解中考察把握文章主旨的一道题，属于生活领域。题干为"本文の要約として最も適当なものはどれか"，答案为"ふるさとのように、あるのが当然だと思っているものの価値は、そこからすこし距離を置くことでわかるようになる"。笔者认为考生在阅读的过程中需要激活三种图式：第一，激活语言图式。借助语音、词汇、语法等语言知识对"ふるさと"进行归纳认知，有选择地接收话语信息"ふるさとや家族について、はじめて意識的に考えた。ふるさとは、そのなんでもなさが、ふるさとの魅力なのだ、と思う。ふるさとを離れると、ふるさとのよさが見えてくる"等。同时把握"すこし離れて見るのがいい"和"そこからすこし距離を置くことでわかるようになる"的语义。第二，激活内容图式。运用人的故乡情结等文化背景知识和经验对"ふるさと"进行直觉认知。上述信息输入大脑之后，进行解码，去理解"ふるさと"。"そのなんでもなさが、ふるさとの魅力なのだ"，也就是"ふるさとのよさ"。第三，激活抽象图式。在构建语言图式和内容图式的认知基础上，对"あたりまえのことの大切さやありがたさ"进行演绎认知。这时需要提取对"ふるさと"的认知，然后进行判断、推理"ふるさとのように、あるのが当然だと思っているものの価値"。综上所述，如果能够在话语处理的过程中有效地激活三种图式，就不难选出答案。阅读时首先要对假名、词汇、句子结构等加以识别，并以此为依据，跟踪作者的思想，以便把握所阅读的语言材料的内容，也是

读者和作者之间进行的交际活动。因为通过阅读，读者能够感受、理解作者的意图、思想。这种感知和理解不是简单地接受信息，而是读者把自己的经验、感受等融合到所读的语言材料中，这样才能引起共鸣❶。

例（4）：

A

> 社会人になったばかりの今、皆さんは仕事の厳しさや学生時代にはなかったような人間関係の複雑さに驚いているのではないでしょうか。こんなはずではなかったと、抱いていた理想が崩れそうになることがあるかもしれません。特に自分とは異なる価値観を持った上司や先輩から無理な仕事を頼まれたときなど、強くそう感じることでしょう。時には先輩の言葉につい反発したくなることもあるでしょう。しかし、そんなときにはまず相手の考え方を受け入れてみてください。信頼関係を築くにはある程度の時間が必要であり、その後で自分の考えを述べればよいのです。それまでは自分を抑えることも大切で、それが社会人としての訓練でもあります。

B

> 人間にとって心身ともに健康であることが理想的だが、新しく社会に出た若者たちは、時にはうまくいかないことに出会い、自信を失うこともあるだろう。経験から言うと、同僚や先輩の温かい言葉が耳に入らなくなってしまうのは、そういう、自分に自信がなくなったときであることが多い。その結果、今まで築いてきた人間関係まで壊してしまうことさえある。自分の周りの人たちを大切にして、助言を生かしていく気持ちを持つためには、まず自分のこれまでの努力を肯定的にとらえてみよう。結果が完璧でなくても、よくやったと自分自身に言えると、他の人の言葉も素直に聞くことができるようになる。

这是2010年12月的日语能力测试N2阅读理解中的新题型——比较阅读，属于社会领域。比较阅读的文章多以A、B两篇短文的形式出现，重点考察通过对两篇文章的对比分析，找出异同点。即对两篇文章叙述的共同点和作者的各自主张进行整体把握和概括。如此题的第一问是考察两篇文章的共同点，题目为"AとBに共通して述べられていることは何か"；第二问是考

---

❶ 王琪.日语教学理论及策略［M］.北京：外语教学与研究出版社，2017：225.

159

察作者的主张，题干为"AとBでは新社会人にどのようにアドバイスをしているか"。

在阅读A、B两篇短文的过程中同样需要构建和激活三种图式。首先，激活语言图式，有选择地接收话语信息，然后对其进行解码，并储存记忆信息。其次，激活内容图式，运用日本人重视良好的职场人际关系等文化背景知识提取关键信息。A篇中的"人間関係の複雑さに驚いているのではないでしょうか、まず相手の考え方を受け入れてみてください、その後で自分の考えを述べればよいのです"，B篇中的"今まで築いてきた人間関係まで壊してしまうことさえある、まず自分のこれまでの努力を肯定的にとらえてみよう"。这样就不难把握两篇文章的主旨"人間関係"；同时也能把握各自的主张，A篇中的"相手の考え方を受け入れてみてください"，B篇中的"自分のこれまでの努力を肯定的にとらえてみよう"。最后，激活抽象图式，对上述的关键信息进行判断、推理和演绎认知。这样就能轻而易举地分别选出答案"職場での人間関係を大事にするにはどうすればいいか"和"Aでは相手の考えを尊重することが大切だと述べ、Bでは自分の努力を認めることが大切だと述べている"。

除此之外，明确指示代词所指意思、概括文章题目、把握图表所示的内容等题型，以及从2010年起的信息检索都可以用图式理论进行有效的解决，在此不再一一论述。

4.2 《日本人の好きなもの》中的文本阅读认知

文本1

好きな言葉から日本人が見えてくる

＜好きな言葉＞の調査結果について以前にも考えたことがあるのだが、これは実に玄妙な調査である。考えれば考えるほどわからなくなってくるところがあるのだ。一方では、かなり幼い子供にだってこの調査の意味はわかるだろう、という事実がある。聴くといい気分になるような好きな言葉ってあるものなあ、と思えて、「ありがとう」が一位だったと知れば、うん、ありがとうって人と人の心が交いあういい言葉だものなあ、なんて納得するのだ。「思いやり」「健康」「平和」なんて、どれもとてもいいことだものなあ、と腑に落ちる。

ところが、もうすこし深く考えてみると、だんだんわからなくなるのだ。要するに、ある言葉が好きというのはどういうことなんだろう、というのがはなはだぼん

やりしているのである。
　ある言葉が好きというのは、その言葉がさす物や、現象や、事態が好きだということなのだろうか。もしそうだとしたら、「現金」とか「大金」という言葉が出てこないのは不思議である。まったく別の調査だが、「あなたがほしい物は何ですか」というアンケートをすると必ず「お金」が第一位なのだから。
　そのほか、「食べ放題」とか「合格」とかというような言葉はどうして入ってこないのか。そういう物がみんな大好きらしいことはいろんな雑誌の目次を見るだけでわかるのに。
　どうも、そういうことではないらしいのである。＜好きな言葉＞は、＜好きな物＞とは微妙に違うのだ。
　（中略）
　というわけで、＜好きな言葉＞を問われると人々は、自分がどういう環境の中でどう生きたいと願っているか、または心がけているかを答えるのである。そしてそれを考える上で、自分と他者の関係性が無意識のうちに考慮されているのだ。
　まずは、自分が中心にいる。そしてその自分と関係するものとして、他、がある。この他は、他の人々であり、社会であり、自分を取り巻く環境でもある。
　そういう自と他の関係の中に、人間は望ましいあり方を考えることができる。その関係の良好さを願い、自分としてはどう心がければいいかと考える。その考えから、＜好きな言葉＞は出てくるらしいのだ。だから次のように分類してみてもいいかもしれない。
　　○ひたすら自分に願うこと
　　「健康」「元気」「幸福」「明るい」
　　○ひたすら他＜社会・環境＞に願うこと
　　「平和」
　　○自分が他に対して心がけないこと
　　「思いやり」「やさしさ」「正直」「素直」
　　○他は自分にこうあってほしいと望むこと
　　「自由（を与えよ）」（今回調査で一一位）
　厳密に言えば、必ずしもこの四分類にすっきりと整理できるものではないだろう。「やさしさ」などは、自分から他への心がけてあると同時に、社会も私にやさしくしてほしいという願いもまたこめられていたりするものだから。「思いやり」

も、持ちたい心がけである一方で、世の中すべてにこれがあれば、という夢想でもあるのだ。
　そもそも、今回の調査でも、二四年前の調査でも断トツの第一位である「ありがとう」という言葉は、私が試みた四分類にはうまく収まらないものである。なんと日本人の三人に二人は好きだというこの言葉は、「ありがとう」と言える人間になろう、という心がけであると同時に、人々が皆互いに「ありがとう」と言い合う良好なつながりのある社会であってほしいという、他への願望でもある。
　そんなわけできれいに四分類できるわけではないのだが、でもなんとなく、日本人は自分と社会との理想の関係について、とても熱心に考えていることが伝わってくる。＜好きな言葉＞の多くがそのあたりの考えから出てきているのだ。
（清水義範『日本人の好きなもの』より抜粋 P76-89）

　往年试题中都会出现有关调查研究报告等方面的内容，这篇文章就是一个很好的例子。在读解此类文章时，一般要注意以下两点。
　一是对题型特点的认知：（1）段落的逻辑排序。段落排序也是每年的必考题型之一。该文的逻辑性很强，通过下面的词语可以把握全篇文章的顺序。如"…一方では…、ところが、…要するに…、そのほか…、どうも…というわけで…、厳密に言えば…、そもそも、そんなわけで…"。（2）注意指示代词所指意思。"これは実に玄妙な調査である。かなり幼い子供にだってこの調査の意味はわかるだろう、という事実がある。その自分と関係するものとして、他、がある。この他は、他の人々であり、社会であり、自分を取り巻く環境でもある。そういう自と他の関係の中に、人間は望ましいあり方を考えることができる。その関係の良好さを願い、自分としてはどう心がければいいかと考える。その考えから、＜好きな言葉＞は出てくるらしいのだ。＜好きな言葉＞の多くがそのあたりの考えから出てきているのだ。"（3）把握重点词语。历年的考题中还会出现对难点词语的理解，如下面句子中的"他""やさしさ"和"思いやり"。如"まずは、自分が中心にいる。そしてその自分と関係するものとして、他、がある。この他は、他の人々であり、社会であり、自分を取り巻く環境でもある"。这句中"他"指的是"他の人々であり、社会であり、自分を取り巻く環境でもある"。"やさしさ"指的是"自分から他への心がけてあると同時に、社会も私にやさしくしてほしいという願いもまたこめられていたりするもの。""思いやり"指的是"持ちたい心がけである一方で、世の中すべてにこれがあれ

ば、という夢想でもあるのだ。"（4）注意接续词的使用。"ところが、もうすこし深く考えてみると、だんだんわからなくなるのだ。そしてその自分と関係するものとして、他、がある。"

　　二是对文章内容的认知，也就是主旨的把握。"＜好きな言葉＞は、＜好きな物＞とは微妙に違うのだ。＜好きな言葉＞を問われると人々は、自分がどういう環境の中でどう生きたいと願っているか、または心がけているかを答えるのである。そしてそれを考える上で、自分と他者の関係性が無意識のうちに考慮されているのだ。その関係の良好さを願い、自分としてはどう心がければいいかと考える。その考えから、＜好きな言葉＞は出てくるらしいのだ。日本人は自分と社会との理想の関係について、とても熱心に考えていることが伝わってくる。"可以看出该文首先指出"喜欢的词语"和"喜欢的事物"有微妙的区别；其次作者对于人们喜欢的词语、会怎样回答做了分类。通过分析日本人喜欢的词语，可以看出他们希望自己在什么样的环境中生存以及在关心什么问题。通过该调查还得知，日本人在思考喜欢词语时会无意识地考虑自己和他人的关系。

文本2

日本人の旅

　昔も今も「温泉」は日本人の旅の定番です。ただし、現代の温泉旅行はこれまでと同じではありません。

　かつては、社員旅行にしても家族旅行にしても、一泊二日が主流でしたから、宿に着いてひと風呂浴びて、食べきれいないほどの料理を堪能して、次の日は名所旧跡を巡って帰るという忙しい旅でした。今はこれでは客は集まりません。

　現代は、旅館同士が設備やサービスを競う時代ではありません。競争相手は客の自宅です。今回の調査でも余暇の過ごし方のトップ2は、「テレビを見る」「ごろ寝をする」でした。自宅がもっともリラックスする空間であるにもかかわらず、わざわざ宿に泊まろうという人を満足させるためには、自宅以上のもの、自宅にはないものを提供しなければいけません。

　（中略）

　日本の旅は「脱・物見遊山」に移行しました。「エコツアー」「体験ツアー」そして「滞在型の旅」など、ひと味違う旅に人気が集まっています。農家に宿泊して田植えや稲刈り、味噌の仕込みを経験するなど、スローライフを体験でき

る旅は若い女性、年配の女性を問わず人気上昇中です。

　お年寄りも、「青春18きっぷ」を上手に使ってぶらり一人旅。リーズナブルな日帰りバスツアーに参加してアグレッシブな旅を楽しんでいます。一方で、豪華客船のクルーズも根強い人気。船内でショーを楽しんだり、寄港地を散策したり。クルーズはリピーターが多いのも特徴です。

　イベント性やエンターテインメント性を追求して、わざわざ大広間での食事や歌謡ショーなどのステージ付き温泉旅館を探して、昔型の旅館ライフを楽しむ人もいます。

　日本人が「富士山」好きなのは、そのシンボル性にあるのかもしれません。単独でそびえているのもわかりやすいし、実際に見ると神々しくもあります。人はどうしても、「特別公開」「期間限定」「今年で最後」というような限定モノに惹かれます。「富士山」にはこれしかないという限定モノの匂いがします。

　「四万十川」の人気は、1980年代にNHKの特集番組で「日本最後の清流」と紹介されたのがきっかけだったと思います。調査では、30％の人が「四万十川」を支持していますが、現地に行ったことがある人は少ないのではないでしょうか。メディアで取り上げられている割に、気軽に行けないことが、憧れを生み、支持につながったのだと思います。

　好きな都道府県や山や川を思い浮かべようとするとき、こうしたメディアの影響は大きいですね。「そうだ京都、行こう。」というJRのCMや、ニュースで流される、奈良の「お水取り」などの季節行事の様子を見て、行ってみたいなと思うことから、「好き」というイメージがつくられているのではないでしょうか。それもまた、旅の始まりなのでしょう。

（中村直美『日本人の好きなもの』より抜粋　P157-161）

　和文本1一样，这篇文章也是有关调查报告的一个很好的例子。在读解这类文章时，一般要注意以下两点。

　　一是对题型特点的认知。（1）把握外来语。随着日本社会的发展，外来语已经出现在各行各业。其数量之多，已经成为阅读的障碍。如"サービス、トップ、リラックス、エコツアー、スローライフ、リーズナブル、アグレッシブ、クルーズ、ショー、イベント、エンターテインメント、ステージ、ライフ、シンボル、メディア、イメージ"。（2）判断是否符合原文。判断是否符合原文的细节是历年考题中频繁出现的类型。该文叙述了现代的温泉旅游和过去的不同。如

"競争相手は客の自宅です。自宅以上のもの、自宅にはないものを提供しなければいけません。日本の旅は「脱・物見遊山」に移行しました。「エコツアー」「体験ツアー」そして「滞在型の旅」など、ひと味違う旅に人気が集まっています。農家に宿泊して田植えや稲刈り、味噌の仕込みを経験するなど、スローライフを体験できる旅は若い女性、年配の女性を問わず人気上昇中です。お年寄りも、「青春18きっぷ」を上手に使ってぶらり一人旅。リーズナブルな日帰りバスツアーに参加してアグレッシブな旅を楽しんでいます。一方で、豪華客船のクルーズも根強い人気。イベント性やエンターテインメント性を追求して、わざわざ大広間での食事や歌謡ショーなどのステージ付き温泉旅館を探して、昔型の旅館ライフを楽しむ人もいます"。(3)认知指示代词所指语义。如"日本人が「富士山」好きなのは、そのシンボル性にあるのかもしれません。こうしたメディアの影響は大きいですね。それもまた、旅の始まりなのでしょう。「富士山」にはこれしかないという限定モノの匂いがします"。(4)把握反问句。要准确把握反问句"ではないでしょうか"的含义。如"30％の人が「四万十川」を支持していますが、現地に行ったことがある人は少ないのではないでしょうか。「そうだ京都、行こう。」というJRのCMや、ニュースで流される、奈良の「お水取り」などの季節行事の様子を見て、行ってみたいなと思うことから、「好き」というイメージがつくられているのではないでしょうか"。(5)认知接续词使用。如"昔も今も「温泉」は日本人の旅の定番です。ただし、現代の温泉旅行はこれまでと同じではありません。「エコツアー」「体験ツアー」そして「滞在型の旅」など、ひと味違う旅に人気が集まっています"。

二是对文章内容的认知，也就是对主旨的把握。如"自宅がもっともリラックスする空間であるにもかかわらず、わざわざ宿に泊まろうという人を満足させるためには、自宅以上のもの、自宅にはないものを提供しなければいけません。日本の旅は「脱・物見遊山」に移行しました。「エコツアー」「体験ツアー」そして「滞在型の旅」など、ひと味違う旅に人気が集まっています"。作者在这篇文章中叙述了随着社会的发展和生活水平的提高，日本人的旅游观念以及形式都发生了很大的变化，人们不再满足于过去的游山玩水、品尝当地的美味佳肴，而开始追求城市里没有的、自家所享受不到的服务。

5　结论与对策

基于上述分析，可以看出日语能力测试 N2 阅读理解题型相对固定，容易把握；文章选材呈现多样化的特点，其中自 2010 年起有关商务、心理、文化和人生方面的文章增多，尤其是有关商务方面的文章每年都有，侧重考察考生的语言实际运用能力。同时，在阅读教学的过程中，运用认知语言学中的隐喻·转喻和图式理论进行分析可以更好地把握文章的信息并理解文章的内容。

笔者建议学习和组织教学时可以从以下三个方面进行尝试:（1）语言知识。掌握一定的语音、词汇和语法知识是进行阅读的前提，可以运用认知语言学中隐喻·转喻的知识更快更有效地进行记忆。主要通过核心词汇的原型意义到边缘意义的扩展，运用事态认知模式掌握表达相同语义的不同表达方式的语法，以便提高语言能力。（2）文化背景知识。平时的日语学习大多集中在语言、文学与文化领域。除此之外，还要阅读有关社会、教育、生活、科学、心理、人生和商务等领域的文章，以便对日本多方面知识的了解。尤其通过阅读日本报纸和浏览日语网站，以便及时了解和把握相关重点和热点话题。（3）认知能力。认知能力是人脑加工、储存和提取信息的能力，即人们对事物的构成、性能及与其他事物的关系、发展动力、发展方向以及基本规律的把握能力。也就是说要提高自己的注意力、感知能力、记忆能力以及判断推理能力。

总之，如果结合日语能力测试阅读理解的特点，有目的、有计划、有技巧地从上述三个方面学习阅读、组织教学，不断总结经验和规律，就能有效地培养抽象逻辑思维能力，就会快速而又全面地提高阅读理解能力。

第三节 认知语言学视角下的日语听力教学

1 引言

21世纪以来，随着中日交流的不断扩大，对日语人才听说能力的培养变得尤为重要。同时日本语能力测试（Japanese Language Proficiency Test，简称JLPT）于2010年进行了全面改革，变化很大。其变化可以概括为以下两点：(1) 考试顺序的变化。新日本语国际能力测试的顺序变为先测试语言知识（文字词汇语法），再测试阅读理解，最后测试听力。听力部分被置于最后，这对学生的注意力集中强度和长度有了更高的要求。(2) 考试分值的变化。新日本语国际能力测试分值为：语言知识（60分）、听力（60分）、阅读（60分），其分值比例调整为1:1:1，而且引进基准分制度，每门科目都在基准分之上，方可通过考试。即使总分再高，如果单科分数没有达到基准分，也视为不合格。这对学生的听力理解能力与阅读分析能力等日语实际交际能力有了更高的要求。听力教学虽然已被广大师生普遍重视，但学生听力理解成效一直欠佳，这也是困扰日语教学的一大难题。

2 研究现状

日语听力教学一直备受关注，中日众多学者从不同视角对其展开了不同的研究。根据研究内容从七个方面进行文献梳理，近20年的代表性研究成果归纳概括如下。

（1）听力策略的研究。横须贺（2001）、杉山（2005）主要围绕听力练习方法进行了考察和分析。及川（2012）针对日语留学生考察了听力训练的效果。聂星超、徐一平（2013）重点考察了听力策略对词汇附带习得的影响。刘晓华、胡艺群（2020）采用问卷形式，从教师的主体认知视角对来自132所国内院校的176名日语教师进行有关听力教学的现状调查。研究发现加强听力学习训练，切实提高学生自主学习能力，增强学生自主学习意识，明确学生自主学习路径，保障学生自主学习资源是目前解决听力教学现存问

题的重要途径,并强调以培养学生自主学习能力为目标,完善教师培训、教材编写及课程设置的必要性。

(2)影响日语学习者听力理解的因素。桑凤平、李金玻(2006)从语言知识、文化背景、心理因素三个方面,探究了影响日语听力理解的主要因素。陈要勤(2016)探讨了认知风格对日语学习者听力理解的影响。

(3)实证研究。张爱(2010)对日语听说技能培养进行了实证研究。宋馨华等(2012)对日语听力课堂教学改革进行了实证研究。

(4)教学方法与教学模式改革与创新。赵冬茜(2011)通过在日语听力课程中合作学习的应用,探索了导入该学习方式的理论与实践问题。黄晋(2011)在网络教学平台上创建了《日语听力》网络辅助教学的新模式。裴永蕾(2012)探讨了日语能力考试改革对日语听力教学改革的启示。裴艳霞(2012)探讨了在网络环境下开展《高级日语视听说》课程的教学活动的纲领及方式,并构建了听说课教学新模式。顾春、张婉茹(2012)通过运用标准,在以人为本、人文并重理念下进行了教学尝试,探讨了新时代背景下如何改进日语听力教学方法,以适应语言交际能力的培养。朴春花(2014)利用日语原版的新闻视频、长篇的文章以及简短的口语形式的会话等,实施影子跟读练习。一种注重模仿语音,另一种注重意思。时间不宜过长,10~15分钟为宜。周婷婷(2015)考察了提示型教学法在日语听力教学中的应用,指导学生在听解过程中使用由总至分的分析方式,养成从理解文章整体流向的角度分析会话中心思想的听解习惯。贾驰等(2016)主张通过观看视频可以迅速培养大学生对日本文化、思维方式的理解能力,从而促进听力教学的效果。陈姗姗(2016)从完善教材体系、课堂教学中导入认知语言学理论、引入任务型教学法、构建学生自主学习体系等方面对教学方法、教材体系、教学过程进行了一系列教学改革尝试。高月(2016)根据四个学期的授课记录,对使用多媒体的日语听力教学进行了分析。

(5)听力教学中的文化导入。陈朝阳(2008)探讨了日语听力教学中的文化渗透。藤井、古田(2011)分析并考察了注重场合、背景知识、上下文理解听力内容的记录,并给予了学习指导。方萍(2012)探索了中级阶段学生对文化背景的理解,以及对语境、语感、关联性的把握情况。

(6)听力教学中认知语言学理论的运用。李晓霞(2013)介绍了图式理论及听力理解中的信息处理方式,探讨图式理论在听力理解中的作用。费晓

东（2020）以中国日语学习者为被试者，从语言实际运用视角出发，以词汇加工能力、语法加工能力、句子听后复述能力、语音短时记忆容量、工作记忆容量为自变量构建多元回归模型，探讨了5项因素对日语听力过程的影响。多元线性回归分析结果显示：一是基于认知因素的多元回归模型对日语听力过程的感知与解析阶段的理解与记忆均有显著预测作用，且对解析阶段的预测力要强于感知阶段；二是工作记忆容量、词汇加工能力、语法加工能力对感知阶段的解释力显著，词汇加工能力、听后复述能力、工作记忆容量、语音短时记忆容量对解析阶段的解释力显著。

（7）听力教学理论与听力教学研究综述。尹松（2019）首先明确了听力的定义，听力是听者调动已有知识对所听内容进行重新构筑的能动过程。综述了听力教学理论及相关研究，从激活图式知识与训练听力方法两个角度归纳总结了重视听力过程的教学研究与教学实践成果，最后探讨了国内日语听力教学的研究现状并展望了今后的发展。

通过以上的文献梳理，笔者发现缺乏从认知的视角对《日本语听力》进行的研究。本节以《日本语听力》（沙秀程，2007，第二版）和《新经典日本语听力教程》（刘立国、宫伟，2015）中的听力素材为文本语料，采用内省法，运用认知语言学的图式理论、隐喻·转喻理论，结合语言形式与语用进行分析考察。

3 日语听力的教学分析

翟东娜（2006）认为话语（discourse，談話）是指大于句子的一段连续的语言，包括口语和书面语。陈忠华、刘心全、杨春苑（2004）提出在本质上，话语就是一种人类活动（Human activities），它既是认知对象又体现认知过程[1]。听力理解是一个复杂的认知心理活动过程。听者不仅要对语音、词汇、语法等语言知识进行表层加工，还要利用社会和文化背景知识进行联想、推理和判断等一系列深层语义的综合分析[2]。因此，本节尝试着运用认

---

[1] 陈忠华，刘心全，杨春苑. 知识与语篇理解：话语分析认知科学方法论［M］. 北京：外语教学与研究出版社，2004：3.

[2] 吴斐. 认知语言学实证研究通论［M］. 武汉：武汉大学出版社，2012：1.

知语言学的图式理论与隐喻・转喻理论，对《日本语听力》（沙秀程，2007，第二版）和《新经典日本语听力教程》（刘立国、宫伟，2015）中的文本语料进行分析。

3.1　图式理论与日语听力教学

曹大峰、林洪（2015）认为所谓听力，是"运用语言知识，以上下文、场景、背景知识等为线索，从声音中建构意义的过程"。从大量的输入中成功地得到"可理解的输入"，这种输入可直接促进运用能力的提高。显而易见，对习得来说这种输入的转化才最为重要。那么，"不理解的输入"是如何转化为"可理解的输入"的呢？当我们听到有不理解的输入时，就会以"上下文、场景"等为线索，运用自己已知的"背景知识"，通过"预测"或"推测"来帮助理解。这种通过"文脉、场景、背景知识"的帮助理解，其实在听解过程中，是一种非常自然而实际的方法。因此在听力课指导中，让学生体验其存在十分重要。玉井（2005）提出听解能力主要分为两部分，即知识面能力（包括词汇、语法等一般语言知识）和认知、处理能力（储存语音、分析语音）。马黎华（2002）认为听力理解过程是输入原始信息，在大脑中形成一个完整的识码与解码的过程（如图 6.3）。

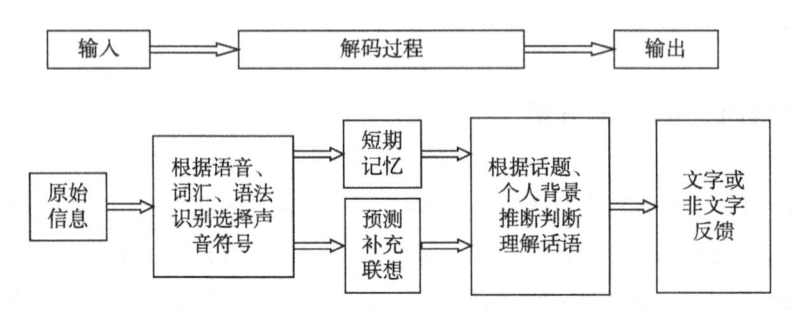

图6.3　听力理解过程

玉井上面提出的知识面能力以及上图中输入原始信息后根据语言、词汇、语法识别，实际上是语言图式，而认知、处理能力以及短期记忆、预测、补充、联想，根据话题、个人背景推断等是形式图式、内容图式和文化图式的综合作用。也就是说听力理解的过程是激活已有图式并构建新图式的过程。

例（1）

管理人：あら、李さん。今日はごみを出してはいけませんよ。

李：えっ？いけないんですか。どうしてですか。

管理人：今日は金曜日でしょう。ごみの収集日は週に三回、火、木、土です。

李：そうですか。すみません。

管理人：それから、燃えるごみと燃えないごみは、一緒にしないでください。

李：燃えるごみと燃えないゴミ…

管理人：紙屑などは燃えるごみで、プラスチックやビール瓶などは燃えないごみです。

李：そうですか。台所の生ごみなどは紙屑と一緒に捨ててもいいですか。

管理人：それは燃えるごみだから、一緒に捨ててもいいですよ。

李：分かりました。これから気を付けます。

（第23課 大きな声で話してはいけません 問題Ⅳ）

这是一段有关日本垃圾分类的会话。目前在中国，垃圾分类的知识虽然已经普及，但是不如日本垃圾分得那么细，按照分类标准处理垃圾不如日本严格。当我们输入原始信息时，也就是接收新信息时，需要进行解码。根据输入的语音、重点词汇"ごみの収集日""燃えるごみ""燃えないごみ"和"一緒に"、重要语法"てはいけません""ないでください"和"てもいい"以及整个话题、个人对垃圾分类的文化背景知识，进行记忆、认知、联想和判断等激活已有的图式，构建日本对垃圾分类以及处理的新图式。即日本的垃圾有收集日期，每周三次，分别是周二、周五、周六；分为可燃垃圾和不可燃垃圾，纸屑、厨房垃圾等是可燃垃圾，塑料、啤酒瓶等是不可燃垃圾，要分开扔掉。

例（2）

数か月前のことです。アメリカ人の友達、マリアさんと東京・渋谷のハチ公の像の前で、待ち合わせをしました。ハチ公は有名な待ち合わせの場所です。マリアさんは日本語があまり分からないので、私は、ハチ公は渋谷駅のそばの広場に建っている像だと、英語で説明しました。

時間になっても、マリアさんが来ないので、私は心配になったが、そのまま待ちました。彼女は30分遅れて来ました。

私はハチ公が犬の像だと言うことを忘れていたのです。ほかの国では、普通、広場には人間の像が建っています。マリアさんは、人間の像、それに、名前の最後に「こ」がついているから、ある女性の像だと思い、駅員さんに英語で「ミス・ハチコの像はどこにありますか」と尋ねたそうです。駅員さんは何回聞いても分からなかったので、「ローマ字で書いてください」と言いました。ずいぶん時間がかかったけれど、結局、駅員さんはマリアさんに行き方を教えたのです。
　マリアさんは、像が女の像でなく、犬の像だと分かったあと、恥ずかしくて、もう二度とあの駅員さんには会いたくないと言いました。

（第30課「牛丼」を教えてください　問題Ⅳ）

　　这是一篇有关"我"和美国朋友玛利亚约好在东京涩谷车站旁边的广场八公像（狗的像）前面见面，然而玛利亚理解为是女性的像，怎么也找不到，最后询问车站工作人员，写出罗马字才得以解决的故事。从玛利亚的经历中可以看出由于她激活了错误的图式，导致构建的新图式是错误的。这就要求我们在听解的时候，激活语言图式中的语音部分"ハチ公（こう）"是长音，日本女性名字后面的"子（こ）"是短音以及其他词汇、语法知识；激活形式图式中"ハチ公（こう）"中的"公（こう）"是爱称，使用了拟人化的修辞；激活文化图式中的"ハチ公（こう）"是"忠犬ハチ公（ちゅうけんハチこう）"的简称，以及"忠犬ハチ公"讲述了一只狗在东京涩谷车站持续等其主人约九年的故事。还有日本女性的名字中多用"子（こ）"；激活内容图式中"ほかの国では、普通、広場には人間の像が建っています。"说明在其他国家广场上一般都建立人像。同时通过我们的认知、推理、判断等构建新的图式。即在日本的广场上和其他国家不同，建造的不是人像，而是"ハチ公"的像，是狗的像，而不是玛利亚理解的日本女性的像。

3.2　隐喻·转喻理论与日语听力教学

　　认知语言学认为，语言与思维的基本方式之一是隐喻（包括转喻），而隐喻·转喻又深深地植根于语言所负载的文化之中。因此，隐喻和转喻意识的培养也是实现语言、文化与思维三位一体同时发展的必要途径。能够加深对惯用语的理解与记忆（刘正光，2010）。吴宏（2012）提出认知语言学认为惯用语的惯用意义与其构成要素意义之间的关系并不是任意的，不论惯用语的惯用意义与其字面意义的差距有多大，其来源必定都是有理

据的，惯用语意义的理解过程就是一个语义构造的过程[1]。关于惯用语的理据性问题，山梨（1995）也指出在惯用语字面意义向惯用意义的语义扩展过程中，以相似性为基础的隐喻认知机制和以邻近性为基础的转喻认知机制都发挥了重要作用。

例（3）

①男：お母さん、何を怒ってるの。

女：哲也がまたわたしの<u>目を盗ん</u>でテレビゲームをしているから。

男：あの子、最近成績が下がっていると思ったら、そのせいか。

②男：この問題、難しすぎるよ。

女：そうですか。ちょっと見せて。

男：僕には<u>歯が立たない</u>から、お願い。

③女：裕子さんは、何でこんなに甘いものが好きなんでしょうね。

男：さあね。

女：特にケーキには<u>目がない</u>んです。

男：でも、それにしてはまったく太ってないね。

④女：隣の奥さん、本当にいやなのよ。

男：どうしたの。

女：息子さんが勉強もスポーツもよくできるので、<u>鼻が高い</u>のよ。

男：うちの息子はだめだからなあ。

（第30課 「牛丼」を教えてください　問題Ⅰ）

上面的例句中①和③是有关"目"的惯用语。①中的"盗む"的本意是"偷盗、盗窃"，这里直译为"偷眼睛"，再由此通过转喻的认知机制，其含义就变成了"掩人耳目"，也就是"不让人发现地做某事"。结合上下文语境，哲也不让母亲发现偷偷地玩电视游戏，因此导致母亲很生气。这主要是借助于眼睛的视觉功能，由视觉行为向抽象领域的语义扩展。③从字面意思来看，是人的肉眼在看到某个事物或现象后所产生的生理反应，多为表情的变化。这里指会话中的女性喜欢的蛋糕进入自己的视域时的表情，也是通过转喻这一认知机制，表示"喜欢、爱好、着迷"的心情，由上文中"裕子さ

---

[1] 吴宏．从认知角度看日语人体词惯用语的语义构建［J］．解放军外国语学院学报，2012（4）：21．

んは、何でこんなに甘いものが好きなんでしょうね"，也可以推断出这一惯用语义。④是有关"鼻"的惯用语，这里直译为"鼻子高"，再由此通过转喻的认知机制，其含义就变成了"得意扬扬"。结合上下文语境，由于儿子学习和体育都很好，因此他母亲很骄傲。这主要借助于表情行为向抽象领域的语义扩展。由我们所表现的外在行为，通过我们的联想认知机制去探究我们的精神活动。②是有关"歯"的惯用语。文本中的"歯が立たない"有两个语义，字面意义和隐喻意义。这一惯用语字面意义与隐喻意义两个概念层面之间的基本投射关系，如图6.4所示，即由源域向目标域的映射。

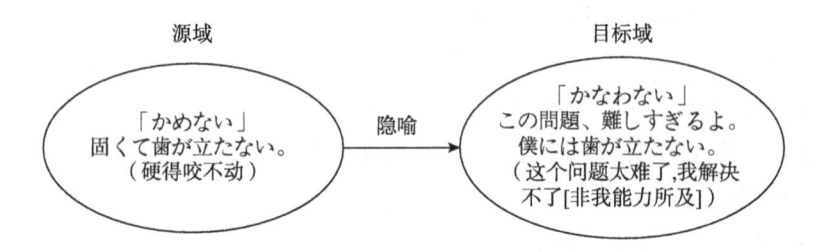

源域：「かめない」固くて歯が立たない。（硬得咬不动）

→ 隐喻 →

目标域：「かなわない」この問題、難しすぎるよ。僕には歯が立たない。（这个问题太难了，我解决不了[非我能力所及]）

图6.4 "歯が立たない"的语义投射

从映射关系可以看出，"歯が立たない"的字面意义和惯用意义之间有相似性，即"难啃"的语义。通过隐喻认知机制，学习主体对这一比喻意义不难理解。

例（4）
A：何にしましょうか。
B：そうですね。結婚祝いですから、あまり安そうなものはだめですね。
A：「花より団子」。何か実用的なものが…
B：あっ、そうだ、あれなんかどうですか。
A：そうですね。ちょっと重そうですが…
B：新しい部屋にはよさそうですよ。
A：あれだけでもきれいで、お花を入れてもいいですよね。
B：ええ、あれにしましょう。
［何をプレゼントしますか］
a. お花　　b. 花瓶　　c. 時計

（第28課　楽しそうに話しています　問題Ⅱ 3）

例（4）语义的理解关键在于对"花より団子"的理解。与例（3）中的②"歯が立たない"相比，例（4）中的"花より団子"存在隐喻和转喻的连动作用。吴宏（2012）认为这种连动作用主要体现在隐喻始源域中的转喻变化上，即转喻发生在隐喻的始源域中，通过转喻使其所在的认知域的范围发生了变化，而隐喻则是建立在经转喻变化后的整个认知域的基础之上的❶。其语义关系投射图，如图6.5所示。因此，通过这一语义关系的分析，不难得出答案"b. 花瓶"是最终决定所送的礼物。

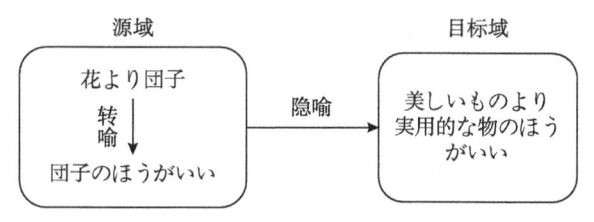

图6.5　"花より団子"的语义投射

例（5）

女：ねえ、うちでも猫、飼わない？

男：だめだよ。君もぼくも働いていて、昼間はうちにだれもいないんだから。それに、ぼく、猫は嫌いなんだ。

女：あら、どうして。

男：犬は人の役に立つけど、猫なんて、あんまり価値のない動物だからね。

女：私は犬より猫のほうがいいな。

男：昔から、「猫に小判」って言うだろ。

女：古いのよ。あなたの考えは。最近じゃ、「猫に小判」じゃなくて、「猫にご飯」って言うのよ。

男：何だい、それ。

女：「猫にご飯」っていうのは、猫にご飯を作ってあげる優しさと生活のゆとりを持ちましょうということなのか。

男：変なの。

女：「猫に今晩は」っていうのもあるわよ。

---

❶　吴宏. 从认知角度看日语人体词惯用语的语义构建［J］. 解放军外国语学院学报，2012（4）：24.

男：「猫に今晩は」？

女：そうよ。知らない猫にでも「今晩は」って挨拶しましょうっていうこと。動物を大切にする気持ちね。

男：君が勝手に作った言葉だろう。

女：いいでしょ。何だって。

男：じゃ、こういうのはどう。「猫に交番」。

女：どういう意味？

男：猫に交番の場所を聞いても分からないっていうこと。つまり、猫は役に立たない動物だという意味。

女：まあ。

男：もう一つできた。「猫に留守番」。猫に留守番を頼んでも、猫はどこか行ってしまうから、むだだという意味。

女：結局、あなたは猫が嫌いなんでしょう。

男：そう。大嫌い。

（第25課　歌ったり踊ったりします　問題Ⅳ）

例（5）语义的理解关键在于对"猫に小判"的理解。除此之外，还有男女主人公由此创造、扩展出来的其他表达方式："猫にご飯""猫に今晩は""猫に交番"和"猫に留守番"。上述表达方式的语义关系的映射及其扩展，如图6.6所示。

"猫に小判"等表达方式语义的理解一定要结合上下文语境，上下文中都会有不同程度相关的说明、解释，同时也要运用隐喻、转喻两种认知机制理解字面意义与惯用意义。当外语学习者能够理解各种型式（包括语法结构、惯用语等）的语义理据时，他们就会享受外语学习的乐趣，发现语言学习尤其是语法学习并不是那么神秘可怕。他们在自己发现规律的同时，还可能产生不断建立假设与验证假设的动力和兴趣，从而不断提高认知能力，增强学习动机。学习者不断发现所学外语的理据性结构和原则，这一过程的本质就是自主学习能力的不断增强[1]。

---

[1] 刘正光. 认知语言学的语言观与外语教学的基本原则[J]. 外语研究，2010（1）：10.

```
源域                                    目标域

猫に小判(男)
    ↓转喻          —隐喻→    猫が嫌いだ
価値がわからない

猫にご飯(女)
    ↓转喻          —隐喻→    優しさと生活のゆとりを持つ
猫にご飯を作ってあげる                   (猫が好きだ)

猫に今晩(女)
    ↓转喻          —隐喻→    動物を大切にする気持ち
猫に挨拶する                             (猫が好きだ)

猫に交番(男)
    ↓转喻          —隐喻→    猫は役に立たない動物だ
猫に交番の場所を聞い                     (猫が嫌いだ)
ても分からない

猫に留守番(男)
    ↓转喻          —隐喻→    むだということ
猫に留守番を頼んでも、                   (猫が嫌いだ)
猫はどこか行ってしまう
```

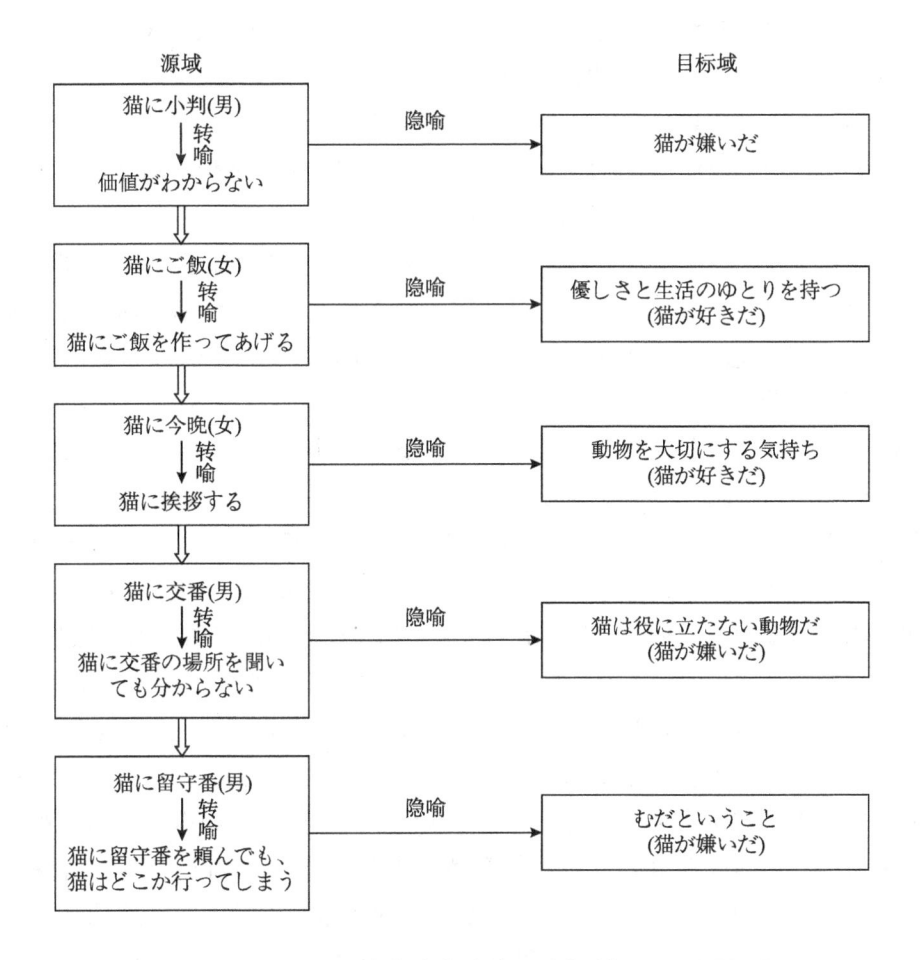

图6.6 "猫に小判"等表达方式的语义投射图以及语义扩展

3.3 《新经典日本语 听力教程》中的文本听力认知

《新经典日本语 听力教程》(刘利国、宫伟,2015)立足于帮助学习者掌握日语习得规律与方法,培养学习者的听、说、读、写、译综合技能,并在学习语言的同时拓宽文化视野。下面以《新经典日本语 听力教程》(刘利国、宫伟,2015)中的听力素材为文本,进一步体验和认知日语听力的特点。

例(6)

男:鈴木さん、あそこ、赤い袋に何か書いてありますね。何だろう。

女:「福袋」ですか。お正月にはどのデパートでも売っていますね。

男:ええ、中に何が入っているのかが見えませんが、買う人が多いですね。

女：実は、私も買ったんですよ。福袋の「福」とはいいことや嬉しいこと。ほら、幸せの「幸福」の「福」ですよ。

男：じゃ、「福袋」は福が入っている袋ですか。

女：そうですね。実際に入っているものはいろいろな種類の商品です。例えば、アクセサリーとか、電気製品とか。

(第4課　できごと（様子）4-2問題Ⅳ)

这是一道填空题，问题是"红袋子上写着什么字"。根据会话中的语言知识和关键信息"赤い袋に何か書いてありますね。何だろう。""「福袋」ですか。""福袋の「福」とはいいことや嬉しいこと。ほら、幸せの「幸福」の「福」ですよ。""「福袋」は福が入っている袋ですか。"以及文化背景知识"お正月にはどのデパートでも売っていますね。""中に何が入っているのかが見えませんが、買う人が多いですね。""実際に入っているものはいろいろな種類の商品です。例えば、アクセサリーとか、電気製品とか。"进行推理判断，可以得出答案为"福袋"。也就是要激活和构建相应的语言图式和文化图式。据说"福袋"源自明治末期日本的百货公司，每当新年前后或店铺开张吉日，日本各商店、百货公司都有出售。将多件商品装入布袋或纸盒中，进行搭配销售，这种袋子或者纸盒就称为"福袋"，其价格一般为1万~2万日元。原则上福袋内容都不会事先公开，但近年来许多高价的福袋如珠宝首饰或者高档家电等，会事先公开搭配销售的商品，或者会给消费者以一定的选择权。"福袋"的形式就逐渐演变成为一种新年期间的常规促销手段，这就是日本"福袋"文化。在听力理解的过程中教师要引导学习者对日本"福袋"文化的认知。

例（7）

男：日本ではお見舞いに菊の花をあげてはいけないことになっているんです。

女：えっ。そうなんですか。どうしてだめなんですか。

男：菊の花はお葬式を連想するからです。

女：そうですか。贈り物をするときは、国によって習慣が違いますから、気をつけたほうがいいですね。

男：そうですね。

A　菊の花はきれいじゃないから。

B　菊の花は「寝付く」を連想させるから。

C　菊の花はお葬式を連想させるから。

（第7課　やりもらい　7-1 小テスト問題Ⅱ）

例（8）

女：お見舞いの品はもう何か買った？

男：ううん。まだ。何がいいかなあ。

女：そうねえ。やっぱりお花がいいんじゃない。

男：じゃあ、きれいな鉢植えにしようか。

女：あっ。鉢植えはだめよ。

男：えっ、鉢植えだめなのか。

男：山田さん、お見舞いの品物として、鉢植えはだめだそうだけど、どうしてなの？

女：鉢植えはね、根付くっていって、ええと、ちょっと難しいなあ。どう説明したらいいのかしら。ああ、根付くっていう言葉はね、二つの意味にとれるのよ。花の根が付くという意味とね、それから、「寝る」の寝付く、つまり、病気が長引いてベッドにずっと寝たままになってしまうっていうような意味にもなるの。

男：へええ。だから、お見舞いにはタブーなんだ。

女：うん、果物がいいんじゃないかな。

男：うん。花より果物のほうが喜ぶかもね。そうしようか。

（第8課　モノの様子　8-1 問題Ⅴ）

例（7）和例（8）都是探望病人时的文化禁忌问题。例（7）的问题是为什么在日本不能送菊花。通过关键信息和语言知识"菊の花はお葬式を連想するからです"，不难选出答案。教师要引导学习者对日本葬礼的认知，日本的葬仪是由佛门专管，而作为佛花的菊花，逐渐成了葬礼法事的首要供花。佛坛、祭坛和坟前的献花主要也是菊花。例（8）是填空题，根据关键信息和语言知识"お見舞いの品物として、鉢植えはだめだそうだけど、どうしてなの？"和"鉢植えはね、根付くっていって、ええと、ちょっと難しいなあ。どう説明したらいいのかしら。ああ、根付くっていう言葉はね、二つの意味にとれるのよ。花の根が付くという意味とね、それから、「寝る」の寝付く、つまり、病気が長引いてベッドにずっと寝たままになってしまうっていうような意味にもなるの。"进行判断。"鉢植え"用日语可以说成"根付く"（带根儿），这与表示卧床不起的"寝付く"谐音，给人一种不吉利的感觉，因此在日本探望病人

时不送盆栽。也就是说教师要引导学习者在激活和构建上述语言图式的同时也要激活和构建文化图式，即对在日本探望病人时文化禁忌的认知。

例（9）

女：暇そうにたばこを吸っていますね。仕事はもう終わりましたか。
男：いいえ、まだです。疲れたので、ちょっと休んでいるんです。最近、仕事が山ほどあって…。
女：仕事もいいですが、体も大事ですよ。たまには運動したらどうですか。
男：ありがとうございます。そうします。

（第 8 課　モノの様子 8-1 問題Ⅲ）

例（9）属于判断录音信息与文字信息是否对应，重点听问题涉及的主要内容。教师要引导学习者通过文本的关键信息"疲れたので、ちょっと休んでいるんです。最近、仕事が山ほどあって…"进行判断，尤其是"仕事が山ほどあって…"，用了比喻义，表示"堆积如山"。要借助隐喻认知机制理解其语义为形容工作多。

例（10）

私は文化大学の留学生です。今、アルバイトを探しています。大学の授業は毎日 9 時から 12 時半までなので、午後しか働けません。時間が合えば、どんな仕事でもいいですが、できれば日本語を使う機会の多い仕事をしたいと思っています。例えばレストランのウェーターとか、コンビニの店員とか。そういう仕事なら日本人同士の会話を聞いたり、自分でも話す練習ができるのでいいと思います。それに、食品関係の仕事なら、店で食事が出たり、余った商品が安く買えると聞いたことがあります。もし、これが本当なら、一石二鳥です。

（第 10 課　出来事の条件 10-1 問題Ⅵ）

例（10）属于听录音填写需要填空的内容，是关于留学生兼职的问题，教师要引导学习者对以下三点进行认知。首先，根据听到的录音进行填写。其次，根据前后文的信息内容，进行推测和判断。关键信息"午後しか働けません"，可以判断出"アルバイトを探しています"和"時間が合えば"；"例えばレストランのウェーターとか、コンビニの店員とか"可以判断出"食品関係の仕事"和"安く買える"。最后，对于"一石二鳥です"的理解，通过前文"もし、これが本当なら"一句中的关键信息"これ"所指代的内容和"日本人同士の会話を聞いたり、自分でも話す練習ができるのでいいと思います"。根

据语篇指示,"これ"所指代的内容为"食品関係の仕事なら、店で食事が出たり、余った商品が安く買えると聞いたことがあります",因此可以理解"一石二鳥"为汉语的"一举两得"。也就是"一石二鳥"由源域的字面意义到目标域的抽象意义的隐喻映射。

4　结论与对策

综上所述,听力理解是处理信息的复杂过程,它由感知语言材料和理解语言材料所表达内容两个方面组成。这就要求我们在日语听力理解的过程中,主体根据已知的信息激活我们已有的图式,构建新的图式理解未知的信息。同时也要运用隐喻、转喻两种认知机制理解其字面意义与比喻意义。

笔者建议学习和组织教学时可以从以下三个方面进行尝试:(1)语言知识的积累。掌握一定的语音、词汇和语法知识是进行听力理解的前提。可以将考试中常出现的题型,按照场景进行归类,把每种场景的语音、词汇与句型作为重点来听,以便提高主体的语言能力。刚开始可以边听边写,经过多次反复训练后可以只听不写从而提高效率。做题时要记重点关键词,并从整体结合语境、语气判断语意。(2)文化背景知识的积累。平时的日语学习大多集中在语言、文学与文化领域上。听力材料,往往来自日常生活的各个方面。尤其要通过互联网收听广播、歌曲以及观看优秀影片等扩大知识面,以便对日本多方面加强了解。同时精听历年真题与教材,泛听各种素材,培养语感,增强反应能力,达到提高主体听力效果的目的。(3)认知能力的提高。认知能力是人脑加工、储存和提取信息的能力,要提高学习主体的注意力、感知能力、记忆能力以及联想、判断和推理能力。也就是说要培养和提高学习主体激活已有的图式、构建新图式的能力,运用两种认知机制的隐喻能力和转喻能力。

总之,如果结合日语听力理解的特点,有目的、有计划、有技巧地从上述三个方面进行学习和组织教学,不断总结经验和规律,就能有效地培养和提高学习者的综合分析和联想理解的能力,从而快速而又全面地提高听力理解能力。

第七章　认知语言学视角下的日语教学模式的构建与展望

第一节　认知语言学视角下的日语教学模式的构建

　　综合上述六章认知语言学视角下的日语教学分析，不难发现认知语言学视角下的日语语音教学的重点在于利用原型理论的分析引导学习者对日语语音之间联系的认知，范畴化的分析引导学习者对日语语音归类的认知。认知语言学视角下的日语词汇教学的重点在于分析其义项背后的理据性。首先，引导学习者分析原型意义的基本属性。其次，以原型意义为基础根据语境推测引申意义。最后运用隐喻·转喻分析引申意义的构建过程，实现深层次语义加工，构建其完整的语义网络。认知语言学视角下的日语语法教学的重点在于分析某一认知域的语言表达、某一认知域的语言现象背后的理据性，其系统的阐释，更易于学习者理解。认知语言学视角下的日语语用教学的重点在于理解话语时，要使认知主体自觉利用推理机制，将话语的字面意义与可能隐含的认知信息加以综合，再结合语境假设，寻求其内在联系，对现实、认知、语言和文化四个要素进行社会认知分析。认知语言学视角下的日语语篇教学的重点是根据语言知识、社会文化知识以及百科知识对语篇进行思考或判断。认知语言学视角下的高校日语教学采用内省法和语料库法辅助教学，更注重教学过程的分析，以实现更为有效的教学目标。

认知语言学兼具认知性与社会性，认知语言学认为语言反映的是人对现实世界的认知过程和认知结果。这为解释部分语言现象提供了理据，为传统的外语教学注入了活力，为认识语言提供了新手段、新视角（文秋芳，2013）。综览研究外语教学问题的认知语言学文献，得出这样的印象，即认知语言学对这一领域的贡献是双重的：通过基本层次、转喻和隐喻、主体和背景以及完形等理论，得出习得外语的认知—经验途径（Cognitive-experiential access）的新形式，并揭示了以这些理论为基础的认知网络（Cognitive-networks）[1]。基于认知语言学的二语教学可以兼顾语言的形式、意义和功能，结合传统教学方法的优势，提升教学效果[2]。认知语言学虽然为认识语言、外语教学提供了新手段、新视角，但是从认知语言学视角来开展外语教学并"不能为二语学习者提供轻松、有保障的捷径，帮助他们的语言水平接近本族语者。认知语言学只是与其他语言学派相比，对语言的本质和结构给予了不同的解释，这个解释更准确、更有说服力、更全面"（文秋芳，2013）。也就是说认知语言学并不能解决外语教学中所有的问题，自身有其局限性，毕竟认知语言学还在不断地发展和完善中。

一种关注认知语言学成果的现代外语教学理论可以遵照下面的路线来构建：①目标：交际的，最终是跨文化的能力；②方法/策略：行为取向的，以学习者为中心的；③途径：经由原型，基本层次，主体和背景以及完形等习得外语的认知体验途径。一般来说，这三个要素结合到学习范式里可以证明对外语教学总的来说是富有成效的[3]。章兼中（2016）认为教学模式论是实施一种教学理论。一方面教学模式反映了一种教学理论或教学原理和教学规律，规定了特定教学目标、比较稳定的教学过程、评价体系的结构和程序以及必须遵循的教学原则以指导教学实践；另一方面教学模式也是具体实施操作的教学过程和方法策略。它将教学策略、方法、教学组织形式和教学手段整合成一个具体完整的操作过程体系，以便教师能依据比较科学的操作程序、步骤、策略、方法和手段实施教学活动。因此，教学模式论是一种既具

---

[1] 费里德里希·温格瑞尔，汉斯-尤格·施密特.认知语言学导论[M].彭利贞，许国萍，赵微，译.上海：复旦大学出版社，2016：374.

[2] 朱京，苏晓军.认知语言学视域下的微课教学模式构建与应用：以大学英语视听说课程为例[J].外语电化教学，2015（5）：22.

[3] 同[1]：387.

理论性，又含操作性的典型形式，是教学理论和教学实践之间的中介和过渡桥梁。

　　基于认知语言学视角下的日语教学，本书要构建以"认知语言学"理论和方法为指导，以"认知主体学习者"为中心，以"提高语言文化认知能力和综合人文素养"为目标的高校日语教学模式。希望该模式的构建能够不断推进认知语言学方法、理论与高校日语教学改革的进一步融合，为深化高校日语教学改革、实现教学模式创新提供借鉴。

　　在认知语言学视角下的日语教学模式中，"提高语言文化认知能力和综合人文素养"教学目标的实现，其具体课堂设计需要体现为以下三个步骤：①教师引导学习者认知其教材、词典的语义，分析各义项之间理据性的联系；②教师引导学习者进一步认知其语料库、青空文库、Yahoo（知惠袋）和《日语口语词典》等真实文本的语义，构建其完整的网络语义；③教师引导学习者进一步设定场景通过阅读、口语交际、写作等方式认知、理解与运用其语义。

第二节　认知语言学视角下的日语教学模式的展望

1　引言

　　我国《国家中长期教育改革和发展规划纲要（2010—2020年）》指出教育信息化的发展要以教育理念创新为先导，以优质教育资源和信息化环境建设为基础，以学习方式和教育模式创新为核心。赵华敏、林洪（2011）也认为走出传统上的以及实际上的以语言形式和语言结构为核心的、基于语言知识传授的外语教学理念范畴，使外语学习更加强调情境学习、合作学习、基于任务或内容的学习，更加强调学生在学习过程中的主体作用，更加强调外语学习对人的素养所产生的作用[1]。而翻转课堂正是顺应了这一改革的需求，符合上述纲要教育理念的新型教学模式。

---

[1] 赵华敏，林洪．教学理念的变迁对中国大学日语教育的影响[J]．日语学习与研究，2011（4）：67．

2 研究现状

国内众多学者对日语翻转课堂教学展开了不同的研究。根据研究内容和视角，近十年代表性的研究成果归纳概括如下。

（1）翻转课堂与高等院校日语专业教学模式改革的理论与实践指导。曹大峰、林洪（2015）对翻转课堂的理论进行了叙述，同时也探讨了翻转课堂和日语教学实践相结合的问题。王琪（2015）通过对翻转课堂在现代信息技术支持下新兴教学模式的解读与分析，探讨高校日语专业教育教学导入翻转课堂教学模式的必要性、所面临的挑战、导入翻转课堂教学模式的原则，旨在为高校日语专业在信息化状态下的课堂教学模式改革提供新思路。

（2）翻转课堂教学模式在各种具体课程中的应用。王琪（2017）提供了基于翻转课堂的精读日语课程设计；以基础阶段的日语语音教学为例，探讨日语语音翻转课堂教学课前自主学习资源设计原则，提出学生自主学习指导和监控策略、课堂教学模式，设计辅助语音教学活动的虚拟学习空间支持系统，举例说明何为兼具语言知识学习和技能学习任务课程的翻转课堂教学模式。王爱静（2018）探讨了基础日语翻转课堂的教学模式和教学效果。其教学模式有如下特点：为学生提供学习资料和导学案；开展小组合作学习并共享学习成果；依托微信平台互动等。并通过对学生的问卷调查和访谈，考察本次翻转课堂的效果：学习弱势组的自主学习能力提高明显；增强了学生口语等语言运用能力，成绩略有提高；在学习习惯、意识等方面有所变化。但不同学生对翻转课堂的接受程度有所差异。凌蓉（2018）基于翻转课堂教学模式，以"复合名词声调"知识点为例，对日语语音教学活动加以具体设计，并且在该设计基础上进行了教学实践。认为翻转课堂教学模式把学习重心放在课前和课后，节省了课堂教学的时间，使日语精读课堂中穿插语音教学成为可能，同时也对教师、学生以及教学条件提出了新的要求。孙攀河（2019）对初级日语课程运用翻转课堂教学模式进行了详细的教学研发与实践。田鸿儒（2019）运用翻转课堂教学模式和案例教学法对商务日语进行了教学实践。丁跃斌（2020）将翻转课堂教学模式应用在"中日比较文学"课程的教学中为相关教学提供了借鉴。王丽莉（2020）以日语阅读课为例进行了翻转课堂的教学设计，并付诸教学实践，利用问卷调查及访谈的方式对教

学效果进行了分析。结果表明，学生积极肯定了这种教学模式，课前的诊断测试有助于提升视频学习的效果，记笔记是自主学习中比较好的学习方式，课中的小组讨论有助于提升学生的高阶思维能力，课后的反思作业有助于巩固知识。

（3）基于语料库的日语翻转课堂教学。王星（2016）设计了基于语料库的综合日语翻转课堂教学模式，即在日语语料库和翻转课堂的优势充分融合的基础上加以设计，突出了学习者的主体地位，注重课堂的交互环节，强化同伴在学习过程中的作用，有利于学习者随时检验自己的学习，并帮助学习者通过观察母语与第二语言的使用状况，掌握语言规律。

（4）基于多种平台的日语翻转课堂教学。王校伟（2015）基于Moodle平台对综合日语翻转课堂教学模式进行了研究，还提出了个性化的学习平台方案，分析研究了各个功能模块。杜彬彬（2019）基于SPOC对《基础日语1》课程进行翻转课堂研究，分析总结了实践应用及其效果。

（5）日语翻转课堂教学的综述研究。李静、李琨（2017）概述评价了日语翻转课堂教学研究呈现逐年递增趋势；研究对象涉及普通高校及高职院校两个办学层次，涉及专业日语及公共日语两类专业性质课程，以及基础日语等多门专业课程；研究内容主要涉及在高校日语专业教学中导入翻转课堂的必要性、可行性分析、导入翻转课堂需要遵循的原则、翻转课堂在各门课程中的流程设计及应用效果、翻转课堂开展过程中出现的问题及优化对策等。钱万万（2020）对2014年以来国内主要学术期刊上的日语教学翻转课堂研究相关论文为研究对象进行统计分析和综述，概括其主要特点：相关研究成果近年来取得快速发展的同时教学感想类论文过多，实证研究与量化研究缺乏；实践应用的结论趋同，问题意识缺乏；同质研究与整体性研究过多，个性化深入研究缺乏。并在此基础上提出思考并对未来日语教学翻转课堂研究进行展望。国内日语界随着翻转课堂理论的形成，为各种课程的日语教学实践提供了理论指导，在基础日语等课程中的教学设计与实践不断地涌现，呈现出基于多样化的平台、基于语料库法的新视角研究，同时对日语翻转课堂教学的综述研究也在不间断地进行，为了解日语翻转课堂教学的动态概貌与具体操作提供了有益的参考。

相比国内，日本对翻转课堂教学的研究和实践也已广泛展开。尹智鉉、岩崎、鄭良媛（2016）运用翻转课堂对面向初级学习者的远程教程进行教学

实践。中沟（2016、2018）以留学生为对象进行了翻转课堂的实践研究，通过问卷发现：学生对翻转课堂评价很高，不过成绩好的学生主要赞赏其效率和练习多，成绩差的学生则更喜欢其学习资源的灵活性。2018年又进一步对中高级语法进行了翻转课堂的实践研究，探讨了小组学习状况。田川、德田（2018）探讨了在日语作文课程中翻转课堂的导入，得出具有良好的教学效果。可以看出在日本，学界对翻转课堂教学模式不断推广、运用实践并对教学效果进行了检验。

通过以上文献梳理笔者发现，目前国内外对日语翻转课堂教学的研究都由理论过渡到了教学实践，也涉及了多门日语课程。但翻转课堂教学模式在敬语教学中的应用缺乏具体案例，缺乏和其他语言学相融合的研究，尤其是和认知语言学相融合的研究。因此，本章尝试以翻转课堂为载体，运用认知语言学的认知教学法和图式理论对《综合日语》（彭广陆、守屋，2007，修订版）中的敬语教学进行实践探索。这对提高学习者的语言文化认知能力和人文素养，进一步创新日语教学模式和提高教学效果具有一定的启发意义。

3　认知语言学与翻转课堂

3.1　认知教学法与图式理论

基于认知语言学的认知教学法主张在教学过程中既要遵循和利用语言学习者的认知特点和规律，又要注重学习者对语言规则、现象的理解和认知，并且使用认知语言学的一些理论进行语言教学。这种教学法的优点是既考虑学习者及教学过程中的一些认知因素，也强调语言本身的认知性。

图式（schema，スキーマ）是大脑为了便于信息储存和处理，而将新事物与已有的知识、经历有机地组织起来的一种知识表征形式，是由相互关联的知识构成的完整信息系统。人们对新事物的理解和认知在一定程度上依赖大脑中已经形成的图式[1]。认知语言学把图式分为四类：内容图式、形式图式、语言图式和文化图式。内容图式是关于世界的基本知识；形式图式是指不同文体的修辞结构的知识；语言图式是指语言语音、词汇和语法方面的知

---

[1] 赵艳芳. 认知语言学概论［M］. 上海：上海外语教育出版社，2001：189.

识；文化图式是指不同文化背景的知识，它在理解语言和文本的过程中起着非常重要的作用。在学习和理解的过程中，一个人的大脑会经历一系列图式的活动，包括激活、同化和异化等。

3.2 翻转课堂

翻转课堂（Flipped Classroom 或 Inverted Classroom）又称为"反转课堂""颠倒课堂""颠倒教学""课堂翻转""翻转课堂式教学模式"，就是在信息化环境中，课程教师提供以教学视频为主要形式的学习资源，学生在上课前完成对教学视频等学习资源的观看和学习，师生在课堂上一起完成作业答疑、协作探究和互动交流等活动的一种新型的教学模式。翻转课堂作为复合型学习模式的一种，是一个构建深度知识的课堂，师生角色也随之发生了变化，教师成为"学习的指导者"，学生成为"主动学习者"。翻转课堂的全过程一般由三个环节构成：问题引导环节、观看视频环节和问题解决环节。其中观看视频环节即课下知识学习环节，也是翻转教学的关键环节，学生课前观看视频、资料，并通过多种方式反馈，解决老师提出的相关问题，可称为第一次知识内化。问题解决环节就是教师与学生在课堂上讨论、互动，解决不懂的问题，并鼓励、组织小组活动，教师负责有效指引，可称为第二次知识内化（曹大峰、林洪，2015）。

3.3 认知语言学与翻转课堂的融合点

认知语言学是一门坚持体验哲学观，以身体经验和认知为出发点，以意义为研究中心，旨在通过认知方式和知识结构等，对语言事实背后的认知规律做出统一的解释的、跨领域的学科。翟东娜（2006）认为在长期的日语学习和教学过程中，我们自觉不自觉地运用认知科学的观点和方法，形成了教师的教学经验和学习者的语感。认知语言学的理论方法为这些朴素的经验和语感提供了理论解释和实验验证的一个新平台。如果我们把理论与教学实践结合起来开展教学研究，一定能开发出更为有效更符合学习者认知规律的日语教学模式。池上、潘钧（2008）认为认知语言学重视解释与整合，通过对语言认知规律的研究，可以使学生加深理解，产生兴趣，甚至取得举一反三、事半功倍的效果。至少在现阶段，认知语言学可成为研究和教学的一种辅助手段。朱立霞（2010）提出在基础日语教学中导入认知语言学知识是一

种新的教学思路，剖析语言形式下的认知模式、认知规律，从思维的深度寻找规律指导语言学习，这不仅对于日语教学，对其他任何外语的教学都是有益的启示。文秋芳（2013）认为认知语言学兼具认知性与社会性，认为语言既是认知的，也是社会的和文化的。认知语言学认为语言反映的是人对现实世界的认知过程和认知结果，为解释部分语言现象提供了理据，为传统的外语教学注入了活力，为认识语言提供了新手段、新视角。潘钧（2016）概述了国内日语界有关认知语言学及与教学相结合研究的概貌，并辅以若干案例，提出了在外语教学中适当引入认知语言学及"应用认知语言学"的可行性与前景。可尝试通过运用识解、视点等理论方法辅助教学，这样不仅有助于提高日语教学的效率，而且还能提升学生学习的积极性和思考的主动性。不难发现上述诸位专家学者认为认知语言学的理论方法为语言习得和语言教学提供了理论解释与实践操作的新思路。

而翻转课堂信息化将教学环节前移还优化了认知环节。布鲁姆将认知领域目标分为六个主要类别，即知识、领会、运用、分析、综合和评价。翻转课堂学生课前自主学习主要是知识的传授，因此学生主要锻炼的是低级认知能力，而课内是知识的拓展和应用阶段，培养创新及批判性思维，因此更多地锻炼了高级认知能力。在这种重构的学习环境中，学生学习效率得到提升，学习更为专注和投入，所需学习时间也更少，而效果并未降低（戴朝晖，2015）。翻转课堂的教学过程中体现和锻炼了学生不同阶段的认知能力。

通过上面的论述，笔者认为如果教师有意识有计划地将认知语言学的理论知识融进翻转课堂的具体教学环节，则会更为有效地提高学生的语言文化认知能力和综合人文素养。

4　认知语言学视角下的日语敬语翻转课堂教学设计

王琪（2015）指出偏重知识型和综合型课程导入翻转课堂，课堂教学前学生已经完成一次新知识的内化，课堂教学上的二次内化有助于学生形成正确的概念并熟练掌握知识，是提高学生自主学习能力、兴趣、质量的有效教学模式。《综合日语》是一门偏重知识型和综合型的课程，创建的《综合日语》微信公众号为翻转课堂教学提供了便利的条件和优秀的学习资料。因此，下面基于认知语言学的认知教学法和图式理论，以《综合日语》中第20

课的敬语教学为例设计有"魅力"的翻转课堂。

4.1 课前教学活动设计

利用雨课堂平台发布课前作业PPT（2020年4月11日发布），让学生课前观看《综合日语》微信公众号第20课中何琳老师讲授的尊他语、自谦语、"Vてくださいませんか"和"お／ごVください"的微视频。此外，还要预习《综合日语》教材中第20课的相关文本（听单词、课文录音并跟读练习；学习语法规则并朗读练习、课文与语法例句翻译练习）。这一课前教学活动设计实际上包括了前面所讲的"问题引导环节（敬语的必要性）"和"观看视频环节"。

学习者在课前的预习过程中，对日语敬语系统性的知识以及各自具体的用法有了初步的理解和认知，即完成了一次新知识的内化。

4.2 课堂教学活动设计

首先，让学习者分角色朗读下面会话，找出画线部分的敬语并讨论其用法与课文翻译，以了解学习者课前对敬语的认知程度。

例（1）ユニット1　会話

王：遠藤先生、今度日本語専攻の学生みんなで、香山公園へ遠足に行きたいんですが、先生もいらっしゃいませんか。

遠藤：香山公園ですか。いいですね。いつですか。

王：先生のご都合のいい時にしたいと思います。いつがよろしいでしょうか。

遠藤：そうですね。来週ならば大丈夫ですよ。

王：来週のいつごろがよろしいでしょうか。

遠藤：そうですね。遠足が1日の場合は土曜日、半日の場合は日曜日がいいんですが…。

王：では、来週の土曜日にいたしましょう。そうだ！高橋さんと渡辺さんも行きたいって言ってたんだ…。

遠藤：あら、いいですね。王さん、せっかくだから、日本人の語学研修性も誘ったらどうですか。おおぜいで行くのは楽しいし、日本語も話せるし。

王：そうですね。じゃあ、高橋さんたちも誘います。あのう、古屋先生は？

遠藤先生：きょうは<u>いらっしゃいません</u>よ。

王：そうですか。あのう、古屋先生も<u>お誘いしたい</u>んですが…。

遠藤先生：いいですね。じゃあ、<u>ご都合</u>を<u>伺いましょう</u>。

王宇翔；はい、<u>お願いいたします</u>。

（第20課　遠足　遠足の計画　P112）

例（2）ユニット2　会話

王：先生、歩くのが<u>お速い</u>ですね。

遠藤：そうですか。いつもこのくらいです。実は、子供のときスポーツ選手になろうと思ったくらい、運動が好きなんですよ。

王：そうですか。あのう、先生、日本語教師の道を<u>お選びになった</u>きっかけを<u>教えてくださいません</u>か。

…

王：…先生、<u>お疲れになりません</u>か。<u>お荷物</u>、<u>お持ちします</u>。

遠藤：どうもありがとう。あら、王さん、ずいぶん身軽ですね。<u>お弁当</u>は？

王：あ！しまった！持って来るのを忘れてしまいました。

（第20課　遠足　遠足の計画　P121）

例（3）ユニット3　読解文

…

〇<u>貸し切り</u>タクシーで<u>ご案内いたします</u>。

〇<u>お部屋</u>は一流ホテルのデラックスルームを<u>ご用意いたします</u>。

〇夕食は京料理を<u>お楽しみください</u>。

〇中国語または英語、韓国語の通訳を<u>ご用意いたします</u>。（オプション）

…

〇観光バスで<u>ご案内いたします</u>。

〇スタンダードクラスのホテルを<u>ご用意いたします</u>。

〇人気キャラクターのミュージカルを<u>ご覧になれます</u>。（オプション）

（第20課　遠足　旅行のパンフレット　P128-129）

其次，引导学习者激活和构建敬语语言文化图式，以加深学习者对敬语的认知程度。

在学习了敬语动词"いたす"之后，在理解会话中表达自谦的"お願いいたします"等时，需要引导学习者激活已有的语言图式"する、いたす"，

并进一步构建新的语言图式"お…する、お…いたす"和"ご…する、ご…いたす",进而认知"お…いたす"和"ご…いたす"的语义。学习了尊他语"お・ご+名詞"和"お・ご+形容詞"之后,激活其用法和语义并构建"お・ご…になる""お・ご…くださる"和"お・ご…です"的用法和语义。认知语言学重视语言的人文因素,将语言与文化融为一体,不仅为我们在语言上实现人文合一提供了理论依据,而且可以使我们的日语表达更准确,更严谨。因此,教师分析教材中相关的敬语语言之后需进一步引导学习者认知敬语语言与社会人际关系。也就是利用语言、文化与认知三者之间的互动关系,让学习者对敬语语言文化知识的认知上升到对人的认知这一层面。上面单元1和单元2会话中王宇翔和远藤老师是师生关系,需要对远藤老师使用尊他语,对自己使用自谦语。同时对古屋老师这一话题中提到的人物也使用了敬语。当引导学习者理解这一新信息的时候,需要激活已有的对年龄差距大的老师等要使用敬语这一文化图式,并进一步认知和构建对话题中提到的古屋老师也同样如此。单元3是旅游宣传册的内容,是敬语书面语的表达形式。基于利益关系的敬语使用意识,可以说表现在日本人社交活动的各个方面。刘金才(1998)认为最具代表性的是在商业活动之中,不论对方是何身份或有无权势,总是彬彬有礼,以求顾客惠顾"施恩"。佐藤、李均洋、高永茂(2009)主张教师要引导学生认知日本商业中"顾客至上"的文化心理、"以和为贵"的文化核心。激活和构建上述语言文化图式的认知过程,如图7.1所示。

最后,设计不同场面、不同人际关系的合作学习小组实践活动,以提高学习者对敬语的认知程度。外语翻转课堂的有效促学依赖于学习者从网络环境的语言输入学习成功地过渡到课堂环境的语言输出运用,二者互动协同才能最大化地发挥翻转课堂教学模式的促学效能(胡杰辉,2017)。设计了老师与学生、导游与游客、上司与部下、学姐与学妹之间的对话,教师要对小组敬语实践活动进行语言和内容方面进行点评。教师再进一步引用以下专家学者们的观点结合小组会话引导学习者加深对敬语更深层次的认知。蒲谷(2007)在日本文化审议会上提出以创建和谐社会,传承更适宜人类生存的智慧文化为目的,在交际中活用敬语,进一步深化对敬语的认识。池上、潘钧(2008)认为日语采用敬语、终助词等形式,承担起顾及听者的功能,是一种社会性认知,包括与对方的社会关系、在信息内容方面对方的参与度、

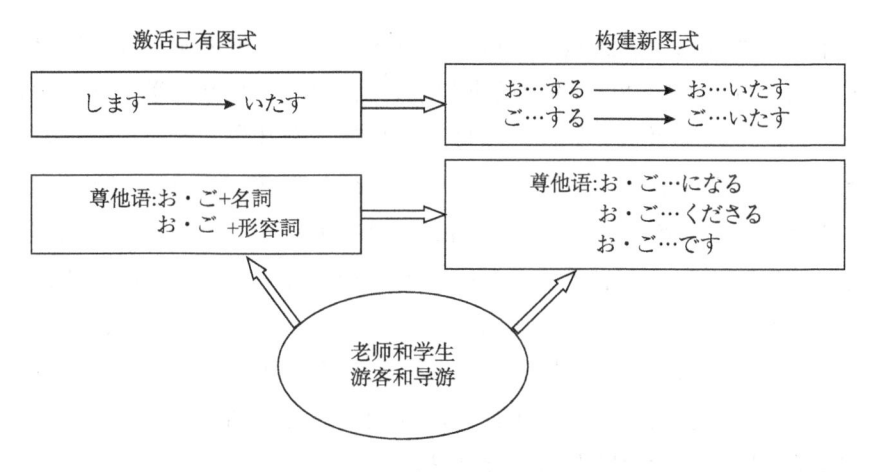

```
激活已有图式                    构建新图式
┌─────────────────┐         ┌──────────────────────┐
│ します ──→ いたす │    ──→  │ お…する ──→ お…いたす │
└─────────────────┘         │ ご…する ──→ ご…いたす │
                            └──────────────────────┘
┌─────────────────┐         ┌──────────────────────┐
│ 尊他语:お・ご…+名詞│    ──→ │ 尊他语:お・ご…になる   │
│    お・ご…+形容詞 │         │     お・ご…くださる   │
└─────────────────┘         │     お・ご…です       │
                            └──────────────────────┘
              ↑                        ↑
              ╲                        ╱
               ╲    老师和学生         ╱
                ╲   游客和导游        ╱
                 ╲_____╱
```

图7.1　敬语语言文化图式的认知

信息内容上与对方的共有度、对信息内容的情感、态度上的调整等因素。佐藤、李均洋、高永茂（2009）对敬语又有了新的解说：以"相互尊重"和"个性表现"为平台，设定多种多样的语境，以建立和谐的人际关系和交际往来为目的，使读者了解敬语并掌握敬语的使用方法。笔者认为随着社会的发展和人们认知的扩展，对作为日语语言重要组成部分的敬语的认识也是不断变化的。敬语受约于日本"和"文化，是基于人与人最根本的关系尊重，表达了行为主体对交际对方或话题中人物的一种社会性认知，是以回归和实现和谐为目的的交际言语行为❶。

上述"三步曲"完成了课堂教学上的二次内化，有助于学习者不断加深对敬语的认知和熟练运用，能够提高学习者日语口语交际能力，能够更加有效地提高学习者的敬语语言文化认知能力和文明礼仪素养。

4.3　课后教学效果检验与评价

由于课前教学活动设计的内容较多，没有设计在线检测练习。同时也为了让学习者在充分理解和掌握的基础上实现进一步巩固，特此设计了课后教学效果检验和评价环节。利用雨课堂平台发布课后作业PPT（2020年4月11日发布），让学习者完成在线练习。

---

❶ 侯占彩.基于认知视角下的敬语教学探析：以《综合日语》为例［J］.或問, 2016（No.30）：85.

课后教师可以通过测验结果进行教学效果检验。根据所学知识，笔者制作了《综合日语》第 20 课的课后小测验。由于是第 20 课所学全部语法知识的小测验，所以敬语相关的试题序号不是从第 1 题开始，共分为选择题和填空题，仅各选 2 个题分析答题情况。本教学班共有 22 人，其中 19 人参与答题。选择题的第 3 题，共计 13 人正确，有 2 人混淆了 "お…する" 和 "ご…する" 的用法，有 4 人混淆了 "ご…する" 和 "ご…になる" 的用法；选择题的第 4 题，19 人全部正确。填空题的第 1 题，共有 17 人正确；填空题的第 3 题，19 人全部正确。对于出现错误的选择题第 3 题和填空题第 1 题中的敬语用法将在教材课后练习中进一步强调和强化。同时经后续问卷调查显示，大部分同学认为翻转课堂的尝试是成功的。

5 认知语言学视角下的日语翻转课堂教学设计模式

在翻转课堂教学的全过程，教师应依据认知理论和规律帮助学生发展其认知路径和认知结构，从而更好地适应翻转课堂教学（尹玮、张凯，2017）。因此，笔者认为根据上述日语敬语教学案例，认知语言学视角下的日语翻转课堂教学设计可以分为三个环节：首先，课前完成一次新知识的内化。教师让学习者观看有关《综合日语》教学的微信公众号视频以及预习相关文本，完成新的语言文化知识输入，实现初级阶段的认知。其次，课堂上通过"三步曲"完成新知识的二次内化。教师让学生讨论具体文本，了解对新知识的认知程度，然后基于认知语言学理论进一步引导学习者分析具体语言文本，激活对新知识已有的语言文化认知、构建新知识更深层次的语言文化认知，再让学习者设计小组实践活动，实现语言和文化知识的输出和运用，进一步提高学习者对新知识的语言文化认知，实现高级阶段的认知。最后，课后完成新知识的检验效果和评价。教师制作小测验和问卷调查，让学习者完成在线练习检测和评价教学效果，进一步实现扩展认知。

基于认知语言学视角下的日语翻转课堂教学设计具体环节，笔者认为可以构建以"认知语言学"理论为指导，以"翻转课堂"为载体，以"认知主体学习者"为中心，以"提高语言文化认知能力与综合人文素养"为目标的高校日语教学模式。

6 结语

本章通过日语敬语教学案例，构建了以"认知语言学"理论为指导，以"翻转课堂"为载体，以"认知主体学习者"为中心，以"提高语言文化认知能力与综合人文素养"为目标的高校日语教学模式。该教学模式是认知语言学与翻转课堂信息化教学相融合的有益尝试，为进一步深化高校日语教学改革、实现教学模式创新提供参考与借鉴。不仅日语中的敬语教学，其他的重点和难点也都可以采用上述教学设计模式，这是今后需要探讨的课题。

认知语言学在日语教学习得方面的应用可谓方兴未艾，大有可为。朱京、苏晓军（2015）简述了微课和认知语言学视域下教学模式的基本情况，在对它们的特征进行分析归纳的基础上，作者尝试构建了以"微课"为载体，以"构式习得"为目标的微课教学模式。刘正光、艾超阳（2016）提出深入认识认知语言学的"语义是核心，语法结构都有意义，语言基于使用"三个基本特征能够在教学实践中为更好地解决"准确性、流利性和思辨能力不强"三个基本问题而提供新的思路。首先，应加强理论研究，特别是与二语习得的结合上，可学习借鉴英语等语种的有关实践经验；其次，需加快相应教材的开发与实践，尝试从专业层面、课标角度切入，于各个不同学习阶段适当导入；最后，可从思维模式角度出发，适当扩散、推及至文化文学方面，既可体现"语言是一切学科的基础"的观点，又可提高学生学习的积极性和思考的主动性，最大限度地挖掘认知语言学在教学应用上的潜力和可能性。就狭义的"应用认知语言学"前景而言，这是一个很有魅力、尚待开发的领域[1]。不仅如此，认知语言学还可以结合信息技术微课、翻转课堂等载体进一步构建新的日语教学模式。笔者认为这一日语教学模式能够不断推进认知语言学方法、理论与信息技术教学的进一步融合，为进一步深化高校日语教学改革、实现教学模式创新提供借鉴。

---

[1] 潘钧. 认知语言学与日语教学结合的现状与未来：兼论"应用认知语言学"的应用前景[J]. 外语学界，2016：174.

附 录

附录 1　部分章节与论文之间的关系

　　第三章第二节认知语言学视角下的日语形容词教学，源于 2016 年 10 月 28 至 30 日在济南山东财经大学举办的第五届中国认知语言学与二语习得研讨会上宣读的论文《基于认知视角下的形容词教学探析——以〈综合日语〉为例》，进一步修改完善之后于 2016 年 12 月 10 至 11 日在济南山东师范大学举办的山东省国外语言学学会 2016 年年会荣获优秀论文二等奖，其中的部分内容《基于认知视角下的日语形容词教学探析——以"りっぱ"为例》于 2021 年 11 月在外语教学与研究出版社《高等日语教育》（第 8 辑）出版。

　　第三章第三节认知语言学视角下的日语惯用语教学，源于 2003 年第 4 期在《文教研究》上出版的论文《从日语惯用语看日本人的羞耻感》，荣获 2003 年度山东师范大学硕士研究生科研优秀奖，并于 2005 年撰写的硕士论文《关于"名"与"耻"词汇的中日对比研究》中进一步深化，在撰写本书的过程中运用认知语言学的理论与方法进一步完善。

　　第四章第二节认知语言学视角下的日语"Ｖて＋補助動詞"教学，源于 2016 年 10 月 14 至 15 日在济南齐鲁工业大学举办的第四届日本学高端论坛暨日语教师研修会上宣读的论文《基于认知视角下的"Ｖて＋補助動詞"教

学探析——以〈综合日语〉为例》。

第五章第二节认知语言学视角下的日语敬语教学，源于 2014 年 9 月 26 至 28 日在济南山东财经大学举办的山东国外语言学学会 2014 年年会上宣读的论文《基于认知视角下的敬语教学探析——以〈综合日语〉为例》，进一步修改完善之后于 2016 年 12 月在白帝社《近代東西言語文化接触研究会の会誌 或問 No.30》出版，敬语文化部分的认知在笔者撰写主持的山东省艺术科学重点课题《认知视域下的中日敬语文化比较研究》（项目编号：1607424，2016.7—2017.11）中进一步深化，在 2017 年 9 月 16 至 17 日山东师范大学举办的第五届日本学高端论坛——东亚视域下中日经济的合作与展望国际学术会议宣读的论文《敬语文化在中日经济贸易中的作用》中进一步完善。《基于认知视角下的日语敬语教学》实践荣获 2015 年度山东财经大学移动教学奖三等奖，发表的论文《基于认知视角下的敬语教学探析——以〈综合日语〉为例》荣获 2018 年度中国日语教学山东分会第三次优秀社会科学成果奖三等奖。

第六章第二节认知语言学视角下的日语阅读教学，源于 2013 年 10 月 19 至 20 日在山东师范大学举办的第一届日本学高端论坛暨山东日语分会成立国际学术会议宣读的论文《基于认知视角下的日语能力测试 N2 阅读理解探究——以 2000—2012 年的试题为例》，进一步修改完善之后于 2016 年 4 月在外语教学与研究出版社《当代日语教学与日本学研究》（第 1 辑）出版。

第六章第三节认知语言学视角下的日语听力教学，源于 2016 年 12 月 10 至 11 日在济南山东师范大学举办的山东省国外语言学学会 2016 年会上宣读的论文《基于认知视角下的日语听力教学探析——以〈日本语听力〉为例》，进一步修改完善之后于 2018 年 8 月在华东理工大学出版社《日语教育与日本学》（第 12 辑）出版。

附录 2 《综合日语》第一、二册中的形容词

形Ⅰ：
白い・大きい・古い・高い・明るい・黒い・小さい・可愛い・赤い・広

い・厳しい・面白い・難しい・易しい・速い・新しい・いい・遠い・楽しい・狭い・暑い・寒い・暗い・おいしい・うるさい・多い・少ない・まずい・汚い・安い・つまらない・かっこいい・良い・優しい・長い・忙しい・悪い・短い・素晴しい・偉い・すごい・苦しい・きつい・暖かい・ない・ほしい・近い・軽い・熱い・冷たい・辛い（から）・痛い・遅い・甘い・嬉しい・うらやましい・悲しい・怖い・懐かしい・恥ずかしい・寂しい・詳しい・早い・珍しい・眠い・細かい・永い・細い・めでたい・つらい・だるい・ありがたい・黄色い・強い・若い・ひどい・よろしい・美しい・低い・冷たい・浅い・うまい・正しい・柔らかい・危ない・礼儀正しい・遠慮深い・深い・賢い・いけない・親しい・遅い・涼しい・相応しい・とんでもない・悔しい・喜ばしい・逞しい・堅苦しい・奥ゆかしい・古き良き・浅い・面倒くさい・物凄い・きつい・温かい・目覚ましい・上手い・甚だしい・すっごい（凄い）あったかい（暖かい）・青い・近しい・ややこしい・かけがえのない・何気ない・湿っぽい・果敢ない・久しい・情けない・厚かましい・お安い・堪らない・だらし（が）ない・手厚い・余儀ない・危うい・著しい・濃い・重々しい・もったいない・肌寒い・太い・たやすい・この上ない・もどかしい・恐ろしい

形Ⅱ：

主要・立派・複雑・大変・簡単・大丈夫・静か・有名・奇麗・賑やか・親切・便利・不便・同じ・上手・下手・残念・ハンサム・久しぶり・丈夫・楽・世界的・壮大・結構・好き・地味・素敵・伝統的・大切・大好き・嫌・嫌い・奇抜・様々・独特・重要・丁寧・このよう・活発・どのよう・深刻・身軽・デラックス・幸せ・ワイルド・確か・気軽・ロマンチック・変・真面目・新鮮・積極・可哀そう・爽やか・真剣・豊か・ユーモラス・知的・几帳面・なめらか・グローバル・新た・有利・具体的・独創的・社交的・お洒落・一方的・夢中・余計・相対的・ハングリー・慎重・強引・平気・器用・妙・批判的・根本的・勝手・個人的・忠実・モダン・保守的・豊富・対照的・現代的・貴重・清らか・簡潔・ソフト・原始的・同様・颯爽・真っ青・無闇・基本的・柔軟・明確・徹底的・好調・熱狂的・職人的・単念・安泰・急激・緩やか・超奇麗・唐突・シンプル・奇妙・肝要・恣意的・不思議・謙虚・執拗・ヘルシー・フェア・微か・希薄・心理的・性的・広範・情緒的・婉曲・単純・合理的・必然的・自主的・メンタル・明らか・和やか・客観的・

論理的・鮮やか・手頃・鮮明・ハード・スムーズ・ベター・窮屈・真っ当

形Ⅱ・名：

色色・必要・元気・好評・ショック・不安・楽しみ・だめ・得意・苦手・まめ・健康・急・生・ラッキー・寝不足・安全・黄色・温暖・謙譲・スタンダード・ほんとう・自由・有効・詳細・ほどほど・非常・安全・不十分・熱心・身近・不満・弱気・正直・自然・不可能・高級・不快・清潔・抜群・固有・臆病・優秀・容易・絶妙・高価・生意気・平ら・誠・必死・不運・無責任・光栄・無事・別・フリー・独自・ユニーク・無駄・ぎりぎり・暇・極端・大幅・急速・派手・高額・公平・平穏・貧乏・余分・微妙・確実・がむしゃら・適切・本格的・冷静・我儘・非常識・無神経・真っ黒・特異・不審・間近・横暴・誠実・曖昧・多様・高度・幸福・完璧・多大・永遠・対等・勤勉・明晰・的確・妥当・むやみに・無意識・幼稚・冗漫・荘重・滑稽・過剰・不要・危険・中途半端・静寂・無数・不可解・適当・誠実・型破り・無鉄砲・バンカラ

形Ⅱ・副詞：

一生懸命・いっぱい・案外・当然・遥か・十分・僅か

形Ⅱ・自Ⅲ：

ぐしゃぐしゃ

形Ⅱ・名・他Ⅲ：

心配・卑下

形Ⅱ・名・自Ⅲ：

安心・不足・退屈・無理・共通・迷惑・感心・不注意・満足

形Ⅱ・名・副：

見事

形Ⅱ・副・自Ⅲ：

ぴったり

附录3 BCCWJ中"明るい"的例句

1	参拝を終えて、軍帽の上に赤い鉢巻きを締めた指揮官の訓示を聞いているところだった。	明るい	爽やかな声だった。
2	自分をだすためにする思考を	明るい	未来へのビジョンに変えて、祈りの力を手中にしてください。
3	「そうか。八月十二日だな。待ってるぞ」。いつになく	明るい	祖父だった。
4	先生はいつになく	明るい	表情だった。
5	原保育園の紹介、園目標・たくましい子　・考える子　・素直で	明るい	子本年度のテーマ地域の自然の中で、友だちとのつながりを広め、集団での活動を楽しむ。
6	夜7時でも、まだまだ	明るい	です。
7	青は寒色ですが、この季節にはその特徴をうまく利用してみましょう。	明るい	空色のヒヤシンスやアイリス、アネモネなどは穏やかな落ち着いた雰囲気を出してくれます。
8	磁器粘土より多少白さは劣りますが、	明るい	クリーム色でしっかりと焼き締まりますので、鮮やかな色彩の釉薬にはうってつけの粘土
9	彼を支えたものは、親譲りのキリスト教的な精神と、人生に対する	明るい	建設的な態度である。
10	馴染んだ絵本の絵や、物語から抱いた夜空のイメージが、	明るい	藍色をしていたのだろうか。
11	我が国経済は、平成5年には春先に経済の一部に	明るい	動きが現れたものの夏場以降再び低迷した。
12	心が	明るい	と満月も明るく見えるんです。
13	「お元気そうで何よりです」と席に座ってもらったのですが、どうもいつもの	明るい	表情のWさんとは少しちがいます。
14	越智看護婦さんは親切な	明るい	方で、教会礼拝の翌日は必ず、週報を持って牧師の説教を聞かせに来てくださっていた。
15	まだ夜明けには間があるが外は雪明りで結構	明るい	。独りでは身仕度に手間取ることもなく、三時を少し回った頃には行動を開始する。

续表

16	すでに何度か述べたことだが、いまこそ人びとの心の病を治し、より	明るい	未来のために働くことのできる環境を整える必要がある。
17	夜も窓の正面に月が昇って、十五夜のときなんかはとても	明るい	んですよ」(公子さん)。
18	今朝の天気は引き続いて	明るい	空模様で、快晴のようです。
19	新しい職場は清潔な事務所で、窓は全部	明るい	ガラス窓であり、窓を開けるとさわやかな空気がいっぱいに流れ込んできた。
20	流れを隔てた後ろや両脇の雑木林の落葉樹が冬は枯れ木立になるので、ワサビ田は	明るい	陽射しをうけるが、…
21	顔にはねてくる小枝を両手で払い続けなければならないからである。	明るい	陽光の下で、自由というものがさらに怖いものに見えてきた。
22	少々気のめいる曲でしたので、気分を変えるつもりで「週末の朝ですから	明るい	曲が好いという方には、今度は弾む曲です」とアドリブで云うとリスナーから後日、大変
23	日当たり	明るい	窓辺などが好み。
24	私はそんなことで悩むくらいなら潔く別れて	明るい	未来を選びます。
25	うす汚い熊のぬいぐるみがハート形をした	明るい	オレンジ色のナイトドレス・ケースのうえにのせてあった。
26	その自信に満ちた落ち着きと、朗々として聞く者の耳にこころよい大きく	明るい	声音は、天皇をはじめ、公卿衆を安堵させ、浮き足立っていた女官たちを痺れさせた。
27	花などを飾ることによって玄関回りを	明るい	イメージにすることができる。
28	赤毛が幾筋かブロンドと	明るい	茶色の髪に交じっている。
29	妙に法秀尼の顔がうきうきと	明るい	。離れて座ると、「千代さん、こなたが誰かわかりますか」と言う。
30	着々と進む都市基盤の整備右京区基本計画に掲げる「人と自然と歴史が織りなす	明るい	未来」の実現に向かって都市基盤の整備が、着々と進められています。
31	ただし、高温多湿が苦手なので真夏だけは直射日光、西日を避けて風通しの良い	明るい	日陰で育てるようにしましょう。

续表

32	三島由紀夫に	明るい	方なら、あるいは「綿谷昇」の両親の設定もまた、そう言えばどこか三島由紀夫の両親を
33	電車が近づき、映写機からはずれて流れだすフィルムのように、	明るい	光を放つ窓がめまぐるしく目の前をとおりすぎた
34	それにしても、ウイグルの人たちの陽気さかげん、この	明るい	性格はどこから来るのだろう。
35	長い間の束縛から彼らを自由にして、	明るい	太陽の光の下に連れ出したのだった。
36	いろいろな星の半径恒星の表面温度が同じ，すなわち同じスペクトル型の恒星では，	明るい	ものほど半径が大きい。
37	うー小説進まなーい制作予定だけ無駄に多いのが悪いですね。	明るい	話書くの向いてないのかなあ投票、やってみてね。
38	黒と	明るい	グレイのコントラストを見せる毛が美しい、なかなかに精悍な中型犬だ。
39	彼女は利巧な「洗練された浮世」の娘に還っていた。どこまでも「	明るい	不満の都会」の娘だ。
40	両校には、数名の不登校生徒がいるが、どちらも比較的自由な校風で、	明るい	雰囲気の中学校である。
41	このような経験をする前、自分は、太陽が燦々と照りつける	明るい	野原のようなところで、他の人々と笑顔を交わしながら楽しく暮らしていると確信していた
42	常緑樹の暗い日陰を背景に、	明るい	部分が手前にあると、庭にメリハリがつき奥行きが出ます。
43	女の子たちは、捕まっても割と	明るい	ところをみると、そんなに重罪というわけでもないのかな。
44	村は、	明るい	光と色彩につつまれた。
45	カントリーでスノーボードをした後は、放心状態にも似た充実感で心が満たされますよ。	明るい	樹林帯を登る。
46	そして時折り通りすぎていく	明るい	表情の農村の人たち…。
47	巨木無花果の密林は、緑の天蓋にさんさんと降りそそぐ太陽の光を受けて輝くばかりに	明るい	。「ザーラ！」「人見！」

续表

48	そんな安心感があるせいだろうか、難民たちの表情は	明るい	。
49	その子は	明るい	子でいつも男たちが寄ってきて冗談いいあったり、笑い声が絶えません。
50	シリウスBが主星面に出入りするときの様子や、通過中にシリウスBのまわりに	明るい	光の輪ができたのも、これで説明できるでしょう。
51	室内でも高速シャッターを切らねばならず、	明るい	大口径の望遠レンズが不可避となります。
52	どれもオート麦の種にまみれている。ぼくは	明るい	色の羽根を一枚、取り出した。
53	あまり	明るい	ので、チャボたちは夜明けと間違えたらしい。
54	画面内に太陽など	明るい	ものがあれば、山は右側いっぱいまで来るかもしれませんし、
55	市民局人権室☎6208-7612みんなの力で差別のない	明るい	社会を～部落差別調査等規制等条例～ 大阪府では、昭和60年から「大阪府部落差別事
56	うるたんの	明るい	ライトを頼りに35から37くらい（多分）でローテ。
57	窓もひろくて	明るい	。内庭からも出入りできる。
58	雨がなにかにすうっと吸い取られるように晴れると、世のなかがからっぽになったような	明るい	初夏の日光でありました。
59	83年都知事選挙で、社共などによる「	明るい	革新都政をつくる会」は、評論家の松岡英夫氏を擁立したものの、約90万票差で惨敗。
60	ジェントルマンやレディは善習慣から生まれる、と蓮沼は次のように述べる。	明るい	方面のみを見るのは、その人の本性にもよることながら、意志の力によってその習慣をつけ
61	平野 ほとんど平らな土地が，広くつづいている所を平野とよびます。真ん中の	明るい	部分は写真に写されたはんいをあらわしています。
62	聴いててうっとりするねんな、	明るい	のもあるねんけどもそれと歌手の人が情緒たっぷりに歌うさかい余計に聴いてる方は聞き
63	中に足をいれたとたん、ぱあっと陽がさしたみたいに	明るい	。

续表

64	線の具合でも確かめたいのか、ぜいたくにも蠟燭をつけている。	明るい	蠟燭の光で見ると、親爺殿のまわりはひどいことになっていた。
65	法線ベクトルと入射ベクトル方向が一致するため，最も	明るい	領域になっている。
66	上場企業の三月決算は増益会社が60%で	明るい	ようだが、潜在赤字解消及び人員削減ほか、
67	を抱え直しながらすり抜けて行く二人の背中に「鬼のような顔して走るな」という拓郎の	明るい	声が飛んだ。
68	今夜も沢山の人 ありがとう☆フレディーを追悼しつつ	明るい	夜を過ごせる事ができたのはみんなのおかげ。
69	全体に照明が施されているが、道の両側に観客席のある場所があり、ここの照明は一段と	明るい	。
70	「八紘さんは、あなたを—」「大丈夫です！」八紘の表情は、意外に	明るい	。
71	昼間の	明るい	ときに見に行くよ」「いまだって、周りの明かりで見えるよ。
72	神の住まうところは、そんなに近く、	明るい	。
73	今の世の中が向かっている方向について，	明るい	＋どちらかといえば明るい）が18%,「暗い」（暗い＋どちらかといえば暗い）が77%
74	洋服ならブラックフォーマルは避けた方が良いです。	明るい	お色のスーツやワンピースの人が多かったですよ。お父様は普段使いのスーツで充分です。
75	右太は、ちょっと顔を緊張させたが、すぐ愛らしい	明るい	声をたててわらうと、（すてる、ものか）「ほんなら、どうした？」
76	山間の地だと	明るい	時間など、それから8時間程度しかない。
77	包皮がむけあがったばかりの、まだ	明るい	色をした健康なペニスを。
78	残念ながら、こうした	明るい	側面が認められる一方で、暗い側面も認められます。
79	しかし、どんなに慰められようと、夫の死の直後の妻が、	明るい	態度で仇の男の胸の中に飛び込んでゆくことが出来たかどうか。

续表

80	そこで、	明るい	選挙を呼びかける印象的なポスターを次のとおり募集します。
81	左上の「home」矢印のすぐ右、ちょっと	明るい	部分のドットパターンが違っていないかなーと。
82	私は美術クラブにも入り、まっ黒な自画像から、しだいに	明るい	色に変えていった。
83	ヘルシンキは、この季節でも21時半くらいまで外は	明るい	。
84	このうち、職場の雰囲気づくりというのは、よく耳にする。そして、	明るい	笑いのある職場づくりというのを掲げる人がいる。
85	これまでの経験が十分いかされ、希望に満ちた	明るい	スペースです」。
86	その	明るい	人柄で多くの人を助けられるようがんばってください。
87	赤とかとても綺麗な色の水着を着ていますよ〜♪娘さんに年を取ったら	明るい	色を着なさいって言われたとかって…
88	木々が伐採されている植林地は	明るい	土地を好む陽樹が芽生える。
89	彼は少年サッカークラブでもひときわ活発で、どこにいても元気いっぱいの	明るい	少年だったそうです。
90	かりに，人間の	明るい	肌の粒状の劣化を6％以下にすることをスキャナ設計の目標とする。
91	そのとき、水穂が彼らをはげますような	明るい	声で言ったのです。
92	メディア自体の価格がやや割高になってしまうが、この小ささと	明るい	ファインダーは、ほかの機種にはないアドバンテージといえる。
93	ところがどっこい、何故か	明るい	富士宮。
94	極度の物不足に悩み、いまなお政情不安の中にいる。	明るい	ラテン民族の国に春がくるのはいつか。
95	希望に満ちた	明るい	「死に支度」のメニューが増えるのではないでしょうか。
96	昼食時、鉛色の雲に掩われ、荒涼たる土漠であった景色は一変し、太陽の輝く	明るい	草原に、牛や羊が五十頭、百頭と群をなして、草を喰んでいる。

续表

97	頬擦りする母親の顔が見たかった。日々寂しそうにしていた彼女の本当の、以前の	明るい	顔が見たかった。そして共に泣いて喜んであげたかった。千代は黙って、自分だけの胸
98	ベージュ、白、黒ばかりじゃない 明るい色も魅力的シンプルスタイルも	明るい	色のアイテムを差し色にプラスすることでイメージが一新されます。
99	6月頃だと、7時くらいでもまだ	明るい	ので感覚的に早いかなって気は多少するかもしれませんね。
100	ふいにアポロニアは、	明るい	表情と声をつくった。

附录4　BCCWJ中"りっぱ"的例句

1	このように	りっぱ	にできたよ」ということを伝えたかったのだと思います。
2	「ぼく、こんな	りっぱ	なお邸に入ったことはじめてだな、お姉さん」と、
3	見たところは、すこぶる	りっぱ	で、身だしなみがよい、しかし、中身は、最低です。
4	調査結果や文献を駆使した	りっぱ	な論文となっている。
5	もし、ぼくが殺されることになったら、ぼくが	りっぱ	に死んだかどうか、先生に知らせてほしい。」
6	その時々で対処し気付くことができれば、それも	りっぱ	なコミュニケーションだと思う。
7	大きな店をもち、	りっぱ	なお屋敷にも出入りがかなう名の知れた菓子商になるのがゆめだった。
8	これは新しい役員が中心になって再建をするわけでございますので、十分	りっぱ	な再建が行われるように配意してまいりたいと思います。
9	おばあさんのカーテン屋には、お客がひとりもやってきません。	りっぱ	なかんばんも、雨にぬれて、みすぼらしくなりました。
10	だがすぐに、宿なしどころか、	りっぱ	な地位のありそうな、銀色の髪をした紳士だと気づいた。

续表

11	水に浸したところ芽が伸び葉がつき、今では結構	りっぱ	な観葉植物になりつつあります。
12	それも	りっぱ	な実験記録だからね
13	妻として母親としてみずからの役割を誠意をこめ	りっぱ	にこなすことで、モードは教区の誰からも慕われ深く愛された。
14	僕のときにはどうして官僚の皆さんが、	りっぱ	な方だけれども、やはり大臣が答えてください。
15	そうすりゃ、じいさんが、おまえんちにのりこんでいく、	りっぱ	な理由ができるじゃねえか。
16	しかし、滝川教授個人は	りっぱ	な人物であっても、戦後はマルクス主義的な左翼陣営の象徴的な人物となっていたのは事
17	この頂上には	りっぱ	な方尖塔がある。
18	話ししましたように、わたしは、このかけから、ベンディックス夫人はいわれているほど	りっぱ	な女性ではなかった、という結論を出しました。
19	「ご	りっぱ	なことだな」「それにひきかえ、ナオミは仁義を知らない女よね。
20	新居が予想以上に	りっぱ	なのに重定は気をよくしていた。
21	「ただの石で終わるか、	りっぱ	な玉になるか」のちょっとした分水嶺 礼儀作法を教える最初にして最高の学校は、人格
22	「風采の	りっぱ	な男だろう？ 背が高くて、顔は青白く、髪は、くり色だろう。」
23	判事さんは、かなりはげしい熱をもって、それは、	りっぱ	な、寛大な度量の大きいうそだ―世のなかで賞賛されているジョージ・ワシントンの
24	これはなにも	りっぱ	な舞台にのせてということではないのであって、貴重な芸能、芸術にふさわしい環境を
25	外洋に港をつくった経験も少ないから、それを見て、その後でゆっくり	りっぱ	な港をつくったらどうかということが新聞に出たのです。
26	占いはね、あれはつまり科学だよ。	りっぱ	な統計なんだ。

续表

27	将軍はこの不思議な贈り物をとても喜ばれて、松村に	りっぱ	な引出物をくださっただけでなく、大河内明神の社を再建するためにも、
28	（だんなより上！！）今は	りっぱ	な乳首になっております。
29	ところが、あの人たちは	りっぱ	な役にたつ人たちで、あなたはろくでなしなんだって！
30	一家の主人は東大出で誰でも知っている	りっぱ	な会社につとめ、長男はこの春、一流私大の理工学部を出てこれも超一流会社に入った。
31	いろいろと都の方ともアドバイスして地域の住民の方々の御理解の上にともに	りっぱ	な成果を上げられるようにいたしたい、このように考えるものでございます。
32	漱石は、きょうだい男五人女三人の末っ子です。	りっぱ	な家柄で、直克は今でいえば区長にあたる名主で、道であったりすると、
33	づいてくるのを見て、一歩退くと、彼女がケースの前に立てるように場所を空けた。「	りっぱ	なコレクションですね」洋子は彼の横に立ち、ケースを覗き込んで言った。
34	その頑丈なコンクリート製の橋桁のある公園の隅にある御影石の	りっぱ	な境界石がここには、『陸軍』の文字が、はっきりと残っていた。
35	戦後、日本の住まいは広く	りっぱ	になっていきました。
36	お母さんは、「わたしみたいに、どうどうとして心の広い、	りっぱ	なゾウにそだってほしいわ。」と思いました。
37	そのおかげで、今年も	りっぱ	な麦がたくさんできました。
38	悪書でも出しつづけていく姿勢は、	りっぱ	なものではないか。
39	無理を言って作ってもらったニャン美味しそうなチラシ寿司と桜餅で	りっぱ	なひな祭りになりそう僕はママが帰って来るまで
40	次はわたしたちが友だちに教えれば、	りっぱ	な「伝える"ちょボラ"」です。
41	バルヴァロやポンペオなど、今の時代の	りっぱ	な舞踊家たちが、彼らのしているところを見せてくれるだけで、
42	その指揮は、本職顔負けの	りっぱ	なものである。
43	唐櫃の底には、	りっぱ	な鏡がでんと置かれているだろう。
44	私はこの	りっぱ	な紳士に対するご配慮を懇請したい、そのいのちは彼らの策謀により危険におちいって

续表

45	古野川、四国三郎という大きな川がございまして、	りっぱ	な堤防ができておりますけれども、一面やはりりっぱな堤防のために内水が排除しにくい
46	働いているのに遊んでいるように、ゆとりを見せている人は、実は	りっぱ	だとおじいさんには思えるよ。
47	王さまは気のどくにおもって、	りっぱ	なようふくをすえっ子におくりました。もともとすがたのいいすえっ子です。
48	観光がいまや	りっぱ	な産業となっていることは否めない事実だ。
49	教育のために、また民主的な平和国家の建設のために学問の自由をあくまでも守りまして	りっぱ	な放送大学をつくりたい、かような念願に燃えておりますので、どうぞよろしくお願いいたします。
50	争いは去って、	りっぱ	な跡継ぎが決まったのだもの。
51	小さくても道義にまでこだわることが、	りっぱ	な人格の人になる「気高い思想を持てば、けっして孤独に成る事はない」価値を十分に
52	演題と講師の名がギッシリ刷りこんであって、うれしいことに彼の名も	りっぱ	にならび、演題は、『状況（1）閉塞と突破と解放　人間はいかにして人間となる。
53	この子は両親を持たなかったのですが、もし持っていたとすれば	りっぱ	な若者になっていたでしょう。
54	そして兄さんたちや姉さんたちが反対すると兄さんや姉さんたちを殺してしまいました。	りっぱ	な兄さんや姉さんたちが殺されたらしく、亡くなり、死んだようだと思って、
55	今夜ひと晩、ゆっくりかかって、考えられるというもんだ。	りっぱ	なやしき買いこんで、まるで、女王さまみたいに、くらすこともできる。
56	そこには金細工師の店があって、	りっぱ	なゆびわをたくさん売っていました。
57	世間から非難を受けるようなことのない	りっぱ	な事業を行いたい
58	そのとき十歳だった少年フレデリックは、	りっぱ	な青年となっていたのです。
59	壁には	りっぱ	な絵がかかっていた。
60	豪語していたこの親も、その娘がとうとう病死すると、その惜別の悲しさに耐えきれずに	りっぱ	な墓を建て、その後寸暇を惜しんで生前娘が好きだった花やケーキを携え、墓参を

续表

61	見えないものが実在しないなんて嘘っぱちだ。―おまえは、	りっぱ	な巨大怪獣だ。
62	門委員会というのがございまして、そこに組織運営専門委員会というのがございまして、	りっぱ	な先生のお名前がここに載っております。
63	休火曜　たこやき￥300　食通の山本益博氏も「この完成度の高さは、	りっぱ	な料理だ！」と絶賛した味。
64	今日からは、ここがおまんさあの家ござす、存分に文武に励み、賢治さんに劣らん	りっぱ	な"薩摩隼人"に成長してたもんせ、そんために私は、今日からおまんさあのためい、
65	はっきりと全ショットを通じてつらぬいており、映画全体を見終ったときの巨大な感銘を	りっぱ	に支えている。
66	黙って居て、しゃべらないほうが賢い人小さい事迄こだわることが、	りっぱ	な人の基礎に成っている「品格の有る思いや会話を友とすれば、けっして孤独にならない
67	「これ、寒い冬に、なんとありがたいことか！　こんな	りっぱ	なものを、生きているうちにわたしがいただけるなんて、思いもしなかったよ。」
68	吉田口登山道頂上3720m頂上だ！	りっぱ	な神社がある。
69	それに脱税は	りっぱ	な犯罪だ。
70	だから、子どもにテレビを見たいだけ見せて、それで他のいろいろなことも、	りっぱ	に育てあげてしまうお母さまもいるでしょう。
71	この人相書は、銀行の現金支払いの待合所で犯人を見たという人の観察によるもので、	りっぱ	な端正な容貌の持ち主だった。
72	他の動物でも同様であり、またフーカー博士のあらわしたこの群島の植物相にかんする	りっぱ	な著述で示されているように、ほとんどすべての植物でもやはり同様である。
73	駅前の飲食街を通り抜けた、閑静な場所にあった。この病院は、赤レンガ造りの	りっぱ	な建物だったが、最新の医療機器をふんだんに備えているわりには、ろくな医者がいない。
74	改善計画の内容につきましては、林政審等の意見も聞きまして	りっぱ	なものを立て、公表いたし、皆さんの御批判もいただきたいと思いますが、

续表

75	「砂場で投げとばされたやんちゃの一人です」といって大きな口をあけて笑い、「	りっぱ	な人というのは、人のために汗を流せる人やということ、
76	おそらくいまあやまってはまずいのであろう。イギリスとしては、こんな	りっぱ	な香港を、無血で返すのだから、礼を言ってもらいたいとでも思っているのかもしれない。
77	白鳥の卵からかえったのですから、アヒルの庭で生まれたとしても、	りっぱ	な白鳥に違いありません。いままでたえてきた、いろいろな悲しみや苦しみを、いまや
78	ああした無邪気な連中は、まったく清い心持ちからそういうこともするので、これを	りっぱ	な博愛だと信じて疑わないんですからね)。
79	金をもうけようとか、ひと山当てようというつもりではなく、胸をはって	りっぱ	なものをつくり、芸術と神様のために創造しようとしていたのでした。
80	例えば、今年の春は綺麗なピーチ色のセーターが欲しい。これも、	りっぱ	な夢なのです。
81	その広い背へ、「楊兄。立ち聞きとは、	りっぱ	な態度でしたな」
82	ろばの耳をもっていても、わたしは、きっと、	りっぱ	な王に、なってみせます。
83	べつの一人が心もとなさそうに言った「じゃあ、すんごい大きい	りっぱ	な駅なんだね」
84	シリングペンスのオイスターを持ち出しておばさんに会いに行くなんてひどい話	りっぱ	な泥ぼうよそうですともでも、きっと彼はあの女と何かあったのよ。あたしにはああいうこと
85	床の間には松村謙三氏の書の軸物が掛けてあった。	りっぱ	な漆塗りの仏壇は、城端に建てた家には置き場がないという。
86	きょう友達ふたりで一方が学んだんだから、	りっぱ	な学習だ。
87	実際はこの家屋も、カグウェルの民家と比べればかなり	りっぱ	な建物だった。
88	ルーシー・モード・モンゴメリは、驚くべき意志と忍耐の強さをもって、掛け値なしの	りっぱ	な"閨秀作家"を務めあげるのである。
89	岡山の川崎医大の木本教授が、動物実験で非常に	りっぱ	な裏づけがとれたという論文を発表いたしました。

211

续表

90	その牡牛をいけにえとして神にささげなくてはならなかったのですが、あまりに	りっぱ	な牡牛を見ているうち、ミノス王はだんだんおしくなってきました。
91	大きな王侯や貴族の人だけではなく、そのほかの市民も商人も	りっぱ	な邸宅をもつからである。
92	馬車も通れる広い道路で、	りっぱ	な橋を渡って二つの峡谷を横切ると、すばらしい森の奥へ入って行く。
93	おそらく卿は、いままで、ほんとうに	りっぱ	な女性とつきあったことはなかったでしょう。
94	学校や病院や図書館、そして映画やお芝居を楽しめる「たのしみのやかた」もある、	りっぱ	な都です。
95	伯母のケイドを若くしたような驚くほどよく似た押し出しの	りっぱ	な、身なりのよい淑女だった。
96	あのぶかっこうな灰色の、みなにいやがられた、みにくいアヒルの子ではなくて、一羽の	りっぱ	な白鳥でした。
97	自分に言い訳して繰り返していくうちに	りっぱ	な精神病になってしまいますよ。
98	夕夏　はやし●　43～72mmおすオオクワガタ夏　はやし●　32～72mm大きく	りっぱ	な大あごです。はらがわから見たところ。コクワガタ春　夏　はやし●　16～45mm
99	行方不明の母子の家に入ったとたん、	りっぱ	なシェパードがクラリッサに歩みよった。
100	最近はそうではない、かなりのエリート、中堅管理職、社会的には	りっぱ	な地位を得ている方でもアル中が徐々に出始めているというか、現にある。

参考文献

[1] 毕天云.经济社会学视角中文化在经济发展中的作用［J］.云南财经大学学报，2009（4）：15-18.

[2] 蔡全胜.中国人日语声调倾向新变化［J］.日语学习与研究，2009（6）：32-37.

[3] 苍丽影.职场日语中「おる・～ておる」的使用现状研究［J］.大连大学学报，2019（2）：72-76.

[4] 苍丽影.职场日语中的尊敬表达研究：以「お（ご）～になる」为中心［J］.辽宁工业大学学报，2019（5）：75-77.

[5] 曹大峰，林洪.日语语言学与日语教育［M］.北京：高等教育出版社，2014.

[6] 曹大峰，林洪.日语教学法的理论与实践［M］.北京：高等教育出版社，2015.

[7] 曹大峰，林洪.日语教学研究方法与运用［M］.北京：高等教育出版社，2015.

[8] 曹大峰，林洪.教师、课堂、学生与日语教育［M］.北京：高等教育出版社，2015.

[9] 曹红荃.中国日语学习者词汇习得研究：以形容词名词的搭配为对象［M］.北京：知识产权出版社，2013.

[10] 曹捷平.基于语义圆锥体理论的多义形容词习得策略：以现代日语多义形容词「甘い」为例［J］.东北亚外语研究，2017（4）：37-44.

[11] 曹向华.惯用语比喻义的隐喻阐释及对辞书释义的启示［J］.辞书研究，2020（1）：63-68.

[12] 陈洁羽.认知语言学视角下的日语被动句教学方略研究［J］.高教学刊，2020（13）：86-90.

[13] 陈菁晶.浅析日语的感情形容词「嬉しい」「楽しい」及动词「喜ぶ」的用法：以教

学中应注意的问题为中心［J］.新课程学习，2009（8）：163-165.

［14］陈姗姗.新JLPT视角下高级日语视听说课程教学实效性探究［J］.内蒙古师范大学学报，2016（6）：118-122.

［15］陈雯.第二语言产出中的日语惯用语回避现象：透明度和熟悉度的影响［J］.日语学习与研究，2020（2）：17-27.

［16］陈喜贝，刘明东.文化图式理论研究综述［J］.湖南学院学报，2011（6）：125-130.

［17］陈新仁.新认知语用学：认知语言学视野中的认知语用研究［J］.外语学刊，2011（2）：40-44.

［18］陈新仁.语用学与外语教学［M］.北京：外语教学与研究出版社，2013.

［19］陈要勤.认知风格对日语学习者听力理解的影响［J］.东北亚外语研究，2016（1）：59-63.

［20］陈朝阳.探讨日语听力教学中的文化渗透［J］.湖北第二师范学院学报，2008（6）：98-101.

［21］陈朝阳.商务活动中的日语敬语和女性用语［J］.日语学习与研究，2020（2）：9-16.

［22］陈忠华，刘心全，杨春苑.知识与语篇理解：话语分析认知科学方法论［M］.北京：外语教学与研究出版社，2004.

［23］戴朝晖.MOOC热点研究问题探析：全国首届MOOC时代高等外语教学学术研讨会启示［J］.外语电化教学，2015（1）：73-78.

［24］丹·斯珀波，迪埃·威尔逊.关联：交际与认知［M］.蒋严，译.北京：中国社会科学出版社，2008.

［25］丁跃斌.翻转课堂教学模式在"中日比较文学"课程中的应用［J］.牡丹江大学学报，2020（8）：99-102.

［26］杜彬彬.基于SPOC的翻转课堂教学模式在《基础日语1》课程中的应用研究［J］.开封教育学院学报，2019（3）：184-189.

［27］段银萍.日语感情形容词谓语句"感情表出语气"典型句式探析［J］.日语学习与研究，2005（2）：16-20.

［28］樊慧颖.论日语连体修饰节中形容词的"体"［J］.日语学习与研究，2009（1）：86-91.

［29］方萍.高校日语专业的日语新闻听力教学探索［J］.日语教学与日本研究，2012：55-64.

［30］费里德里希·温格瑞尔，汉斯-尤格·施密特.认知语言学导论［M］.彭利贞，许国萍，赵微，译.上海：复旦大学出版社，2016.

［31］费晓东.基于认知技能的日语听力过程研究［J］.日语学习与研究，2020（2）：

65-72.

[32] 符淮青.敬语如何表"敬"？[J].语文建设，1992（1）：44.

[33] 傅冰.论日语使役和被动的意义接点[J].解放军外国语学院学报，2016（6）：63-68.

[34] 高升.日语科阅读理解试题的命题理念及实践[J].日语知识，2008（4）：30-33.

[35] 高亮，秦国.日语阅读教学课的生态学模式研究[J].鸡西大学学报，2017（1）：95-98.

[36] 宫雪.基于灰色关联分析的日语阅读教学质量评价[J].沈阳建筑大学学报，2018（3）：314-318.

[37] 关薇.现代日本语感情表现研究[D].上海：上海外国语大学，2007.

[38] 顾春，张婉茹.ＪＦ标准对日语听力教学的启发[J].日语教育与日本学，2012（5）：125-130.

[39] 韩新红.基于《酒店礼宾员》的日语敬语动词定量考察及其教学启示[J].西安外国语大学学报，2019（2）：108-113.

[40] 何自然.认知语用学[M].上海：上海外语教育出版社，2006.

[41] 胡杰辉.外语翻转课堂促学效能差异的对比研究[J].外语界，2017（6）：20-28.

[42] 胡璇.从关联理论到"广义认知语用学"：近20年国内认知语用学研究回顾与思考[J].外语学刊，2013（3）：60-65.

[43] 华晓会，郭永刚.从认知视角探析日汉"ている"持续相[J].哈尔滨工业大学学报，2006（4）：157-160.

[44] 侯锐.关于日语声调的调域[J].外语研究，2011（3）：38-42.

[45] 侯占彩.从日语惯用语看日本人的羞耻感[J].文教研究，2003（4）：65-66.

[46] 侯占彩.关于"名"与"耻"词汇的中日对比研究[D].济南：山东师范大学，2005.

[47] 侯占彩.基于认知视角下的日语能力测试N2阅读理解探究：以2000—2012年的试题为例[J].当代日语教学与日本学研究，2016（1）：250-258.

[48] 侯占彩.基于认知视角下的敬语教学探析：以《综合日语》为例[J].或问，2016（30）：81-90.

[49] 侯占彩.基于认知视角下的日语听力教学探析：以《日本语听力》为例[J].日语教育与日本学，2018（1）：63-73.

[50] 侯占彩.基于认知视角下的日语形容词教学探析：以"りっぱ"为例[J].高等日语教育，2021（2）：32-43.

[51] 黄晋.Blackboard网络平台在日语教学中的应用实践：以《日语听力》为例[J].山

东外语教学，2011（1）：39-43.

[52] 贾驰，高用顺，高琴，等.日语专业听力教学方法改革与创新[J].沈阳农业大学学报，2016（2）：225-228.

[53] 姜红.基于语料库的日语形容词词语搭配及语义的认知研究[J].外语教学与研究，2012（6）：845-855.

[54] 姜红.日语多义感觉形容词的语义分析研究：语义分析模型的构建[D].北京：北京外国语大学，2013.

[55] 金海.试析日语文学作品中敬语对人物心理描写的影响[J].山东农业工程学院学报，2019（2）：127-128.

[56] 郊晚青.日语助动词的声调[J].日语知识，2002（9）：17-18.

[57] 靳学军，王小霞.日语形容词声调的研究[J].山西农业大学学报，1996（1）：60-63.

[58] 兰卉.认知语言学在日语词汇教学中的应用[J].吉林广播电视大学学报，2011（3）：101-103.

[59] 李爱华.日语形容词中的引申义[J].日语知识，2010（11）：12-13.

[60] 李福印.意象图式理论[J].四川外语学院学报，2007（1）：80-85.

[61] 李福印.认知语言学概论[M].北京：北京大学出版社，2008.

[62] 李金莲.基于平行语料库的中日被动句对比研究[D].济南：山东大学，2010.

[63] 李金莲.非句法因素对被动句主语选择的限制：从中日对比的视角[J].烟台大学学报，2011（4）：111-115.

[64] 李金莲.日汉自动词被动句对比分析[J].中国海洋大学学报，2012（4）：114-118.

[65] 李静，李琨.翻转课堂在国内高校日语教学中的应用述评[J].肇庆学院学报，2017（4）：47-50.

[66] 李庆祥，李国磊.日语五感形容词语义扩展中的通感比喻研究[J].解放军外国语学院学报，2012（6）：10-14.

[67] 李素杰.图式理论与日语阅读教学[J].语文学刊，2010（7）：109-111.

[68] 李晓霞.基于图式理论的日语听力教学[J].长春理工大学学报，2013（2）：181-182.

[69] 李远喜.认知语言学与日语学习[J].日语学习与研究，2004（3）：82-86.

[70] 梁辰.声调偏误对学习者日语发音自然度的影响[J].日语学习与研究，2020（2）：57-64.

[71] 梁茂成，李文中，许家金.语料库应用教程[M].北京：外语教学与研究出版社，2010.

[72] 梁晓波，李勇忠.原型理论对外语教学的启示[J].外语教学，2006（4）：67-74.

[73] 林琳.充分发挥语言文化资源在中原经济区建设中的作用[J].学习论坛，2014

（6）：64-66.

[74] 凌蓉.翻转课堂模式下的日语语音教学设计研究［J］.日语学习与研究，2018（4）：68-76.

[75] 凌蓉.日语被动句在会话中的使用情况及功能分析［J］.日语学习与研究，2016（1）：49-56.

[76] 凌蓉.基于OJAD的日语声调自主学习研究［J］.日语学习与研究，2019（2）：76-85.

[77] 刘春发.日本内外文化现象对中日互译中日语表述的影响：以被动形式为例［J］.上海理工大学学报，2016（4）：328-332.

[78] 刘佳琦.日语学习者的动词テ形声调习得研究：在中间语言理论的框架下［J］.日语学习与研究，2011（2）：107-112.

[79] 刘佳琦.日语语音教学的新趋势：基于《NHK日本語発音アクセント新辞典》修订研究［J］.日语教育与日本学，2017（1）：22-31.

[80] 刘佳琦.日语语音教学的实践及展望：理论、方法与成果［J］.高等日语教育，2018（1）：49-61.

[81] 刘金才.敬语［M］.北京：外语教学与研究出版社，1998.

[82] 刘立国，宫伟.新经典日本语 听力教程［M］.北京：外语教学与研究出版社，2015.

[83] 刘宁晖.授受补助动词"てくれる"的相关考察：从日语学习者的角度［J］.山东农业工程学院学报，2018（2）：125-126.

[84] 刘云.日语授受表达的构式解析及其话语功能［J］.东北亚外语研究，2020（3）：56-61.

[85] 刘正光.认知语言学对外语教学的启示［J］.中国外语，2009（5）：29-34.

[86] 刘正光.认知语言学的语言观与外语教学的基本原则［J］.外语研究，2010（1）：8-14.

[87] 刘正光，艾超阳.从认知语言学看外语教学的三个基本问题［J］.现代外语，2016（2）：258-267.

[88] 刘子璇，张岩.新日语能力测试N2样题及解析（4）读解二［J］.日语知识，2011（2）：30-33.

[89] 罗萃萃，阿部誠.最新商务日语教程［M］.南京：南京师范大学出版社，2008.

[90] 马兰英.日语新闻语篇中被动语态的人际功能研究［C］//何建军，李军.日本学论丛（第一辑）：纪念王铁桥教授从教40周年专集.天津：南开大学出版社，2013（1）：57-65.

[91] 马黎华.影响第二语言听力理解的因素［J］.西安外国语学报，2002：11-16.

[92] 米丽萍.基于认知语言学理论的日语精读课教学改革研究［J］.兰州教育学院学报，

2016（5）：131-133.

[93] 聂星超，徐一平.多媒体听力策略对提高词汇量的效能及调查分析[J].外国语文，2013（3）：142-147.

[94] 牛艳霞.对外汉语敬语教学研究[D].长春：吉林大学，2007.

[95] 裴艳霞.网络环境下的《高级日语视听说》课程教学模式探索[J].日语学习与研究，2012（2）：121-127.

[96] 裴永蕾.试论日语能力考试改革对日语听力教学改革的启示[J].长春师范学院学报，2012（8）：181-182.

[97] 潘钧，林洪，王健宜.文化语言学[M].北京：高等教育出版社，2013.

[98] 潘钧，林洪，张岩红.汉日对比语言学[M].北京：高等教育出版社，2014.

[99] 潘钧.认知语言学与日语教学结合的现状与未来：兼论"应用认知语言学"的应用前景[J].外语学界2016：166-177.

[100] 潘钧.日语口语词典[Z].北京：商务印书馆，2020.

[101] 潘钧.卷首语[J].高等日语教育，2020（2）.

[102] 彭广陆，守屋三千代.综合日语：第一册[M].北京：北京大学出版社，2007.

[103] 彭广陆，守屋三千代.综合日语：第二册[M].北京：北京大学出版社，2007.

[104] 皮细庚.现代日语语态的语法特征及其研究[J].日语教育与日本学，2011（1）：47-56.

[105] 朴春花.影子跟读练习在日语初级教学中的应用[J].黑龙江教育学院学报，2014（6）：177-178.

[106] 钱万万.我国日语教学翻转课堂相关研究综述[J].湖南工业职业技术学院学报，2020（4）：76-80.

[107] 秦礼君，曹珊.从日本语能力测试谈惯用语教学[J].外语与外语教学，2008（9）：34-36.

[108] 权海顺.试论日语音拍与声调的关系[J].沈阳师范大学学报，2011（3）：109-110.

[109] 权海顺.屈折形态学视角下的日语动词谓语的声调变化[J].沈阳航空航天大学学报，2011（6）：69-72.

[110] 群英.日语敬语教学管见[J].四川外语学院学报，2003（3）：154-157.

[111] 任丽洁.关于日语中敬语动词的教学探讨：基于日剧中敬语动词的定量调查[J].日语学习与研究，2013（4）：56-62.

[112] 徐昌木.日语成语惯用语词典[Z].北京：商务印书馆，1992.

[113] 桑凤平，李金玻.浅析影响日语听力理解的因素[J].外语与外语教学，2006（5）：31-33.

［114］沙秀程．日本语听力入门篇［M］．2版．上海：华东师范大学出版社，2007．

［115］盛文忠．类型学视阈下的汉日语多项形容词定语语序对比研究［J］．日语学习与研究，2014（3）：7-13．

［116］盛文渊．补助动词"イル"的用法［J］．日语知识，2007（6）：8-10．

［117］施万里，何明清．从符号学看日语阅读教学［J］．长春理工大学学报，2009（3）：153-154．

［118］束定芳，王惠东．外语课堂教学功能的重新思考与定位［J］．外语与外语教学，2004（8）：19-21．

［119］束定芳，庄智象．现代外语教学［M］．上海：上海外语教育出版社，2008．

［120］束定芳．大学英语课堂教学，我们教什么？怎么教？［J］．外语界，2010（6）：26-32．

［121］束定芳．认知语言学研究方法［M］．上海：上海外语教育出版社，2013．

［122］宋馨华，等．日语听力课堂教学改革实证研究［J］．临沂大学学报，2012（3）：75-79．

［123］苏凌峰．新版日语能力测试历届真题精解及点评N2（2003—2010.7）付赠送2010.12真题［M］．西安：电子科技大学出版社，2011．

［124］苏鹰，韩小丽．关于日语二字汉字"ナ"形容词词性多样化的考察［J］．日语学习与研究，2017（6）：16-24．

［125］孙崇飞，张辉．再论体验认知教学模式［J］．外语教学，2015（2）：45-51．

［126］孙满绪．日语和日本文化［M］．北京：外语教学与研究出版社，2007．

［127］孙攀河．采用翻转课堂混合教学模式下初级日语课的教学研发与实践［J］．日语教育与日本学研究，2019：80-95．

［128］孙厌舒．认知研究与外语教学［J］．基础教育外语教学研究，2004（5）：28-31．

［129］陶友公．句段关系和日语补助动词的分类［J］．河海大学学报，2006（2）：70-72．

［130］田鸿儒．翻转课堂模式中的商务日语案例教学实践与研究［J］．日语教育与日本学研究，2019：12-17．

［131］田苗．第三者被动句中动词的词汇特征和句法语义特征［J］．日语学习与研究，2017（3）：45-52．

［132］脱小杰．认知语言学在日语词汇教学中的应用［J］．山西师范大学学报，2013（3）：138-139．

［133］王爱静．基础日语翻转课堂的教学实践和教学效果研究［J］．中国外语研究，2018（1）：26-33．

［134］王国强．日语补助动词"テシマウ"内化强调属性研究［J］．日语学习与研究，2017（2）：63-68．

[135] 王丽莉.日语阅读翻转课堂的教学设计与实践[J].长春师范大学学报,2020(5):184-189.

[136] 王磊.敬语的"场画性"[J].日语知识,2008(11):16-17.

[137] 王华伟,曹亚辉,王爱静.日语惯用语的汉译及其习得问题[J].日语学习与研究,2010(3):123-128.

[138] 王健.N1读解篇解题策略[J].日语知识,2012(12):28.

[139] 王黎今.中国学生习得"受身文"难易顺序分析:从母语迁移的角度[J].日语学习与研究,2012(2):102-107.

[140] 王琪.翻转课堂与高等院校日语专业教学模式改革[J].东北亚外语研究,2015(3):58-63.

[141] 王琪.日语语音翻转课堂教学模式及虚拟学习空间支持系统研究[J].黑龙江高教研究,2017(1):159-161.

[142] 王琪.日语教学理论及策略[M].北京:外语教学与研究出版社,2017.

[143] 王现东.论价值观的文化功能[J].河北学刊,2012(6):193-196.

[144] 王校伟.基于Moodle平台的综合日语翻转课堂教学模式研究[J].中国成人教育,2015(17):164-166.

[145] 王忻.中国日语学习者惯用语偏误与构式语法[J].杭州师范大学学报,2015(3):122-127.

[146] 王星.基于语料库的综合日语翻转课堂:设计与实践[J].课程教育研究,2016(22):96-97.

[147] 王燕.日语授受补助动词再考:从日语教学的角度出发[J].日语学习与研究,2002(2):57-62.

[148] 王艳玲.日语会话中感情形容词对人称的限制[J].中山大学学报论丛,2006(4):92-94.

[149] 王寅.认知语言学之我见[J].解放军外国语学院学报,2004(9):1-5.

[150] 王寅.认知语言学[M].上海:上海外语教育出版社,2007.

[151] 王寅.什么是认知语言学[M].上海:上海外语教育出版社,2011.

[152] 王寅.新认知语用学:语言的认知·社会研究取向[J].外语与外语教学,2013(1):1-4.

[153] 魏凤麟.日语敬语教学方法新探:以日剧《日本人不知道的日语为例》[J].兰州教育学院学报,2011(6):103-104.

[154] 魏育芳.探讨日语敬语的教学现状与教学方法[J].陕西教育(高教),2009(4):88,110.

[155] 文秋芳.认知语言学与二语教学[M].北京：外语教学与研究出版社，2013.

[156] 文旭.认知识解及其对外语教学的启示：应用认知语言学探索之一[J].当代外语研究，2012（2）：5-8.

[157] 文旭.认知语言学的基本特征及其对外语教学的启示：应用认知语言学探索之二[J].外语教学理论与实践，2014（3）：16-22.

[158] 吴宦熙.日语专业低年级阶段声调教学模式研究：以地方高校为例[J].日语学习与研究，2014（1）：75-81.

[159] 吴斐.认知语言学实证研究通论[M].武汉：武汉大学出版社，2012.

[160] 吴宏，等.网络教学系统在日语教学中的应用：以《日语初级阅读》为例[J].解放军外国语学院学报，2004（3）：63-66.

[161] 吴宏.从认知角度看日语人体词惯用语的语义构建[J].解放军外国语学院学报，2012（4）：21-25.

[162] 吴小梅.日语惯用语的认知分析[J].语文学刊（外语教育教学），2013（10）：12-13.

[163] 毋育新，玉冈贺津雄，宫冈弥生.基于通径分析的日语敬语习得影响因素研究[J].外语教学，2010（4）：36-40.

[164] 毋育新.将礼貌策略理论引入待遇表现教学的实证研究[J].日语学习与研究，2011（4）：111-119.

[165] 毋育新.中国学生日语敬语习得问题点理论索据[J].外语教学，2015（2）：57-60.

[166] 毋育新.话语礼貌理论指导下的日语语体转换教学研究[J].跨语言文化研究，2018：34-54.

[167] 夏海燕.日语补助动词"テミル"的语法化[J].日语学习与研究，2010（2）：36-40.

[168] 谢应光.认知语言学的回归语境化及其对外语教学的启示[J].四川师范大学学报，2008（5）：76-81.

[169] 谢渊."ところ"的语法化探析[J].宁波工程学院学报，2009（3）：22-25.

[170] 新村出.广辞苑[Z].5版.上海：上海外语教育出版社，2005.

[171] 熊仁芳.试析汉日保留宾语被动句的成立条件：兼论与"主题句"的关系[J].汉日语言对比研究论丛，2017（1）：86-98.

[172] 熊仁芳.由"被字句"的日译看汉日被动句的异同[J].高等日语教育，2019（1）：130-146.

[173] 熊学亮.认知语言学和外语教学[J].国外外语教学，2002（4）：33-42.

[174] 修刚.转型期的中国高校日语专业教育的几点思考[J].日语学习与研究,2005(4):1-6.

[175] 徐昌华.语用、认知与日语学习[M].北京:北京大学出版社,2006.

[176] 徐明.原型范畴理论下的日汉被动句认知分析[J].日语教学与日本研究,2012:44-54.

[177] 徐曙.日语"形容动词"新构想:从认知语法角度[J].日语教育与日本学研究,2011:194-202.

[178] 徐曙,何芳芝."太郎が父に死なれた"与"王冕死了父亲"的对比研究:基于语料库实例的分析[J].日语学习与研究,2011(3):80-86.

[179] 徐小明.论新日本语能力考试改革与对策[J].日语教育与日本学研究,2010:173-179.

[180] 许慈惠.日语词汇语法研究[M].上海:上海人民出版社,2016.

[181] 许临扬.从汉日语比较视角探讨日语补助动词的语义特征:以"ておく"为例[J].苏州科技大学学报,2017(6):58-63.

[182] 许贞.从语法化角度反思日语中的テアル表达方式[J].外语研究,2010(5):34-38.

[183] 闫彩妮.隐喻理论指导下的日语惯用语教学[J].佳木斯职业学院学报,2018(5):386-388.

[184] 杨宁.浅谈基础阶段日语教学中的敬语教学[J].北京第二外国语学院学报,2006(6):33-38.

[185] 杨宁.现代日本年轻人的敬语意识:年轻人敬语误用及敬语意识调查[J].日语学习与研究,2009(4):19-25.

[186] 姚艳玲.日语"语态"现象的范畴化:"词汇性语态"与"语法性语态"的接点[J].日语学习与研究,2013(4):14-19.

[187] 尹松.听力教学理论与日语听力教学研究综述[J].高等日语教育,2019(2):13-26.

[188] 尹玮,张凯.认知心理视阈下的大学英语翻转课堂理论溯源及启示[J].中国海洋大学学报,2017(4):115-122.

[189] 于康.三价动词"保留宾语被动句"中的保留宾语的条件:从汉日对比的视角出发[J].日语学习与研究,2013(4):8-13.

[190] 于康.日语被动句偏误类型与降格被动句[J].汉日语言对比研究论丛,2017(1):50-68.

[191] 余卫华.认知语言学研究对外语教学的启示[J].广东外语外贸大学学报,2010

（2）：100-104.

［192］袁晓凌.浅谈中日文敬语的差异［J］.日语知识，2003（6）：21-22.

［193］岳晟婷.认知语言学视角下的高校基础日语教学法探索［J］.山东农业工程学院学报，2016（2）：37-38.

［194］曾欣悦，刘正光.认知语言学对语法教学的启示［J］.外国语文，2009（4）：111-117.

［195］张爱.影响阅读理解的因素：对微命题结构的探讨［J］.天津外国语学院学报，2003（3）：68-71.

［196］张爱.日语听说技能培养的实证研究［J］.日语学习与研究，2010（4）：112-117.

［197］张广.基于中介语研究视角的日语被动句习得研究［J］.陕西学前师范学院学报，2016（5）：56-60.

［198］张辉.熟语表征与加工的神经认知研究［M］.上海：上海外语教育出版社，2016.

［199］张莉.现代日语书面语无生命主语二格被动句研究［J］.日语教育与日本学，2017（1）：64-76.

［200］张莉.日语无生命主语被动句研究：基于事态施事的标示形式与语义特点的考察［D］.上海：上海外国语大学，2018.

［201］张鹏.日语被动助动词"RERU/RARERU"的多义结构及其语义扩展机理［J］.外语教学，2011（2）：31-34.

［202］张晓帆.日语被动句汉译时的不对应现象［J］.日语学习与研究，2010（6）：119-126.

［203］翟东娜.认知语言学与日语习得研究［J］.日语学习与研究，2006（1）：1-6.

［204］翟东娜.日语语言学［M］.北京：高等教育出版社，2006.

［205］张典.日语成对动词在声调上的对应［J］.日语知识，2009（11）：6-7.

［206］张慧芳.认知隐喻、转喻与词汇教学［J］.洛阳师范学院学报，2015（3）：86-90.

［207］张旷涵.论日语中形容词词根派生的重复形容词［J］.解放军外国语学院学报，2010（1）：26-29.

［208］张丽娟.从《弟子规》看中国敬语文化［J］.语文学刊，2014（8）：86-87.

［209］张林.基于历时语料库的中国日语学习者尾高型声调习得研究［J］.高等日语教育，2018（2）：33-48.

［210］章兼中.外语教育心理学［M］.福州：福建教育出版社，2016.

［211］张文丽.日语阅读课堂教学新模式探索：学习者使用电子辞典行为的调查分析［J］.日语学习与研究，2015（1）：55-63.

［212］张晓.从认知语言学角度考察"ていく"和"てくる"的意义构造［J］.日语教育与

日本学，2015（11）：79-89.

[213] 张兴.反义形容词"深浅"的日汉语对比研究[J].外语研究，2015（1）：40-46.

[214] 张岩，付利民.新日语能力测试N2样题及解析（3）読解一[J].日语知识，2011（1）：28-30.

[215] 赵冬茜.合作学习在日语听力教学中的实践与探索[J].天津外国语大学学报，2011（6）：59-64.

[216] 赵福堂.日语的补助动词和形式动词[J].日语学习与研究，1992（2）：20-22.

[217] 赵华敏，林洪.教学理念的变迁对中国大学日语教育的影响[J].日语学习与研究，2011（4）：64-73.

[218] 赵艳芳.认知语言学概论[M].上海：上海外语教育出版社，2001.

[219] 赵焉如.认知语言学理论对日语学习的指导作用初探：以听力、词汇、交际为例[J].咸宁学院学报，2011（8）：94-96.

[220] 赵寅秋，钟勇，李哲.基于构式语法理论的日语句型教学实证研究：以授受补助动词句型为例[J].常州工学院学报，2019（6）：117-120.

[221] 赵占良.日语中体言性复合词和用言活用连语的声调[J].日语学习与研究，2014（1）：62-67.

[222] 北京日本学研究中心.中日对译语料库[DB]，2003.

[223] 钟勇.基于大规模语料库的汉日触压觉形容词认知语义对比研究：以"硬"和"かたい"为例[J].日语学习与研究，2017（6）：34-41.

[224] 钟勇，李莹，赵寅秋.中国日语专业学习者的日语语音意识发展模式[J].日语学习与研究，2020（1）：89-94.

[225] 周莉.试论日语敬语表达在教学中的难点：以人际关系为中心[J].日语学习与研究，2004（1）：22-25.

[226] 周平，陈小芬.新编日语（第一册）[M].上海：上海外语教育出版社，2009.

[227] 周婷婷.提示型教学法在日语听力教学中的应用[J].长春教育学院学报，2015（19）：81-82.

[228] 周彤.论日语形容词的程度性[J].解放军外国语学院学报，2012（5）：23-27.

[229] 周彤.日语形容词连体修饰的语义功能及其认知背景[J].解放军外国语学院学报，2017（1）：85-91.

[230] 周彤.日语形容词研究的现状与展望：以词法学和句法学为中心[J].高等日语教育，2018（1）：62-74.

[231] 朱京，苏晓军.认知语言学视域下的微课教学模式构建与应用：以大学英语视听说课程为例[J].外语电化教学，2015（5）：21-25.

[232] 朱立霞.现代日语省略现象研究:从认知语言学与语用学的角度[M].哈尔滨:黑龙江人民出版社,2004.

[233] 朱立霞.认知语言学理论在日语教学中的应用[J].三峡大学学报,2010(1):109-112.

[234] 朱鹏霄.情意形容词作谓语的日汉双重主语的对比研究[J].日语学习与研究,2007(2):17-21.

[235] 朱鹏霄.日语多寡形容词语法特性差异分析:基于语料库的实证研究[J].日语学习与研究,2012(5):8-15.

[236] 荒川洋平,森山新.写给日语教师的认知语言学导论[M].潘钧,译.杭州:浙江工商大学出版社,2015.

[237] 池上嘉彦,潘钧.认知语言学入门[M].北京:外语教学与研究出版社,2008.

[238] 池上嘉彦,守屋三千代.如何教授地道的日语:基于认知语言学的视角[M].赵蓉,等译.大连:大连理工大学出版社,2015.

[239] 池田庸子.創造性を重視した日本語読解教育の可能性[J].茨城大学留学生センター紀要,2013(11):31-41.

[240] 井村茂隆.商务日语中的敬语使用研究基于日语教育的视角[D].北京:清华大学,2013.

[241] 尹智鉉,岩崎浩与司,鄭良媛.反転授業型オンライン日本語コースにおける初級日本語学習者向けの遠隔チュートリアル[J].早稲田日本語教育実践研究,2016(4):61-62.

[242] 王德有.中国儒家の人格的姿勢[M].佐藤豊,訳.東京:日中文化研究勉識社,1991.

[243] 沖裕子.比喩の形式と意味:日本語教育のための基礎的研究[J].信大日本語教育研究,2004(4):2-15.

[244] 及川浩二.留学生を対象に聴解ストラテジーの育成を意図した指導による学習効果の分析[J].日本教育情報学会第28回年会論文,2012:314-315.

[245] 梶原彩子.「偉い」と「立派だ」の意味分析[J].日本語教育研究集会,2012(10):22-25.

[246] 加藤奈津子.中級の読解指導の試み:新聞講読科目の例を通じて[J].日本語・日本文化教育センター紀要,2018(46):73-98.

[247] 蒲谷宏.特集「敬語の指針」文化審議会答申について[J].教育委員会月報,2007,59(2):59.

[248] 菊地康人.敬語再入門[M].東京:講談社,1996.

[249] 金田一京助.新明解国語辞典[Z].5版.東京:三省堂,1999.

［250］『現代日本語書き言葉均衡コーパス2009年版』http：//www.kotonoha.gr.jp/shonagon/search_result.［2016-07-20］.

［251］郡千寿子. 文化審議会の答申と敬語教育［J］. 弘前大学教育学部紀要, 2008（99）：1-7.

［252］小川都.「ワークショップ型」学習による日本語教育の有効性について：ビデオ作りを通して「敬語使用能力」を養成する［J］. 専修大学外国語教育論集, 2017（45）：47-63.

［253］呉琳. 日本語の慣用句に関する研究の概観［J］. 日中語彙研究, 2016（6）：87-105.

［254］坂井美恵子.「ておく」の文法化［J］. 関西外国語大学留学生別科日本語教育論集, 2001（11）：87-102.

［255］坂本惠. 日本語教育の中での敬語表現の扱い方［J］. 東京外国語大学留学生日本語教育センター論集, 2002（28）：61-67.

［256］佐々木晃彦. 異文化経営学：異文化コミュニケーションのビジネス［M］. 神奈川：東海大学出版会, 2002.

［257］佐藤利行, 李均洋, 高永茂. 日语敬语新说［M］. 北京：外语教学与研究出版社, 2009.

［258］杉村泰. 中国語母語話者における自動詞、他動詞、受身の選択：人為性に対する認識の違い［J］. 日语教育与日本学研究, 2013：19-24.

［259］杉山充. 聴解授業のあり方について：聴解ストラテジートレーニングの観点から［J］. 早稲田大学日本語教育実践研究, 2005（2）：175-184.

［260］世界大百科事典［Z］. 2版. 東京：平凡社, 2007.

［261］高月喜美. マスメディアの聴解の授業をとおしての一考察［J］. 大阪大学日本語日本文化教育センター授業研究, 2016（14）：41-64.

［262］高橋吉民, 李鹏. 最新日语能力测试必备1999—2009试题集［M］. 吉林：吉林大学出版社, 2010.

［263］高橋弥守彦. 受身表現に関する日中両言語の視点について［J］. 外语教育研究, 2014（4）：22-28.

［264］鑪幹八郎. 恥と意地 日本人の心理構造［M］. 東京：講談社, 1998.

［265］田川麻央, 德田恵. 初年次教育での文章作成における反転授業の導入と効果の検討［J］. 言語文化研究, 2018（1）：51-58.

［266］玉井健. シャドーイングは万能なのか［J］. 英教育, 大修, 2005：17-25.

［267］趙聖花, 劉玉琴. コーパスに基づいたコロケーション分析：「素敵」「立派」「素晴らしい」を例に［J］. 徳島大学国際センター紀要・年報, 2014：24-30.

[268] 辻村敏樹. 現代の敬語［M］. 東京：株式会社共文社，1967：206–215.

[269] 中島悦子. 日中対照研究ヴォイス：自・他の対応・受身・使役・可能・自発［M］. 東京：おうふう，2007.

[270] 中西泰洋. 中国語を母語とする日本語学習者の読解教育を考える［J］. 神戸大学留学生センター紀要，2010（16）：37–47.

[271] 中根千枝. 日本社会［M］. 許真，宋峻岭，译. 天津：天津人民出版社，1982.

[272] 中溝朋子. 日本語中上級文法クラスにおける変転授業の試み［J］. 日本語教育方法研究会誌，2016（3）：78–79.

[273] 中溝朋子. 日本語中上級文法クラスの反転授業の実践：対面授業におけるグループ学習の状況［J］. 山口大学大学教育，2018（15）：14–24.

[274] 二枝美津子. 英語句動詞の認知言語学的分析［J］. 京都教育大学紀要，2006（109）：31–43.

[275] NHK放送文化研究所 世論調査部. 日本人の好きなもの［M］. 東京：日本放送出版協会，2008.

[276] 仁田義雄. 日本語の受け身と動詞［C］// 上海外国语大学. 日语教学的本土化研究：2011年度上海外国语大学日本学国际论坛纪念文集，2011：87–91.

[277] 橋本雅之. 日本人のこころを読み直す：「恥」と「罪」の意識構造（その2）「恥」と「罪」の全体構造［J］. 學館大学日本学論叢，2012（2）：201–207.

[278] 藤井みゆき，古田朋子. 中上級日本語学習者の聴解におけるメモ分析［J］. 紺谷大学国際センター研究年報，2011（20）.

[279] 藤井みゆき. 語彙習得を目指す読解の協働的学習の活用［J］. 同志社大学日本語・日本文化研究，2011（9）：80–94.

[280] 福岡昌子. アクティブ・ラーニングによる敬語指導の実践研究：場面と人間関係を意識した授業を目指して［J］，三重大学高等教育研究，2020（26）：27–37.

[281] 浜口恵俊. 日本らしさの再発見［M］. 東京：講談社，1995.

[282] 彭国躍. 近代中国語敬語体系の研究：日本語・英語との対照を視野に入れて［D］. 大阪：大阪大学，1995.

[283] 松嶋緑. 中国のビジネス日本語教材における待遇表現の扱われ方：教科書の分類と教科書中の待遇表現の扱われ方［J］. 別科日本語教育，2003（5）：55–66.

[284] 松村明. 大辞林［Z］. 3版. 東京：三省堂，2006.

[285] 宮地裕. 慣用句の意味と用法［M］. 東京：明治書院，1982.

[286] 宮本克之. 「敬語」教育に関する考察：短大における敬語表現教育の実践を中心に［J］. 全国大学国語教育学会発表要旨集，2007（112）：21–24.

[287] 村上佳恵．現代日本語の感情形容詞の研究［D］．東京：学習院大学，2015．

[288] 山口隆正．日本語テキスト・日本語能力試験（過去問）からみる「『気』の慣用句」の扱い方について［J］．拓殖大学日本語教育研究，2018（3）：117-136．

[289] 山下好孝．日本語複合語のアクセント付与規則［J］．北海道大学留学生センター紀要，2005（9）：79-90．

[290] 山梨正明．認知文法論［M］．東京：ひつじ書房，1995．

[291] 山梨正明．認知構文論［M］．東京：大修館書店，2009．

[292] 森本哲郎．日本語 表と裏［M］．東京：新潮社，1988．

[293] 李東一．日本語教育における慣用句：「外国人学習者の日本語教育」をメドにして［J］．別府大学国語国文学，2006（48）：A41-A59．

[294] ルース・ベネディクト．菊と刀［M］．長谷川松治，訳．東京：社会思想研究会出版部, 1949．

[295] 横須賀柳子．情報取りにおける聞き手のストラテジー［J］．CU日本語教育研究センター紀要，2001（10）：41-57．

[296] 渡邊芙裕美．日本語学習者の読解過程：予測の精度と読み時間［J］．日本語と日本語教育，2011（39）：61-73．

后　记

　　本书是笔者近10年对教学与科研的认识与总结，是坚持的收获，是不断阅读、思考、苦苦追寻的喜悦。

　　借本书出版之际，对给予我指导、鼓励与支持的众多专家学者、各位主编以及匿名审稿专家、责任编辑、领导同事、师友和家人，表示诚挚的谢意！

　　首先，感谢学术会议上各位专家分享学术成果、分组讨论会上专家学者点评意见与鼓励、已发刊物的各位主编和匿名审稿专家的认可以及详细中肯的修改意见、编辑部老师和责任编辑多次耐心细致的联络沟通，才使论文和本书得以不断完善，最终成稿出版。

　　其次，感谢工作单位山东财经大学外国语学院的多位领导和同事！以李毅院长为首的各位领导多次组织学术会议，多次邀请知名专家做学术讲座，为我提供了丰富的学术资源。以李院长为首的语言学团队经常组织教研活动，让我与认知语言学结缘；大家一起分享和交流，让我对认知语言学的兴趣倍增并不断地学习成长。日语系冯晶主任、庄向荣老师、吕超老师等也给予了很多帮助。冯老师在学术会议和教学方面给予了很多建议，让我深入思考；庄老师鼓励我从一点一滴地做起，让我不断地积累；吕老师博士毕业，酷爱读书，我常常被他的学术热情所感染，激励我阅读、执笔。

　　再次，感谢母校山东师范大学日语系的多位师友！我的硕士生导师刘春英老师，鼓励我积极参加学术会议进行学习与交流，以此了解最新的学术动

态，吸取最前沿的学术成果。以李光贞老师为首的团队多次组织学术会议，提供了丰富的学术资源。在学术会议上，承蒙李光贞老师、高化老师的指导和建议，表示感谢；与孙守峰师哥、曲晓燕师姐以及同窗好友郑玉贵一起商讨，让我收获颇丰。

最后，感谢家人给予的大力支持。我的爱人张桂铭抽出更多时间陪伴俩女儿，让我有更多的时间进行撰写。俩女儿也比较独立懂事、省心，让我能够更安心地进行撰写。

同时也非常感谢本书参考文献中所有作者的研究成果！其中部分章节口语语料选自北京大学潘钧教授团队精心翻译的《日语口语词典》（商务印书馆，2020），在此表示特别感谢！本书在引用他人著述时，尽可能地在参考文献中列出，如有个别出处存在疏漏现象，敬请作者和读者谅解。

由于笔者的水平有限，全书中如有不妥之处，敬请各位读者批评指正。在此衷心地感谢知识产权出版社本书责任编辑冯彤女士给予的大力支持与帮助，多次耐心细致的联络与沟通，保证了本书的出版质量。

侯占彩

2021年10月